DIREITO e LITERATURA

José Roberto de Castro Neves

DIREITO e LITERATURA

O QUE OS ADVOGADOS E OS JUÍZES FAZEM COM AS PALAVRAS

PREFÁCIO
Pedro Pacífico

Editora
Nova
Fronteira

Copyright © 2023 by José Roberto de Castro Neves

Direitos de edição da obra em língua portuguesa no Brasil adquiridos pela Editora Nova Fronteira Participações S.A. Todos os direitos reservados. Nenhuma parte desta obra pode ser apropriada e estocada em sistema de banco de dados ou processo similar, em qualquer forma ou meio, seja eletrônico, de fotocópia, gravação etc., sem a permissão do detentor do copirraite.

Editora Nova Fronteira Participações S.A.
Av. Rio Branco, 115 – Salas 1201 a 1205 – Centro – 20040-004
Rio de Janeiro – RJ – Brasil – Tel.: (21) 3882-8200

Imagem de capa: Composição digital sobre foto de Ekaterina Bolovtsova (Pexels)

Salvo naqueles outros casos em que as artes também se caracterizam, em razão do tempo transcorrido, como peças em domínio público, todas as imagens utilizadas nesta obra foram obtidas do repositório da Wikimedia Commons.

DADOS INTERNACIONAIS DE CATALOGAÇÃO NA PUBLICAÇÃO (CIP)

N518d	Neves, José Roberto de Castro
	Direito e literatura: o que os advogados e os juízes fazem com as palavras / José Roberto de Castro Neves. – Rio de Janeiro: Nova Fronteira, 2023.
	256 p. ; 15,5 x 23 cm
	ISBN: 978-65-5640-765-4
	1. Autoconhecimento – Direito. I. Título.
	CDD: 158.1
	CDU: 159.92

André Queiroz — CRB-4/2242

CONHEÇA OUTROS
LIVROS DA EDITORA:

Para Doris, mãe e professora.

Minha mãe, quando aprovada no concurso público, nos anos sessenta do século passado, foi a juíza mais jovem do Brasil, numa época em que havia poucas mulheres no Judiciário. Antes da magistratura, mamãe, com formação de normalista, dava aulas em colégios públicos. Depois, por muitos anos, seguiu sua vocação como professora universitária. Ela me ensinou a ler. Na nossa casa, havia livros para todos os lados. E ela, mamãe, sempre com um livro na mão, estimulava, com afeto, a mim e aos meus irmãos a conhecer tudo. As paixões pelo direito, pelo magistério e pela literatura devo a ela — meu amor incondicional.

SUMÁRIO

OBRAS CITADAS 10

PREFÁCIO 12

POR QUE DIREITO E LITERATURA? 15

DIREITO E LITERATURA 28

A HISTÓRIA DO DIREITO PELA LITERATURA 38
    Oresteia, de Ésquilo 41
    Hamlet, de William Shakespeare 48
    O processo, de Kafka 51
    A fogueira das vaidades, de Tom Wolfe 56

DIREITO DA LITERATURA 59
    Areopagítica, de John Milton 60
    A vida dos doze Césares, de Suetônio 61
    Estatuto da Ana 65

DIREITO COMO LITERATURA 67
    Digesto 71
    A república, de Platão 71
    A *Declaração de Independência* dos Estados Unidos da América,
    de Thomas Jefferson 72
    Os artigos federalistas, de James Madison, Alexander Hamilton e John Jay ... 73
    "Escravidão" na *Encyclopédie*, de Louis de Jaucourt 75
    Acuso!, de Émile Zola 76
    Dos delitos e das penas, de Cesare Beccaria 80
    A luta pelo direito e "No céu com os conceitos jurídicos", de Rudolf von Jhering 81

DIREITO NA LITERATURA 83
    Antígona, de Sófocles 83
    Alice no país das maravilhas, de Lewis Carroll 87
    O mercador de Veneza, de William Shakespeare 89
    "Júri na roça", de Monteiro Lobato 109
    O caso dos exploradores de cavernas, de Lon Fuller 111
    Incidente em Antares, de Érico Veríssimo 117

A LITERATURA COMO FONTE DE PRINCÍPIOS 119
   Deuteronômio 121
   A cabana do pai Tomás, de Harriet Beecher Stowe 123
   "Eu me calei", de Martin Niemöller 124
JUSTIÇA 125
   Hécuba, de Eurípedes 126
   Suzana e os anciãos, no Livro de Daniel 131
   Ética a Nicômacos, de Aristóteles 133
   Michael Kohlhaas, de Heinrich von Kleist 135
   "O moleiro de Sans-Souci", de François Andrieux 138
   A ideia de justiça, de Amartya Sen 139
LIBERDADE 142
   "O navio negreiro", de Castro Alves 143
   Oração aos moços, de Rui Barbosa 145
   O senhor das moscas, de William Golding 146
   A revolução dos bichos e *1984*, de George Orwell 149
MORAL E ÉTICA 153
   Aidós e *diké* 154
   As aventuras de Huckleberry Finn, de Mark Twain 156
   Frankenstein ou o Prometeu moderno, de Mary Shelley 158
   Drácula, de Bram Stoker 159
   O sol é para todos, de Harper Lee 160
   O crime do padre Amaro e *O primo Basílio*, de Eça de Queirós 163
   Memórias póstumas de Brás Cubas, de Machado de Assis 166
CULPA 171
   A questão da culpa, de Karl Jaspers 172
   Gênesis 175
   A divina comédia, de Dante Alighieri 178
   Júlio César, de William Shakespeare 179
   Macbeth, de William Shakespeare 181
   História da grandeza e da decadência de César Birotteau, de Honoré de Balzac 182
   Crime e castigo, de Fiódor Dostoiévski 183
PAZ 184
   Eneida, de Virgílio 185

A LITERATURA COMO ESCOLA DE CONTROLE DA LINGUAGEM 187

    Rápido e devagar, de Daniel Kahneman 189

    Eles, os juízes, vistos por nós, os advogados, de Piero Calamandrei 190

METÁFORA 192

    Evangelho de Mateus 193

    Odisseia, de Homero 196

AMBIGUIDADE 197

    Júlio César, de William Shakespeare 199

    Medida por medida, de William Shakespeare 201

IRONIA 202

    O dicionário do diabo, de Ambrose Bierce 202

    Como tirar proveito de seus inimigos, de Plutarco 203

CONCISÃO 204

    Hamlet, de William Shakespeare 205

    Romeu e Julieta, de William Shakespeare 206

SEDUÇÃO 208

    Odisseia, de Homero 209

    O mercador de Veneza, de William Shakespeare 211

    Como vencer um debate sem precisar ter razão, de Arthur Schopenhauer 212

O QUE OS ADVOGADOS E OS JUÍZES FAZEM COM AS PALAVRAS 215

O PROFISSIONAL DE DIREITO COMO LEITOR DA ALMA HUMANA 237

NOTA DO AUTOR 243

OBRAS CONSULTADAS 245

OBRAS CITADAS

Séc. VI a. C.	– *Gênesis*
	– *Deuteronômio*
	– *Odisseia*, de Homero
c. 530 a. C.	– *Livro de Daniel*
458 a. C.	– *Oresteia*, de Ésquilo
441 a. C.	– *Antígona*, de Sófocles
424 a. C.	– *Hécuba*, de Eurípedes
c. 370 a. C.	– *A república*, de Platão
c. 330 a. C.	– *Ética a Nicômacos*, de Aristóteles
18 a. C.	– *A arte poética*, de Horácio
Séc. I a. C.	– *Eneida*, de Virgílio
Séc. I	– *Como tirar proveito de seus inimigos*, de Plutarco
	– *Evangelho de Mateus*
121	– *A vida dos doze Césares*, de Suetônio
534	– *Digesto*
1304-1321	– *A divina comédia*, de Dante Alighieri
1595	– *Romeu e Julieta*, de William Shakespeare
1596	– *O mercador de Veneza*, de William Shakespeare
1599	– *Júlio César*, de William Shakespeare
1601	– *Hamlet*, de William Shakespeare
1604	– *Medida por medida*, de William Shakespeare
1605	– *Macbeth*, de William Shakespeare
1644	– *Areopagítica*, de John Milton
1748	– *O espírito das leis*, de Montesquieu
1751-1772	– *Encyclopédie*, de Jean d'Alembert e Denis Diderot
1764	– *Dos delitos e das penas*, de Cesare Beccaria
1776	– *A Declaração de Independência dos Estados Unidos da América*, de Thomas Jefferson
1777-1778	– *Os artigos federalistas*, de James Madison, Alexander Hamilton e John Jay
1797	– "*O moleiro de Sans-Souci*", de François Andrieux
1810	– *Michael Kohlhaas*, de Heinrich von Kleist
1812	– *Contos para crianças*, dos irmãos Grimm

1818	– *Frankenstein ou o Prometeu moderno*, de Mary Shelley
1839	– *História da grandeza e da decadência de César Birotteau*, de Honoré de Balzac
1852	– *A cabana do pai Tomás*, de Harriet Beecher Stowe
1864	– *Como vencer um debate sem precisar ter razão*, de Arthur Schopenhauer
1865	– *Alice no país das maravilhas*, de Lewis Carroll
1884	– *As aventuras de Huckleberry Finn*, de Mark Twain
1866	– *Crime e castigo*, de Fiódor Dostoiévski
1870	– "*O navio negreiro*", de Castro Alves
1872	– *A luta pelo direito*, de Rudolf von Jhering
1875	– *O crime do padre Amaro*, de Eça de Queirós
1878	– *O primo Basílio*, de Eça de Queirós
1881	– *Memórias póstumas de Brás Cubas*, de Machado de Assis
1897	– *Drácula*, de Bram Stoker
1898	– *Acuso!*, de Émile Zola
1906	– *O dicionário do diabo*, de Ambrose Bierce
1909	– "*Júri na roça*", de Monteiro Lobato
1920	– *Oração aos moços*, de Rui Barbosa
1925	– *O processo*, de Franz Kafka
1935	– *Eles, os juízes, vistos por nós, os advogados*, de Piero Calamandrei
1945	– *A revolução dos bichos*, de George Orwell
1945-1946	– *A questão da culpa*, de Karl Jaspers
1946	– "*Eu me calei*", de Martin Niemöller
1949	– *1984*, de George Orwell
1949	– *O caso dos exploradores de cavernas*, de Lon Fuller
1954	– *O senhor das moscas*, de William Golding
1956	– *No tribunal de meu pai*, de Isaac Bashevis Singer
1960	– *O sol é para todos*, de Harper Lee
1971	– *Incidente em Antares*, de Érico Veríssimo
1987	– *A fogueira das vaidades*, de Tom Wolfe
1990	– *A ideia de justiça*, de Amartya Sem
2011	– *Rápido e devagar*, de Daniel Kahneman

PREFÁCIO

O que você quer ser quando crescer? Essa pergunta desperta a curiosidade das crianças e amedronta muitos jovens. Já passei pelas mais diferentes respostas a esse questionamento, de biólogo, cientista, arquiteto, médico até, enfim, chegar a advogado. Lembro que, quando comecei a dizer que a minha vontade era cursar direito, um dos comentários que mais escutava era: "É bom você gostar de livros, porque você vai precisar ler muito."

Hoje, eu sou um grande apaixonado pela literatura, mas na adolescência era um leitor de altos e baixos. Gostava de ler, embora acabasse me distraindo durante alguns períodos com outros interesses de um adolescente comum. Quando fui aprovado na faculdade de direito, achei que a leitura iria finalmente entrar na minha vida com tudo. O cenário que encontrei, no entanto, não foi bem esse. Me deparei com estudantes que ocupavam todo o seu tempo com a leitura de textos acadêmicos e técnicos. Não havia espaço para a literatura.

Lembro de alguns professores mencionarem obras literárias em algumas aulas, o que chegava a captar a atenção dos alunos, mas essas situações eram bem excepcionais. E, ao longo da faculdade e do início da experiência de estágio, fui descobrindo que a falta de hábito da leitura não acadêmica não se limitava aos estudantes: era uma realidade de muitos advogados e outros operadores do direito.

Mas qual o motivo para essa quebra de expectativas que tive ao ingressar no universo jurídico? Por que uma ciência tão relacionada com a literatura acabou tendo esse laço cada vez mais enfraquecido? Não acredito que exista apenas um motivo, embora a experiência de trabalhar com livros e leitores — muitos deles estudantes de direito — tenha me mostrado que há uma opinião bem recorrente sobre o tema: a literatura é vista como perda de tempo.

A mentalidade de uma geração cada vez mais impaciente e focada em resultados imediatos não consegue compreender de que forma os livros não jurídicos poderiam contribuir para a sua formação e atuação profissionais. Se até os textos acadêmicos, fruto de extensa pesquisa e dedicação, estão sendo substituídos por resumos e materiais feitos exclusivamente com foco na aprovação em provas e concursos, qual será o espaço que sobra para obras literárias?

E é justamente nesse ponto que entra a importância da nova obra de José Roberto de Castro Neves, para quem o direito e a literatura encontram amplo espaço na sua grande variedade de interesses. Se ousei ocupar os primeiros parágrafos com um relato pessoal sobre a impressão de um eterno aprendiz do direito, é porque reconheço a falta que um livro como *O que os advogados e os juízes fazem com as palavras* faz nas Universidades e nas mesas de cabeceira dos futuros — e atuais — advogados e juízes. Concluí a leitura com a certeza de que a opinião "a leitura é perda de tempo" não tem chances diante dos argumentos — ou, para ser menos jurídico, reflexões — apresentados por José Roberto.

Recheadas de referências a obras e outros fatos históricos interessantíssimos, as páginas deste livro vão demonstrar de forma prazerosa que, com os livros, os profissionais de direito "melhor conhecem a si mesmos, aperfeiçoam sua comunicação, conseguem interpretar melhor os fatos, aprimoram seu entendimento da humanidade, desenvolvem a empatia e assimilam cultura". As autoras e autores mencionados por José Roberto vão desde clássicos da literatura e da filosofia produzidas há séculos, como Aristóteles e Dante Alighieri, até personalidades mais recentes, como o vencedor do Prêmio Nobel de Economia de 2002, Daniel Kahneman.

Além disso, o autor desmistifica a ideia de que a leitura por puro entretenimento não seria fonte de ensinamentos. Basta identificar algumas das obras mencionadas por José Roberto, como *Alice no país das maravilhas*, *Drácula* e *O sol é para todos*, para perceber que este livro convida você para uma viagem literária que, ao final, comprova a indissociável relação entre a ciência jurídica e a literatura. Se existia alguma dúvida sobre ser possível aprender a partir de narrativas inventadas, com personagens fictícios e universos inexistentes, o autor as elimina por meio de um texto gostoso de ler.

Uma das principais conquistas de José Roberto com esta obra é identificar princípios indispensáveis para o estudo do direito em marcos literários. Qualquer debate envolvendo justiça, liberdade, moral, ética e culpa corre o risco de ficar enfraquecido quando se perde a oportunidade de observar como esses conceitos vêm sendo tratados há tantos séculos pelas obras literárias. Como bem assinalado pelo autor, "se todos os profissionais de direito tivessem acesso aos clássicos literários [...], possivelmente haveria uma concordância maior entre os princípios que escolhem como orientadores de suas ações".

Por fim, também não há como deixar de mencionar a abordagem que José Roberto faz do direito como literatura, em que a forma dos textos jurídicos, de como nos expressamos ao aplicar o direito, é fundamental para ser escutada e ganhar voz. No universo jurídico, "[...] o texto deve ser um documento de fácil interpretação, eventualmente até repetitivo e redundante, tudo para evitar discussão acerca de seu alcance", explica o autor. No entanto, a linguagem técnica e a literária se complementam e "quem conhece essas formas de expressão, e até mesmo, as domine, terá mais ferramentas para expor suas ideias ou para fazer prevalecer seus argumentos".

Infelizmente, o número atual de cursos de direito no Brasil que oferecem disciplinas sobre a interface do direito e literatura é ainda desanimador. Assim, a nova obra de José Roberto de Castro Neves vem não apenas para suprir essa carência, fornecendo ensinamentos necessários ao estudante e profissional do Direito, mas também estimula a discussão sobre a relevância desse estudo nas universidades do país.

E o mais importante: não há como terminar *O que os advogados e os juízes fazem com as palavras* sem a vontade de conhecer e mergulhar nas diversas obras referidas por José Roberto e nas tantas outras que o interesse pela leitura naturalmente ainda apresentará.

Pedro Pacífico (@Book.ster)

Por que direito e literatura?

Qual a importância da literatura para o estudo, aperfeiçoamento e aplicação do direito? A resposta atinge todos os profissionais do universo jurídico, como o advogado, o juiz, o procurador, o promotor (bem-vistas as coisas, esse questionamento serve para o médico, o engenheiro, o atleta, o cozinheiro...).

Advogado é aquele que fala pelo outro. A origem da palavra — *ad vocare,* formada pelos termos *ad* (perto, junto, aproximação) e *vocare* (chamar, apelar para algo) — já indica esse propósito. Advogado é a pessoa chamada para falar pela outra e, assim, defendê-la, assisti-la, representá-la. Fundamental é, portanto, que ele saiba se expressar bem.

O julgador, por sua vez, deve solucionar um conflito. Depois de se assenhorear do tema em discussão, cabe a ele proferir um veredicto. De pronto, verifica-se que essa atividade envolve duas habilidades: a de interpretar, utilizada quando o julgador recebe as informações, e a de se expressar, pois a sua decisão deve ser clara, cognoscível, de fácil compreensão.

Na Grécia clássica, berço da democracia, não havia advogados nem juízes profissionais, mas já se conhecia o conceito de defesa num tribunal. Cabia às pessoas, partes no processo, apresentar oralmente suas próprias teses e defesas. Entendia-se a autodefesa, a capacidade de falar por si, como parte do exercício da cidadania. Os julgadores, por sua vez, eram sorteados entre os cidadãos e exerciam esse cargo apenas por um período, sem recondução. Fazia parte da cidadania a capacidade de se defender e de julgar.

O mundo, como sabemos, andou. Sofisticou-se. Algumas pessoas se especializaram em defender outras em pleitos, julgamentos e sindicâncias, assim como em promover a orientação legal. Da mesma forma como, há algum tempo, os médicos tratam da saúde dos outros, os engenheiros se encarregam das construções, cabe aos advogados amparar quem solicita ajuda a respeito de temas legais. Essa atividade tornou-se uma profissão. Criaram-se centros de estudo para advogados — e todos os demais que trabalhassem com direito — se aperfeiçoarem em seu mister. O direito tornou-se uma ciência, com princípios próprios, tudo com o objetivo de tornar mais segura a sua aplicação.

O ordenamento jurídico, com o tempo, se refinou. O profissional do direito, para cumprir adequadamente seu dever, deve estudar, conhecer um sem-fim de regras e orientações. Como o direito existe para atender a uma sociedade e esta, por sua vez, se encontra em constante mutação, o domínio das regras legais demanda incessante atualização. Contudo, o comando da palavra, para o profissional do direito, se revela, na prática, ainda mais importante — ou, no mínimo, antecedente — em relação ao conhecimento técnico. Afinal, qualquer análise começa por compreender adequadamente os fatos e, em seguida, por se fazer entender. Como se expressar corretamente sem possuir o domínio da linguagem?

Ludwig Wittgenstein, um dos filósofos mais influentes do século XX, centrou suas reflexões na estrutura lógico-linguista. O conhecimento — o verdadeiro significado dos fenômenos — parte da linguagem. Para o filósofo, na essência da linguagem chegaremos à essência das coisas: "Toda nuvem carregada de filosofia se condensa numa gota de gramática." A compreensão do direito não pode prescindir dessa análise das palavras, de forma isolada e em conjunto, pois, afinal, o direito é uma forma de linguagem.

Wittgenstein valeu-se da seguinte imagem para falar dos recursos da linguagem: "Pense nas ferramentas dentro de uma caixa de ferramentas: encontram-se aí um martelo, um alicate, uma serra, uma chave de fenda, um metro, uma lata de cola, pregos e parafusos. Assim como são diferentes as funções desses objetos, são diferentes as funções das palavras. (E há semelhanças aqui e ali.)"[1]

Ao ler, o profissional do direito aprimora sua comunicação. Adquire e amplia seu vocabulário, aprende a se expressar de maneira mais eficaz. Com esse cabedal, poderá redigir textos de forma mais clara, apresentar contra-argumentos de modo convincente, negociar com mais persuasão e aconselhar sem correr o risco de se expressar mal.

"Juízes gostam de ouvir histórias." Não me lembro quando escutei isso. Já faz tempo. Na verdade, não apenas os juízes. Todo mundo gosta de ouvir histórias. As histórias nos cativam, nos seduzem. A escritora espanhola Rosa Montero bem resumiu: "A narrativa é a arte primordial dos seres humanos." Da mesma forma como os escritores se valem de conceitos jurídicos para seus romances — uma das histórias mais contadas, como provam Marlowe, Goethe e Mann, é a do homem que celebrou um "contrato" com o diabo (vejam, um "contrato"!) —, os advogados e juízes devem cuidar da forma como se expressam. Se um advogado quer captar a atenção do julgador, melhor para ele se souber contar bem uma história. Se se deseja conquistar a simpatia de alguém, que seja pelo ouvido.

Numa disputa, comumente as narrativas valem mais do que os fatos. O filósofo e jurista belga François Ost, com razão, corrige, com humor, o conhecido brocardo *ex facto ius oritur* — segundo o qual o direito se origina do fato —, para defender que seria mais

---

[1] Ludwig Wittgenstein, *Investigações filosóficas*, 9ª ed., Petrópolis, Vozes, 2014, p. 20.

apropriado dizer *ex fabula ius oritur* — ou seja, o direito vem da narrativa.[2] A capacidade do advogado de estabelecer a narrativa costuma definir o destino da sua causa. Nesse sentido, Napoleão Bonaparte teria dito: "O que é a história senão uma fábula com a qual todos concordam?"

O jurista uruguaio Eduardo Couture explica que o advogado transforma a vida numa lógica. Em seguida, o julgador transforma essa lógica em justiça. Para isso, precisa saber se comunicar — e, para esse fim, a leitura é a melhor professora.

Além disso, no direito, tudo passa pela interpretação: a arte de extrair o sentido dos fenômenos. A boa literatura vai demandar precisamente esse exercício de exegese, de plena compreensão, ferramenta essencial ao profissional do direito. Somente dessa forma, conseguiremos entender com mais precisão o que nos dizem, de modo direto ou indireto.

Comumente, quando somos introduzidos a alguma história — por um livro, por um filme ou mesmo quando ela nos é narrada por alguém —, seu relator nos manipula. A situação nos é passada para que tomemos algum partido. Somos induzidos a escolher um lado. Em alguns casos, os contadores da história são mais generosos, com uma exposição neutra ou ainda tornando-a ambígua. Nesses casos, somos pedidos a fazer escolhas. *Hamlet*, de Shakespeare, *Dom Casmurro*, de Machado de Assis, *Grande Sertão Veredas*, de Guimarães Rosa, são todas obras nas quais seus autores fazem questão de deixar as respostas a cargo do leitor.

O advogado normalmente escreve para levar seu leitor a tomar partido, favorável ao cliente que ele representa. Já o juiz se encontra na posição do leitor que deve tomar decisões, pois as ambiguidades são inerentes às narrativas contrapostas às quais ele é submetido.

---

2   François Ost, *Contar a lei: as fontes do imaginário jurídico*, São Leopoldo, Unisinos, 2005, p. 24.

Disso resta nítido o proveito de o profissional de direito receber esse "treino" da experiência literária, que antecipa os dilemas enfrentados na vida prática.

A imagem icônica consagrada da justiça é a de uma mulher vendada ou, segundo alguns, cega. Como se interpreta isso? A mais comum dessas leituras remete ao fato de que a justiça deve ser imparcial, sem se impressionar pela pessoa que ela julga. Dito de outra forma, sem ver quem ela julga, a justiça se apresenta de forma plena.

Outra interpretação, contudo, entende que a venda não significa imparcialidade, porém a incapacidade de ver — e, assim, explica as injustiças e os erros de julgamento. Veja-se que os gregos clássicos representavam a justiça de olhos bem abertos, exatamente para expressar que ela tudo via.

Dependendo de como se interpreta a cegueira, ela pode ser um atributo positivo — da isenção e imparcialidade — ou negativo — da incapacidade de enxergar o que faz. Como se vê, na maior parte dos casos, caberá ao intérprete dar a palavra final.

Um livro não é inofensivo. Ele sempre carrega uma mensagem. Muitas vezes, essa mensagem se revela de forma ostensiva. Noutras, encontra-se subliminar. O certo é que o livro sempre lhe diz algo. O livro apenas deixa de ter uma mensagem se não for lido. O leitor se acostuma a receber essa informação e desenvolve a prática de filtrá-la. O nome disso é senso crítico. Sem essa qualidade, ficamos à deriva.

Num mundo invadido pela inteligência artificial e o excesso de informação, o que vai salvar a humanidade é precisamente esse senso crítico — essa interpretação sensível que permitirá identificar as mensagens saudáveis.

Quem trabalha com direito, qualquer que seja a sua área ou especialidade — como advogado, julgador, fiscal, auditor, entre outras —, cuida de pessoas. Ainda que a sua atividade se dê de forma sofisticada, com elaboradas e cerebrinas construções técnicas, ao fim ele lida com gente: sua matéria-prima é o ser humano.

Eis outra razão para o advogado ler. Afinal, independentemente do ponto em discussão, o tema sempre tratará, em última análise, direta ou indiretamente, das pessoas e de seu comportamento. Como a literatura é o abecedário humano, o profissional de direito, ao ler, aproxima-se do objeto do seu trabalho, para melhor compreender sentimentos próprios da nossa natureza: amor, ódio, despeito, orgulho, inveja, vaidade, compaixão, culpa...

O mencionado filósofo austríaco Ludwig Wittgenstein formulou o seguinte aforismo: "Se um leão pudesse falar, nós não seríamos capazes de entendê-lo." O filósofo, profundo estudioso da comunicação humana, explicitava a verdade de que a transmissão de informação depende fundamentalmente de uma identidade valorativa. As nossas experiências são profundamente distintas daquelas vividas pelos leões a ponto de comprometer a comunicação. Para entender o outro, deve-se compreender o outro — superar a dificuldade de aceitar o que nos é estranho e identificar o que há em comum.

Como o direito é uma ciência, elaborada pelo Homem, cujo fim consiste em garantir a tranquilidade social, um bom profissional precisa se familiarizar com a essência humana. *Homo sum; humani nil a me alienum puto* — Sou humano, nada do que é humano me é estranho — registrou o poeta romano Terêncio. Sem atentar à humanidade, o operador de temas jurídicos pouco serve. A boa literatura revela os muitos matizes da nossa condição. As pessoas não são simplesmente boas ou más — o que redunda num pensamento infantil —, mas complexas, ricas, surpreendentes, contraditórias. O mesmo ser humano é capaz de realizar atos heroicos e outros de pura vilania. Os livros nos aproximam da humanidade.

Por fim, no caso do direito, ramo de atuação humana que enseja constantes desafios éticos, ter presentes valores morais revela-se basilar. Sem esses valores, a ciência jurídica pode ter consequências nefastas, como ocorreu, para citar um doloroso exemplo, na história não tão distante, com o nazifascismo.[3]

---

3   Ver Andreas Nachama et al., *The people's court 1934-1945: when nazi terror became law*, Berlim, Stiftung Topographie, 2018.

Ao profissional do direito, conhecer esses valores não é apenas uma conveniência, mas uma ferramenta essencial ao seu trabalho.

O juiz da Suprema Corte norte-americana Benjamin Cardozo, em *A natureza do processo judicial*, registra que "o Direito é, na verdade, um desenvolvimento histórico, pois é uma expressão da moralidade costumeira que se desenvolve, de maneira silenciosa e inconsciente, de uma era para a outra".[4] Segundo o modelar juiz, cabe ao magistrado, de forma consciente e intencional, atuar imbuído dessa finalidade moral.

Em *A rebelião das massas*, obra fundamental do filósofo espanhol José Ortega y Gasset, denuncia-se a inclinação para a especialização. Os homens da ciência, segundo Ortega y Gasset, se transformaram em "sábios-ignorantes", pois conhecem a sua matéria, mas ignoram tudo o mais. Pior, por dominar certo tema, desprezam os demais.

Os profissionais do direito — e de qualquer outro ramo — devem estar atentos para não se tornarem os "sábios-ignorantes", como advertido pelo filósofo espanhol, focando sua *expertise* somente no seu ramo. Tomar o direito apenas como um fato — e não como um valor —, sem compreender a humanidade e a sociedade para a qual o direito se destina, impede que o jurista cumpra sua verdadeira missão.

Quando, a partir do século XI, surgiram as universidades no Ocidente, com centros de estudo para disseminar conhecimento, os alunos eram submetidos às artes liberais, ordenadas em dois cursos: o *trívio*, no qual se estudava gramática, lógica e retórica, e o *quadrívio*, para se tratar de aritmética, geometria, música e astronomia (medicina, curiosamente, ficava inserida nesta última disciplina). Assim, apresentavam-se ao estudante as mais altas formas do saber.

---

[4] Benjamin N. Cardozo, *A natureza do processo judicial*, São Paulo, Martins Fontes, 2004, p. 76.

RETRATO DE PETRARCA, POR GIORGIO VASARI

Em 1316, Francesco Petrarca foi para a Universidade de Montpellier, a fim de estudar direito. Pouco depois, seguiu essa mesma disciplina em Bolonha, grande centro do conhecimento jurídico da época. Sua vocação, contudo, eram as letras. Foi um grande intelectual. Atribui-se a ele o reconhecimento de que os autores clássicos — os gregos e romanos da antiguidade — pregavam uma concepção da realidade distinta daquela do homem medieval. Como identificou Petrarca, os antigos celebravam as virtudes terrenas. A partir dessas reflexões, para muitos, nasce o humanismo. Esse movimento estimula o conhecimento dos textos clássicos, enaltecendo as obras de Platão, Cícero e Santo Agostinho. O centro das análises passou a gravitar ao redor de questões morais, discutindo-se a natureza humana, em oposição às ideias medievais, profundamente apegadas a conceitos religiosos.

Esse modelo, que tomou os clássicos por paradigma, subsistiu por longo tempo. Mais tarde, com a revolução científica, a partir do século XVI, mas principalmente no século seguinte, o cientificismo tomou a dianteira na educação. O estudo específico das matérias ganhou proeminência, desenvolvendo-se, para cada setor, uma ciência própria.

No ramo jurídico, o desenvolvimento do direito como ciência chegou ao ponto de defender que as leis valiam por si mesmas. Estudantes de direito se aprofundaram na dogmática jurídica, deixando de lado as artes liberais.

O auge dessa apreciação puramente técnica do direito, sem maiores considerações com outros valores sociais, ocorreu na Alemanha, na primeira parte do século XX, com enorme ênfase na estrutura do ordenamento, muito mais do que na sua função.

Sabe-se que o nazismo contava entre seus colaboradores com uma geração de juristas notáveis, munidos de apurado conhecimento técnico. Faltou-lhes, contudo, a atenção aos valores humanos elementares, como o respeito às diversidades, que nada mais é do que tornar concreto o respeito ao próximo. Percebeu-se, principalmente com essa nefasta passagem histórica, que o direito não pode se afastar completamente dos valores morais. No mundo jurídico, a ciência, a técnica, os conceitos cerebrinos não devem existir isolados de valores éticos, colhidos a partir de uma compreensão humanística. Logo, o jurista apenas poderá cumprir adequadamente seu papel se tiver uma boa formação cultural. Em outras palavras, o direito sem ética é uma arma na mão de um cego.

A filósofa Martha Nussbaum, com razão, denuncia que, na busca moderna pelo lucro, os países se preocupam em ter "máquinas lucrativas, ao invés de cidadãos íntegros que possam pensar por si próprios, criticar a tradição e entender o significado dos sofrimentos e das realizações dos outros".[5] Diante disso, a filósofa lamenta que "as humanidades e as artes estão sendo eliminadas em quase todos os países

---

5   Martha Nussbaum, *Sem fins lucrativos: por que a democracia precisa das humanidades*, São Paulo, Martins Fontes, 2019, p. 4.

do mundo". Como já se viu, a ausência de valores humanos tem consequências nefastas para a sociedade.

Sempre imaginei que o melhor médico não seria aquele que apenas — e somente apenas — conhecesse o funcionamento dos órgãos do nosso corpo ou que soubesse os remédios apropriados para cada moléstia. O melhor médico será aquele que aprecia a humanidade, pois as nossas angústias são, comumente, as causas de nossas desgraças físicas. O romano Galeno já havia reconhecido: "O melhor médico é também um filósofo." O mesmo se pode dizer do arquiteto. Como ele pode conceber uma casa se não conseguir imaginar como as pessoas se sentem — e como vão se sentir mais confortáveis — num ambiente?

Com os juristas não é diferente. Não basta dominar as leis e a doutrina dos renomados jurisconsultos ou saber de cor as posições dos tribunais para se tornar um bom profissional. Se isso fosse suficiente, um possante computador poderia, com inúmeras vantagens, substituir a atividade humana nesse setor. Mas não. O ser humano seguirá insubstituível enquanto prestigiar as humanidades.

"Os poetas são os legisladores não reconhecidos do mundo", disse, em 1821, Percy B. Shelley, no seu *A defesa da poesia*. As verdadeiras leis que regem a humanidade são aquelas desnudadas pelos poetas, pois externam a nossa natureza. As regras que tratam da essência do ser humano têm mais poder do que as estabelecidas pelos Estados. Por vezes, conhecer essas leis, de que tratam os poetas, serve de caminho mais seguro para se atingir a justiça, em lugar de seguir, cegamente, as disposições contidas nos códigos. Afinal, como apontou Blaise Pascal — um matemático! —, "o coração tem razões que a própria razão desconhece".

Admitida a importância de conhecer a humanidade, resta definir qual o melhor caminho para esse fim.

Em 1954, um menino de 12 anos do estado norte-americano da Virgínia escreveu uma carta ao então juiz da Suprema Corte americana Felix Frankfurter, manifestando seu interesse em estudar direito.

O garoto indagava ao juiz qual a melhor forma de se preparar para a carreira jurídica. Com os mesmos 12 anos, Frankfurter havia chegado de Viena, onde nasceu, aos Estados Unidos, país no qual viveu até o fim da sua vida. Formado em direito em Harvard e tendo exercido a advocacia, Frankfurter ingressou na Suprema Corte americana em 1939. Em um parágrafo, o juiz respondeu ao menino:

> Meu querido Paul:
> Ninguém consegue ser um advogado verdadeiramente competente se não for um homem culto. Se eu fosse você, esqueceria tudo sobre qualquer preparação técnica para o Direito. A melhor forma de se preparar para o Direito é começar os estudos do Direito como uma pessoa culta. Somente assim se consegue adquirir a capacidade de usar a língua inglesa por escrito e falada, e com os hábitos de pensamento claro que somente uma educação verdadeiramente liberal pode dar. Não menos importante para o advogado é o cultivo das faculdades imaginativas por meio da leitura da poesia, exposição a grandes pinturas, em seus originais ou em reproduções facilmente disponíveis, e grandes músicas. Estoque sua mente com o depósito de muita boa leitura, amplie e aprofunde seus sentimentos ao experimentar verdadeiramente o máximo possível os maravilhosos mistérios do universo, e esqueça por completo a sua carreira futura.
> Com as minhas saudações,
> Atenciosamente,
> Felix Frankfurter

Com toda razão, o sábio juiz aconselhou o menino a se dedicar a assimilar a cultura. Essa bagagem iluminaria seu caminho. Nessa mesma linha, pode-se citar G. K. Chesterton: "As pessoas perguntam por que o romance é a forma mais popular de literatura; as pessoas perguntam por que ele é mais lido do que livros sobre ciência ou sobre metafísica; simplesmente porque o romance é mais verdadeiro."

O profissional de direito terá mais condições de cumprir adequadamente sua função ao se tornar um ser humano melhor. A sua atuação profissional requer o desenvolvimento de habilidades a que se chega por meio da leitura. Nesse caminho, ele não difere de qualquer outro profissional.

Objetivamente, o profissional de direito, para exercer sua atividade, deve conhecer o direito, a língua e os valores que animam a sua sociedade. Eis as suas principais ferramentas.

Nietzsche ensina: "Quem luta contra monstros deve se precaver para não se tornar também um monstro. E quando você olha por muito tempo para um abismo, o abismo também olha para você."[6] Esse pensamento merece ser repetido, como um mantra, todos os dias pelos profissionais de direito. Isso porque habitualmente eles combatem algum mal, enfrentam alguma injustiça. Nessa luta, com frequência, encaram o abismo. Como apontou o filósofo alemão, há um grave risco de contaminação. Se não houver um esteio seguro, há o risco de, ao combater os monstros, se tornar um deles. O esteio, a âncora, é exatamente a segurança moral.

O historiador cristão Christopher Dawson escreveu diversas obras sobre o homem moderno e a religião. O inglês Dawson influenciou importantes mentes do século passado, como T. S. Eliot e J. R. R. Tolkien. Em 1942, quando a Europa sofria as desgraças da guerra — um momento particularmente difícil, pois, até então, as forças do nazismo marchavam com inabalável força —, Dawson lança *O julgamento das nações*. Nesse livro, o fervoroso católico denuncia a atual submissão do homem à técnica, numa nova ordem baseada no progresso. Assim como Nietzsche, Dawson alerta: "Assim que os homens chegam à conclusão de que todos os meios são permitidos para combater um mal, então o bem se torna indistinguível do mal que tiveram a intenção de destruir."[7]

---

[6] *Além do bem e do mal*, Parte IV, Seção 46.
[7] Christopher Dawson, *O julgamento das nações*, São Paulo, É Realizações, 2018, p. 77.

Fábio Konder Comparato corretamente apontou que "a verdadeira educação é de cunho moral e não técnico".[8] Sem ler, o legislador não compreenderá o alcance das regras que edita; o juiz não se sensibilizará para o efetivo problema que reclama a sua decisão; e o advogado não conseguirá expor suas verdades — quiçá, nem as compreenderá. O causídico não se emocionará com o drama de seu cliente. Todos esses agentes se tornam impotentes — ou mesmo perigosos.

Como a leitura é a mais pujante fonte de educação moral, o profissional de direito deve ler. Se não por prazer (o que, por si, justificaria a atividade, diante do deleite desse hábito), pelo menos para se aprimorar como ser humano. Roland Barthes registra com razão que, quanto mais cultura houver, maior e mais diverso será o prazer.

Já se disse que "ler é a arte de pensar com um pouco de ajuda".[9] O filósofo do direito Ronald Dworkin explicita:

> Proponho que podemos melhorar nossa compreensão do Direito comparando a interpretação jurídica com a interpretação em outros campos do conhecimento, especialmente a literatura. Também suponho que o Direito, mais bem compreendido, propiciará um entendimento melhor do que é a interpretação em geral.[10]

O conceito de que o profissional de direito se aperfeiçoa fundamentalmente com a literatura prosperou. Como registra Judith Martins-Costa: "Pelo texto literário aprendemos a ver aquilo que os textos jurídicos, por si só, não nos permitem ver."[11]

---

8   Fabio Konder Comparato, *Ética: direito, moral e religião no mundo moderno*, São Paulo, Companhia das Letras, 2006, p. 241.
9   Émile Faguet, *A arte de ler*, Rio de Janeiro, Casa da Palavra, 2009, p. 139.
10 Ronald Dworkin, *Uma questão de princípio*, São Paulo, Martins Fontes, 2005, p. 217.
11 Judith Martins-Costa, "A concha do marisco abandonada e o nomos", in Judith Martins-Costa (coord.), *Narração e normatividade: ensaios de direito e literatura*, Rio de Janeiro, GZ Editora, 2013, p. 21.

Há muitas razões para ler. Todas valiosas — ou melhor, fundamentais. Pela literatura, por exemplo, conseguimos compreender que a justiça e o direito nem sempre caminham juntos — embora devessem.

Em suma, todas as pessoas, aí compreendidos os profissionais de direito, devem ler porque, assim, eles conhecem melhor a si mesmos, aperfeiçoam sua comunicação, conseguem interpretar melhor os fatos, aprimoram seu entendimento da humanidade, desenvolvem a empatia e assimilam cultura. Todas essas qualidades, predicados e aptidões são adquiridos e desenvolvidos por meio da leitura.

DIREITO E LITERATURA

Pode-se definir literatura, em nosso caso, como o conjunto das obras literárias. Com frequência, usa-se o termo acrescido de outro designativo, que o especifica, como literatura brasileira, literatura do século XX, literatura medieval, literatura social. Os gêneros são variados. Há clássicos da literatura, livros que sobreviveram ao tempo por suas qualidades e pela força de seu conteúdo. A literatura pode ser de boa ou má qualidade. Isso pode variar de acordo com a avaliação de bom ou mau gosto de cada um, ou em decorrência de conceitos éticos e morais. O tempo comumente é o melhor juiz do mérito das obras literárias, pois costuma condenar o que não tem conteúdo ao mais obscuro esquecimento.

Pela literatura conhecemos a nossa história. Temos acesso, também, a outros mundos. Recebemos, no caso da boa literatura, informação relevante, valores éticos, ensinamentos morais. Ficamos sintonizados com o mundo que nos cerca.

O direito, por sua vez, é o meio, desenvolvido pela sociedade humana, para organizar a vida em coletividade. Idealmente, criam-se regras para regulamentar a convivência. Caso essas normas sejam violadas, o direito trata de estabelecer formas de "consertar" a conduta inadequada, podendo, inclusive, impor sanções.

Como o direito visa a regular a sociedade, sua função será mais bem desempenhada se ele estiver em harmonia com os valores prevalentes nessa sociedade. Numa sociedade que busca afastar preconceitos, por exemplo, o ordenamento jurídico deve servir-se de normas atentas a esses valores, sob pena de desvirtuar seu propósito.

Em muitos países civilizados, estudam-se, em conjunto, direito e literatura. Percebeu-se, corretamente, que os temas se complementam.

Num dos grandes propósitos do direito — de refletir os valores da sociedade — se encontra o primeiro proveito de uni-lo à literatura. Afinal, ao ler, somos introduzidos a conceitos fundamentais como liberdade, respeito ao próximo, amor, empatia, amizade, além das virtudes e mazelas da nossa condição. A reflexão acerca de temas de natureza moral e ética, abundantes na literatura, capacita o jurista.

O profissional do direito, para exercer sua função, precisa municiar-se desses valores. Sem eles, sua atividade perde a bússola.

Não por acaso, muitos escritores têm formação jurídica. Desde a antiguidade, há exemplos de juristas escritores, como Cícero, Francesco Petrarca, Giovanni Boccaccio, Michel de Montaigne, John Donne, Walter Scott, o barão de Montesquieu, Charles Perrault, Johann Wolfgang von Goethe, Heinrich Heine, Honoré de Balzac, Gustave Flaubert, Leão Tolstói, Franz Kafka, Sándor Márai, Gabriel García Márquez, Mario Vargas Llosa, Harper Lee, Michel Foucault, John Grisham e Scott Turow, entre tantos.

(Vale, entre parêntesis, registrar a declaração de Marcel Proust: "Nos meus mais desesperados momentos, jamais imaginei algo mais terrível do que um escritório de advocacia." Proust, que nunca decidiu qual carreira profissional seguir, passou, quando jovem, duas semanas num escritório de advocacia. Embora a experiência para ele pareça não ter sido boa, certamente serviu-lhe de alimento para reflexões. García Márquez, por sua vez, disse que, apesar dos cinco anos de estudo de direito na faculdade, "nunca me formei porque essa carreira me dá tédio moral".)

Os portugueses Almeida Garrett, Camilo Castelo Branco, Eça de Queirós e Valter Hugo Mãe também se graduaram em direito. Entre os brasileiros, Gregório de Matos, Tomás Antônio Gonzaga, Cláudio Manuel da Costa, Gonçalves Dias, Álvares de Azevedo, Castro Alves, Tobias Barreto, Fagundes Varella, José de Alencar, Alphonsus de Guimaraens, Raul Pompeia, Raimundo Correia, Augusto dos Anjos, Oswald de Andrade, José Lins do Rego, Monteiro Lobato, Jorge Amado, Clarice Lispector (a ucraniana mais brasileira do mundo), Vinícius de Moraes, Lygia Fagundes Telles, além de outros, tiveram formação jurídica.

JORGE AMADO E CLARICE LISPECTOR

Machado de Assis não se formou em direito. Contudo, possivelmente dois de seus mais marcantes personagens, Brás Cubas e Bentinho, de *Memórias póstumas de Brás Cubas* e *Dom Casmurro*, respectivamente, eram bacharéis. O primeiro se formou em Coimbra e o segundo em São Paulo.[12]

---

12   Luiz Carlos Cancellier de Olivo, em "A crítica ao bacharelismo liberal em Machado de Assis", in André Karam Trindade (org.), *Direito & literatura: ensaios críticos*, Porto Alegre, Livraria do Advogado, 2008, apresenta um quadro com o número de citações de personagens que exercem funções jurídicas nas obras de Machado.

O iluminismo trouxe significativas mudanças no século XVIII, com ostensivos reflexos no mundo jurídico. A Idade da Razão, como seus defensores gostavam de identificá-la, criou a atmosfera para as codificações, especialmente a francesa, com seu Código Civil publicado em 1804, estabelecendo um marco no desenvolvimento da organização jurídica. Os franceses, na criação de sua lei, tomaram o direito romano como base, o que já era adotado em boa parte do seu território.

A Alemanha, no começo do século XIX, assistiu a uma acirrada discussão acerca da necessidade de codificação de seu direito, para seguir o modelo francês. Dois importantes juristas, cada um defendendo seu ponto de vista, dominaram o debate, que ficou conhecido como a disputa entre Savigny e Thibaut.

Anton Friedrich Justus Thibaut era professor de direito na prestigiosa Universidade de Heidelberg. Em 1814, publica *Sobre a necessidade de um direito civil geral para a Alemanha*, defendendo a organização do direito alemão num código. Para Thibaut, impregnado pelos ideais iluministas, a codificação garantiria a harmonia por meio de um sistema jurídico coeso. Ademais, a codificação serviria como fonte de convergência do povo alemão, que, naquela época, encontrava-se dividido em diversos pequenos estados, cada um aplicando suas próprias regras — a unificação do país apenas se daria em 1871. A existência de leis diferentes entre os fragmentados estados germânicos gerava incertezas, o que seria aplacado pela organização das regras jurídicas numa codificação.

Ainda no mesmo ano de 1814, Friedrich Karl von Savigny, outro renomado jurista, publica *Da vocação de nossa época para a legislação e a ciência do direito,* rebatendo a obra e os argumentos de Thibaut. Para Savigny, a codificação seria artificial, na medida em que o verdadeiro direito civil vivia na linguagem e no costume do povo alemão. Sentia-se, na sua tese, a influência do romantismo germânico.

Para Savigny, apenas na análise do comportamento da comunidade, dos seus valores, de sua consciência, é que se poderia reconhecer o melhor direito. O renomado jurista estabelecia, assim, as bases para a denominada Escola Histórica do Direito, que via o fenômeno jurídico como uma manifestação do espírito do povo. Embora admitisse as vantagens da codificação para fins de segurança da aplicação da lei, Savigny repelia um código civil para os estados germânicos por entender que, como o direito é um fenômeno vivo e em constante mutação, não havia ainda como engessá-lo. Segundo Savigny, cabia ao jurista manter-se em constante vigilância acerca dos interesses da sociedade, a fim de conservar o direito em permanente sintonia com essa consciência popular. A necessidade de contínua atualização do direito era incompatível com a ideia de codificação.

Ao menos num primeiro momento, a autoridade de Savigny, na época reitor da recém-criada Universidade de Berlim e próximo dos reis da Prússia, o mais poderoso dos estados germânicos, falou mais alto. Em decorrência dessa polêmica, a Alemanha promulgou seu Código Civil apenas no final do século XIX. A lei acabou aprovada pelo parlamento daquele país em agosto de 1896.

Vendo essa discussão em perspectiva, resta reconhecer que ambos os lados tinham alguma razão. A segurança jurídica deve conviver com o reconhecimento de que o direito é mutável. O ordenamento jurídico não é uma obra estanque e terminada, mas sensível à sociedade que ele visa a regular.

FRIEDRICH KARL VON SAVIGNY, POR FRANZ KRÜGER

Muito ligados a Savigny, os irmãos Jacob e Wilhelm Grimm, filhos de um jurista e eles também estudiosos de direito, se dedicaram, no início do século XIX, a compilar contos populares, como "João e Maria", "Cinderela", "Chapeuzinho vermelho" e "A bela adormecida". O interesse dos irmãos em reunir histórias contadas pela gente do povo nasce porque eles se filiavam à referida Escola Histórica do Direito, que defendia a observância dos costumes populares para a formação das regras jurídicas.

O trabalho dos irmãos Grimm, publicado em 1812, se tornou um clássico. Nas aparentemente ingênuas histórias contadas pela gente comum, havia, embutida, uma série de valores da sociedade, que deveria ser levada em conta pelos legisladores e por quem mais desejasse conhecer melhor a alma do povo. A literatura, assim, servia de alimento ao jurista.

Os irmãos Grimm promoveram a codificação dos contos populares, da mesma forma que o jurista do tempo deles pretendeu organizar coordenadamente a matéria.

A LUTA PELO DIREITO, NO ORIGINAL, E SEU AUTOR

A partir de uma palestra proferida em Viena, em 1872, o jurista Rudolf von Jhering publica um pequeno livro, instantaneamente transformado em clássico: *A luta pelo direito*. Como veremos, trata-se de obra seminal. Por ora, vale dizer que, para explicar conceitos como justiça e aplicação das leis, Von Jhering cita a peça *O mercador de Veneza*, de William Shakespeare. A partir de exemplos colhidos dessa obra literária, o jurista explica conceitos importantes do fenômeno jurídico. Essa forma de apreciar o direito germinou.

O estudo multidisciplinar, no qual se abraçam direito e literatura, começa a ganhar destaque nos Estados Unidos, no início do século XX.

Em 1901, o advogado e professor de direito norte-americano John Henry Wigmore, depois de passar alguns anos lecionando direito na Universidade de Keio, no Japão, retornou ao seu país de origem, ingressando na escola de direito da Northwestern University, onde permaneceu até sua morte, em 1943. Em 1907, Wigmore publica um ensaio no qual lista diversos romances que tratam de temas jurídicos. Para muitos, trata-se da obra inaugural acerca de direito e literatura.

Outro marco do estudo de direito e literatura se deu com a publicação, em 1925, de ensaio do juiz da Suprema Corte norte-americana Benjamin Cardozo, no qual ele exalta o proveito de examinar a qualidade literária das decisões judiciais. Cardozo estimulava os profissionais de direito a escrever de forma esmerada, como se produzissem um romance.

Com o fim da Segunda Grande Guerra, a civilização percebe que a aplicação do direito não pode se afastar de conceitos morais, sob pena das mais dramáticas consequências. Funcionando a literatura como um maná de valores éticos, percebe-se a sua utilidade na formação do jurista. Por meio dela, somos levados a meditar e refletir sobre temas cujo conhecimento se faz fundamental à aplicação do direito de modo mais saudável socialmente.

O vácuo do pós-guerra no Ocidente foi responsável pelo aumento, a partir do final da década de 1940, do interesse acerca do estudo conjunto dessas duas matérias.

Tullio Ascarelli, em 1959, apresenta um ensaio intitulado "Antígona e Pórcia", no qual, depois de narrar essas tramas — das quais trataremos adiante —, lembra a importância de desenvolver a interpretação de textos literários para melhor aplicar o direito. No início de seu texto, Ascarelli registra: "O problema do Direito é problema de cada homem e apresenta-se diariamente a cada um de nós; talvez, por isso, ao simbolizar os seus termos, podemos, antes mesmo que os doutos, recorrer aos sábios e antes mesmo que aos estudiosos, aos poetas."[13]

Em 1960, o professor de direito constitucional da Universidade de Nova York Ephraim London traz ao público, em dois volumes, *The World of Law*. No primeiro, intitulado *O direito na literatura*,[14] promove uma compilação de diversos textos, colhidos de variadas fontes — como Cervantes, Agatha Christie, Mark Twain, entre outros —, nos quais temas jurídicos são tratados. No segundo volume, chamado *Direito como literatura*,[15] ele trata de diversos casos jurídicos, com suas respectivas resenhas, feitas por homens notáveis, como Zola, Gandhi, Shaw e Camus.

Contudo, a cadeira de direito e literatura ganha efetiva tração a partir dos anos 1970. Num trabalho instigante, *The Legal Imagination*, de 1973, James Boyd White, professor de direito em grandes universidades americanas, como Harvard, Chicago e Michigan, defende que o verdadeiro poder do direito se encontra na linguagem.[16] A partir de uma antologia de textos clássicos, White os critica sob o enfoque jurídico.

Nos anos oitenta do século XX, o jurista e filósofo Ronald Dworkin, em *Uma questão de princípio* e em *O império do direito*, recorre à análise de textos literários para examinar o direito. O direito, para ele, passava pela hermenêutica e, assim, era fundamental desenvolver a

---

13   Tullio Ascarelli, "Antígona e Pórcia", in *Civilistica.com*, v.5, n.2, 2016, p. 1.
14   Ephraim London, *The World of Law: The Law in Literature*, Nova York, Simon and Schuster, 1960.
15   Ephraim London, *The World of Law: The Law as Literature*, Nova York, Simon and Schuster, 1960.
16   James Boyd White, *The Legal Imagination*, Chicago, The University of Chicago Press, 1985, p. viii.

interpretação literária. Como notou Dworkin, a literatura antecipa diversos dilemas com os quais os profissionais de direito vão se deparar.

Richard A. Posner, professor da Universidade de Chicago — formado em letras por Yale e em direito por Harvard —, lança, no final dos anos 1980, *Direito e literatura*,[17] no qual examina os casos da literatura no direito, o direito como literatura — com ênfase na retórica —, teorias de interpretação e, por fim, as relações do mundo jurídico com temas como privacidade, difamação, propriedade intelectual, entre outros.

O estudo de direito e literatura se propagou. Hoje, as melhores universidades do mundo oferecem cursos relacionando essas matérias, tornadas ferramentas no auxílio da compreensão do fenômeno jurídico.

No Brasil, principalmente a partir deste século, há trabalhos abordando direito e literatura, com notáveis coletâneas.[18]

Atentos, alguns magistrados brasileiros têm levado com êxito suas experiências no fórum para a literatura, partilhando a sensibilidade dos temas jurídicos.[19] Da mesma forma, advogados brasileiros apresentam ao público relatos de seus litígios e de sua luta, além de comentários sobre grandes causas.[20]

O título "Direito e literatura" abrange tanto o "Direito da literatura", como o "Direito como literatura" e o "Direito na literatura". Cada um desses tópicos, inconfundíveis entre si, guarda seus encantos.

---

17   Richard A. Posner, *Law & Literature*, 3a. ed., Cambridge, Harvard University Press, 2009.

18   Vejam-se os volumes de André Karam Trindade (org.), *Direito & literatura: ensaios críticos* e *Direito & literatura: discurso, imaginário e normatividade*; de Judith Martins-Costa (org.), *Narração e normatividade: ensaios de direito e literatura*; e de José Roberto de Castro Neves (org.), *O que os grandes livros ensinam sobre justiça*. Cite-se, ainda, a obra de José Osterno Campos de Araújo, *Direito penal na literatura de Camus, Suassuna e outros iluminados*.

19   Cite-se, como exemplo, Andréa Pachá, com *A vida não é justa*, *Segredo de justiça* e *Os velhos são os outros*; Wagner Cinelli, *Metendo a colher*; Mônica Sette Lopes, *Os juízes e a ética do cotidiano*, e Inês Virgínia Prado Soares et al., *Bens culturais e direitos humanos*.

20   Ver, entre outros, Antônio Cláudio Mariz de Oliveira, *Crônicas absolvidas*; Antônio Sérgio Pitombo, *Em busca do justo perdido*; Saulo Ramos, *Código da vida*; além de coletâneas, como as organizadas por Pierre Moreau, *Grandes crimes* e *As letras da lei*; e José Roberto de Castro Neves, *Os grandes julgamentos da história*.

O crítico literário e sociólogo com formação jurídica Antonio Candido, a partir de uma palestra, oferece instigante ensaio denominado "O direito à literatura" — o que seria até uma quarta linha de relação entre esses dois fenômenos sociais. Segundo o intelectual, a literatura, na construção de uma sociedade saudável, não pode ser um privilégio de classe. Como conclui Candido, "uma sociedade justa pressupõe o respeito dos direitos humanos, e a fruição da arte e da literatura em todas as modalidades e em todos os níveis é um direito inalienável".[21]

Desenvolveu-se, ainda, inicialmente na Espanha, a Teoria Comunicacional do Direito, a partir de uma constatação evidente: o fenômeno jurídico apenas se torna possível a partir do uso das palavras e da linguagem. O fundador desse movimento, Gregorio Robles, resume: "O direito é um fenômeno de comunicação que se dá pela convivência dos seres humanos, cuja natural expressão ocorre pela linguagem."[22] Não há como verdadeiramente conhecer o fenômeno jurídico sem passar pela palavra, pela comunicação. O texto passa a ser, para essa teoria, o ponto de partida para a análise do direito. Afasta-se de uma visão clássica normativista kelseniana, que caracteriza o direito pela sanção; segundo o ensinamento de Robles, o direito existe porque compõe um sistema construído por palavras. O direito é texto: um fenômeno da comunicação.

O jurista não se aperfeiçoa apenas dominando a dogmática. Para melhor exercer sua função, uma atividade essencialmente social, o profissional de direito deve ler. O movimento de direito e literatura rega o estudo do fenômeno jurídico. Como ensinou San Tiago Dantas, "defender o Direito é, assim, essencialmente, renovar o Direito".[23]

---

21   Antonio Candido, "O direito à literatura", in Daniel Louzada (org.), *Livros para todos*, Rio de Janeiro, Nova Fronteira, 2021, p. 35.
22   Gregorio Robles, *Comunicación, lenguaje y derecho: algunas ideas básicas de la teoría comunicacional del derecho*, Madri, Real Academia de Ciencias Morales y Políticas, 2009, p. 15.
23   San Tiago Dantas, *Palavras de um professor*, 2ª ed., Rio de Janeiro, Forense, 2001, p. 24.

A história do direito pela literatura

Os juristas gostam de dizer que a sociedade nasce junto do direito. *Ubi homo ibi societas; ubi societas, ibi jus.* Defende-se que a sociedade apenas existe quando ela se organiza, estabelecendo regras a seus membros. Sem regras, não há sociedade, mas o caos.

As regras de um grupo social podem ser singelas, como indicar um determinado integrante da comunidade como seu chefe e impor a todos os demais membros daquele grupo o dever de obedecer às suas ordens. Eis uma regra simples. A sociedade também pode ter regras mais sofisticadas, mais rígidas, mais complexas.

Se não houver nenhum regramento, impera a desordem — e a sociedade não se estabelece. Assim, verifica-se a necessidade de se criarem essas regras sociais.

A história da civilização se confunde com o desenvolvimento dessas regras. Mais do que isso, as regras jurídicas representam um fiel espelho dos costumes e valores da sociedade no seu tempo.

O mesmo se pode dizer sobre a arte. Desde os primórdios, o ser humano sente a necessidade de se expressar artisticamente, seja pela música, pela pintura, pela narrativa, falada ou escrita. A arte também reflete a alma da sociedade.

A arte e o direito se entrelaçam, como duas fundamentais ferramentas humanas. O direito, de um modo geral, nasceu historicamente a partir do costume, ou seja, do comportamento reiterado dos membros da comunidade adotado na crença de que essa conduta representava a ordem jurídica. Mais modernamente, o direito se apresenta fundamentalmente pela escrita, em normas conhecidas de toda a comunidade. O fato de o direito se valer das letras importa fundamental ponto de aproximação com a literatura, uma das mais expressivas manifestações artísticas.

Chega a ser possível compreender a história da evolução do direito pela literatura. Mais ainda, por vezes, a literatura serviu como guia do direito.

A partir do final do século VI a. C. e, principalmente, ao longo do século V a. C., a política e a filosofia se desenvolveram extraordinariamente em Atenas. Durante esse curto, porém marcante, espaço de tempo, surgiu o conceito da democracia: a ideia de que a manifestação da maior parte dos componentes de uma comunidade deveria orientar seu destino.

Tratava-se, ainda, de um conceito incipiente. Na democracia grega, as mulheres, os escravos e os estrangeiros ("metecos") não tinham direito a voto. De toda forma, o incipiente modelo de democracia representava uma revolução, se comparado aos padrões de governo que havia até então, sempre marcados por tiranias, com o controle das regras sociais exercido por um déspota ou por uma classe definida de governantes.

O modelo democrático de eleição de gestores públicos, que então se desenvolvia, não nasceu pronto. Não havia, por exemplo, uma forma, compatível com o modelo, para reger os temas legais, notadamente as eventuais disputas entre os membros da comunidade. Isso porque, até então, era o mesmo déspota que decidia, sem maiores fundamentações, a política de governo, e oferecia decisões de temas jurídicos a ele submetidas. Essas decisões variavam de acordo com o humor do julgador, pois, afinal, ele era a própria lei. Contudo, com a "invenção" da democracia, fazia-se necessário criar um meio harmônico de resposta do Estado aos temas legais.

A democracia parte do pressuposto de que os indivíduos têm direito a expressar suas opiniões: uma opinião que merece ser ouvida, ainda que com ela não se concorde. Logo, as pessoas devem gozar da liberdade de expressão. Diante disso, o modelo jurídico deveria seguir esse conceito fundamental, oferecendo aos interessados o direito de apresentar a sua defesa, para apreciação, a fim de se chegar a um veredicto. Além disso, o julgador, na mesma linha da essência dos princípios da democracia, não deveria ser uma autoridade absoluta, porém um par da pessoa julgada.

Não por acaso, nesse mesmo período histórico, a tragédia grega experimenta seu auge. Atenas promovia festivais de teatro, aos quais a população comparecia em massa. Ir ao teatro era um dever cívico. Como se fosse uma procissão, a audiência, toda vestida de branco, assistia aos espetáculos. Nas peças, discutiam-se grandes questões sociais. Nesse curto período, no século V a. C., viveram os gênios dramaturgos Ésquilo, Sófocles e Eurípedes.

Havia um padrão nessas representações, uma espécie de enredo comum: o herói transgride regras aceitas pela sociedade ou estabelecidas pelos deuses. Como punição, sofre as consequências de seus atos. Comumente, valores são colocados em disputa. Abordam-se o conceito de justiça, os limites do poder, a relação entre o cidadão e a comunidade. Segundo os padrões daquela sociedade ateniense, "o poeta é o guardião de uma verdade superior e um educador que conduz o povo a um plano superior da humanidade".[24] Os dramaturgos, portanto, eram considerados educadores e suas peças tinham a função de instruir.

---

24 Arnold Hauser, *História social da arte e da literatura*, São Paulo, Martins Fontes, 1998, p. 87.

PLATEIA EM ATENAS DURANTE O *AGAMÊMNON*, DE ÉSQUILO

Em 458 a. C., Ésquilo apresenta sua trilogia *Oresteia*, integrada pelas peças *Agamêmnon*, *Coéforas* e *Eumênides*. O autor tinha quase 70 anos quando produziu a obra, uma idade muito avançada para os padrões da época. O tema é da maldição familiar, agravada geração após geração, pela culpa dos membros da família dos atridas.

A plateia da Atenas de então conhecia bem a lenda dos atridas, que começa com o rei Tântalo. Esse soberano desejou a imortalidade e, num banquete, serviu, aos deuses, a carne de seu próprio filho, Pélops. Por esse ato, Tântalo foi condenado a sofrer um suplício de eterna fome e sede. Em suma, pela eternidade, Tântalo tinha um riacho que passava pelos seus pés e uma árvore frutífera ao alcance de suas mãos. Contudo, quando tentava colher a água com as mãos, o riacho secava. Se buscasse pegar um fruto pendente, o vento empurrava o galho para longe. Dessa forma, embora conseguisse ver a água e o alimento, num alcance simples, não lhe era possível concretizar seu intento. Tântalo estava fadado a ficar muito próximo do objeto de seu desejo, tomado pela impressão de que seria fácil obtê-lo, sem jamais atingi-lo.

Pélops, filho de Tântalo, por intervenção divina, consegue ressuscitar e, tempos depois, casa-se com Hipodâmia — para isso, contudo, tem de matar seu sogro. De sua relação com Hipodâmia, Pélops tem dois filhos: Atreu e Tiestes. Estes disputam o reino de Micenas e tornam-se figadais inimigos. Fingindo reconciliação, Atreu convida Tiestes para um banquete e repete a história do avô — a gastronomia macabra —, servindo para o irmão a carne dos filhos dele, que, assim, alimenta-se da carne da própria prole.

Tiestes, ao descobrir o cruel ato do irmão, jura vingança. Um filho de Tiestes, Egisto, que escapara da morte, também promete a desforra.

Atreu, por sua vez, teve dois filhos: Agamêmnon e Menelau. Agamêmnon casou-se com Clitemnestra, que lhe gerou quatro filhos: Ifigênia, Crisótemis, Electra e Orestes. Já Menelau casou-se com a irmã de Clitemnestra, a bela e famosa Helena, que passou para a história como Helena de Troia. Sobre todas essas personagens recairá o drama do *génos* — o grupo familiar — amaldiçoado.

Helena, mulher de Menelau, é raptada, muito possivelmente de forma consentida, pelo príncipe troiano Páris. Eis o estopim da guerra de Troia. Os gregos se unem para resgatar Helena. O líder supremo dos helenos é Agamêmnon, rei de Micenas e irmão do traído Menelau.

Como não há bons ventos, a frota grega não consegue zarpar de Áulis para dar início à guerra contra os troianos. A fim de receber a ajuda dos deuses, Agamêmnon consente em sacrificar a sua primogênita, Ifigênia. Agamêmnon, numa eloquente metáfora, é o homem público que aceita "sacrificar" sua família para atingir seus interesses políticos. Clitemnestra, mulher de Agamêmnon e mãe de Ifigênia, jamais perdoou o marido pela morte da filha.

Enquanto Agamêmnon guerreava em Troia, Clitemnestra e Egisto, filho de Tiestes e primo de Agamêmnon, tornam-se amantes. Ambos desejam vingar-se de Agamêmnon, embora por motivos distintos. Clitemnestra quer vingar a morte de sua filha Ifigênia. Egisto, por sua vez, busca desforra pela morte do pai e do irmão.

Em todas as peças que compõem a trilogia *Oresteia* identifica-se o elemento da hereditariedade da culpa, isto é: personagens respondem por atos nefastos cometidos por seus antepassados — seu *génos* —, embora eles próprios tornem mais grave essa culpa, porque também tomam decisões equivocadas.

Génos era um conceito relevante para a sociedade grega, frequentemente explorado nas tragédias. O *génos* é composto pelos parentes com vínculo de sangue, pais e filhos. No direito grego arcaico, se uma pessoa comete um crime contra outra, o *génos* do lesado deve vingar-se.

Do ponto de vista moral, havia dois tipos de vingança nos crimes cometidos dentro de um mesmo *génos*. Na hipótese de o mal cometido vitimar pessoas que não partilhassem o mesmo sangue, ainda que participassem da mesma família (como seria o caso de o marido com a sua mulher), haveria a vingança apenas dos familiares. Entretanto, se o crime ocorresse contra pessoas do mesmo sangue, além de o delito desencadear a vingança dos familiares, dava-se, na crença dos gregos, um abalo cósmico, a desencadear a atuação das Erínias, deusas primitivas, habitantes do inferno, que perseguiriam os infratores. Ao fim, as divindades os enlouqueciam.

Entendia-se, assim, que o mal contra alguém de seu próprio sangue era algo muito mais reprovável, que fazia recair sobre o autor do ato a repreensão divina. Essa reprimenda dos deuses atingia não apenas o autor do mal, mas todo o seu *génos*, de forma a estigmatizar seus descendentes. Os gregos, portanto, acreditavam que quem atacasse seu próprio sangue atraía a ira dos deuses.

Na primeira peça da trilogia *Oresteia*, o rei Agamêmnon, o líder grego na conquista de Troia, retorna para casa. Lá chegando, ele é morto por sua mulher, Clitemnestra. Esta jamais perdoara Agamêmnon pelo sacrifício de Ifigênia, a filha mais velha do casal, realizado para aplacar os deuses e garantir a partida da frota grega para Troia.

Nessa primeira peça da trilogia, a rainha e seu amante, Egisto, usurpam o trono e expulsam Orestes e Electra, filhos de Agamêmnon com Clitemnestra. Assim, tomam o poder.

Clitemnestra e seu amante, cada um por um motivo distinto, encontram fundamento, naquilo que qualificam de "justiça", para assassinar Agamêmnon. Evidentemente, a história nos faz pensar no que seja essa "justiça". Seria justiça vingar a morte da própria filha? Seria justiça vingar a humilhação e o exílio do pai, dirigindo-se ao filho do agressor? Pode haver justiça fundada na vingança? Esse fecundo tema é aprofundado na sequência da trilogia.

Na segunda peça, *Coéforas* ou *Os portadores da libação*, os filhos Orestes e Electra vingam a morte do pai, Agamêmnon, e matam Clitemnestra, a própria mãe.

Em grego, *Coéforas* significa "as portadoras das libações". Esse título se justifica porque a peça se inicia com o coro das servas do palácio real de Argos, celebrando as glórias heroicas, no túmulo de Agamêmnon. A libação é uma deferência aos deuses: trata-se do ato de verter, respingar ou borrifar um líquido (água, vinho, leite, azeite ou mel) enquanto se faz uma oração. Com isso, busca-se atrair a benevolência dos deuses diante de situações difíceis, como antes de uma batalha, de uma viagem ou em um enterro.

Os filhos de Agamêmnon e Clitemnestra, Orestes e Electra, lamentam a morte do pai, diante de sua tumba. Ambos condenam a mãe. Falam em justiça, que, aqui, tem um duplo alcance: a vingança pela morte do pai e a restituição do poder, usurpado pela mãe e por seu amante, Egisto. Orestes enfrenta o dilema moral: cabe a ele vingar o pai e matar a mãe?

Orestes consulta o oráculo de Apolo, em Delfos, para saber se deveria vingar o pai, mesmo que esse ato significasse o homicídio de sua progenitora. Indagado, o oráculo se manifesta por "matar quem matou".

Disfarçado, Orestes vai ao palácio de Argos, para anunciar que ele, Orestes, havia morrido. Era um despiste. Clitemnestra, diante dessa notícia, cuja falsidade desconhecia, tem uma reação ambígua: por um lado, sofre pela morte do filho; mas, por outro, fica aliviada, na medida em que Orestes vivo representava a ameaça de vingança pelo assassinato de Agamêmnon.

Aproveitando que Clitemnestra o julgava por morto, Orestes mata tanto Egisto como sua mãe.

A passagem na qual Orestes assassina a mãe é uma das mais fortes da história da dramaturgia ocidental. Primeiro, Orestes golpeia Egisto, amante de Clitemnestra. Depois, mata a própria mãe. Ao consumar o matricídio, Orestes brada: "Por justiça cometi este massacre da mãe."

O coro revela o conceito de que a família carrega a culpa por ato de seus antepassados. Esse costume, entretanto, será contestado na terceira e última peça da trilogia. Os temas em exame passam a ser: Orestes deveria vingar seu pai, assassinado friamente, ainda que, para isso, tivesse de matar sua mãe? Enfim, deveria Orestes ser punido por essa vingança?

Na última peça da trilogia, *Eumênides*, Orestes é perseguido pelas Erínias, as fúrias vingativas, pelo matricídio. Orestes foge para Atenas, onde recebe julgamento, em sessão presidida pela própria deusa Palas Atenas.

As Erínias, também chamadas "Fúrias" ou "aquelas com raiva", são deusas cuja missão consiste em perseguir aqueles que cometeram algum mal. A palavra grega para vingança, *"diképhoros"*, é a tradução literal para "aquele que traz justiça". Como se percebe, a vingança, nos primórdios da civilização, estava intimamente relacionada à justiça.

Enquanto as Erínias juram perseguir Orestes pelo assassinato da mãe, o deus Apolo promete defendê-lo. Afinal, Orestes agiu orientado pelo oráculo de Apolo. Isso porque, antes de levar adiante a vingança, Orestes consultou o oráculo. Poderia ele ser culpado por agir orientado por um deus? Orestes não era um mero assassino, pois procurava fazer justiça.

O tema é levado ao julgamento de Atenas, deusa da sabedoria. As Erínias atuam como promotoras. A deusa Atenas elege, como jurados, um grupo de cidadãos, exatamente como ocorria na cidade de Atenas de então. A deusa se preocupa em estabelecer o devido processo, com testemunhas, juízes imparciais e a oportunidade de exposição das defesas. Atenas explica que a legitimidade da decisão se encontra no procedimento pelo qual se extrai o veredicto.

Segundo regra das Erínias, calcada no direito antigo que defendiam, o assassino da mãe não tinha direito a julgamento: ele deveria morrer sem quaisquer outras considerações. A morte do assassino da mãe era uma regra certa, que não admitia sequer a análise das circunstâncias. Derramar o sangue materno colocava-se acima de qualquer perdão. O julgamento, por si só, já representa uma alteração das regras primitivas.

No julgamento, há um empate. Metade do júri vota por condenar, enquanto a outra metade absolve Orestes. Atenas, então, apresenta seu voto de desempate — o voto de Minerva (como os romanos chamavam a mesma divindade). Para Atenas, na dúvida — e o empate nos votos demonstra essa incerteza do resultado —, deve-se privilegiar a inocência e a pureza humana. *In dubio pro reo*, como vigora até os dias de hoje. Com isso, Orestes se livra da pena.

Ao perderem a contenda, pelo voto de Atenas, as Erínias ficam iradas: "Ah, deuses jovens! Pisais em leis antigas." Ameaçam reagir. Atenas, mais uma vez, toma a palavra. Traz a razão. Explica que as Erínias, com o advento dos novos valores, devem ocupar uma nova posição, de protetoras das regras legais.

A peça de Ésquilo culmina na transformação dessas Erínias, forças da natureza, em mantenedoras de uma ordem ditada pela razão humana. Ao final da trama, a deusa Atenas dá às Erínias uma nova alcunha, Eumênides — "as sagradas", "as boas", ou, ainda, "as boas deusas" —, exatamente pelo papel que passam a exercer na sociedade.

A justiça da vingança é substituída pela benevolência. Uma ordem inovadora passa a regular a retribuição do mal. Todos têm direito a defesa, por mais reprovável que tenha sido sua ação.

A nova postura das Erínias, agora Eumênides, prenuncia a razão como elemento motor na apreciação dos fatos. Promoveu-se um grande salto para o mundo jurídico, com a adequada apuração da responsabilidade. O homicídio da mãe era indesculpável para as Erínias, independentemente de suas circunstâncias. Entretanto, permitindo-se a análise da situação, Orestes é absolvido no Areópago.

Identificamos na trilogia que compõe a *Oresteia*, com nitidez notável, a caminhada do fenômeno jurídico: a necessidade de julgamento, independentemente do fato, com a oportunidade de defesa para o réu. Um julgamento levado a efeito pelos cidadãos, logo, pela sociedade. O fim da vingança privada. A apreciação da culpa, como elemento da punibilidade. A análise das circunstâncias e dos valores envolvidos, para que se compreenda a situação objeto do processo. A ideia de que a pena não pode extrapolar a pessoa do culpado ou do apenado. O fim de uma disputa; a não perpetuidade do conflito, com a sucessão de infindáveis retaliações. Todos esses conceitos são pilares da civilização. Sem eles, não há dignidade. Como Ésquilo expôs numa linda metáfora, trata-se da chegada da luz.

A trilogia explicita uma mudança social. Para alguns, trata-se da predominância de uma cultura patriarcal, que passa a dominar a matriarcal. Nesta, privilegiavam-se os laços de sangue e uma posição passiva das pessoas quanto aos fenômenos naturais. Já numa cultura patriarcal, predominava o pensamento racional, o respeito às regras impostas pelo Estado (que deveriam ser respeitadas acima dos deveres familiares), estimulando-se a atividade humana para "domar" a natureza. Fala-se da submissão do cidadão ao Estado, da necessidade de organização da comunidade.

Além disso, há algo de perturbador nessa tragédia: o reconhecimento de que pessoas boas podem fazer coisas más. Ela explicita que, em algumas situações, mesmo pessoas de boa índole agem de forma errada, vil, criminosa.

Direito e literatura, aqui, caminham de mãos dadas.

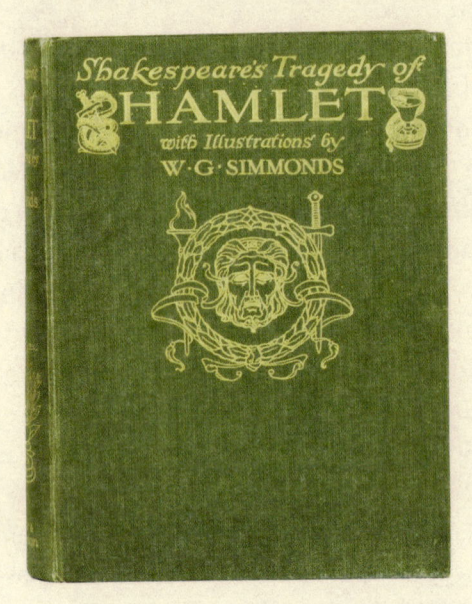

UMA DAS MUITAS EDIÇÕES DE *HAMLET*

A história humana não progride de forma linear. Ela vai para frente e, por vezes, volta. Dá saltos e também tropeça. A *Oresteia* representa um avanço. Sinaliza conquistas importantes da civilização, como o conceito da ampla defesa e do contraditório, caminhos fundamentais para a produção de um julgamento justo.

Contudo, com a derrocada da civilização ateniense, essas garantias foram suprimidas. Alguns séculos depois, com a civilização romana, o direito se desenvolveu, mas, em termos de proteção de um julgamento racional, assiste-se a um retrocesso na longa Idade Média.

Um dos temas marcantes do início da modernidade é a importância dada ao Homem. Enquanto na Idade Média o divino tinha uma posição central, a civilização, a partir da chamada Idade Moderna, identificou a humanidade como o tema preponderante de sua atenção.

Logo no início do século XVII, em Londres, William Shakespeare, dramaturgo e poeta, oferece *Hamlet*.

Shakespeare representa bem o Renascimento inglês. Ele incorporou nas suas peças os novos valores, adotados pela sociedade naquele momento histórico.

Não é tarefa fácil indicar qual o tema central de *Hamlet*. Shakespeare caprichou. A obra cuida de muitos assuntos distintos. Entre eles, tratou-se do dilema do posicionamento do Homem diante de uma injustiça.

Hamlet é um príncipe dinamarquês que vai estudar em Wittenberg. Para os contemporâneos de Shakespeare, a fria Dinamarca funcionava como uma alegoria do mundo medieval. Wittenberg, por outro lado, era uma cidade na Alemanha na qual se localizava uma famosa universidade, onde Martinho Lutero publicara, em 1517, suas 95 teses contra a Igreja de Roma, iniciando o movimento protestante. A Inglaterra, em 1530, no reinado de Henrique VIII, aderira à revolta contra a Igreja católica. Assim, Wittenberg representava a modernidade, local da origem de novas luzes.

Hamlet se vê forçado a retornar para casa por conta da repentina morte de seu pai, o rei, também chamado Hamlet. Pai e filho, contudo, apesar do mesmo nome, eram bem diferentes. Hamlet pai era um guerreiro, um comandante à moda antiga, que liderava pela força física. Hamlet filho, por seu turno, era um intelectual, gostava de ler e divagar.

Ao voltar para a Dinamarca, Hamlet se surpreende ao saber que sua mãe, Gertrudes, recentemente enviuvada, já marcara seu casamento com seu tio, Cláudio, irmão do rei morto. Hamlet, cerebrino, passa a desconfiar que seu tio teve alguma participação no falecimento de seu pai, para, assim, desposar a rainha e se apoderar da coroa.

Como o príncipe Hamlet é um homem moderno, ele procura, antes de fazer uma análise puramente emocional, colher evidências que confirmem suas suspeitas. Eis uma primeira manifestação de civilidade. Não se fazem bons julgamentos sem provas concretas e racionais. O processo de averiguação de culpa deve ser orientado com serenidade, sem paixões ou arroubos.

No curso da peça, Hamlet se convence de que Cláudio, de fato, assassinou seu pai. Surge, então, outro importante questionamento de condão jurídico: como reagir?

A vingança medieval funcionava de forma simples, pela reação violenta de quem se acreditava titular dessa peculiar forma de direito. Se alguém sofria algum mal, direta ou indiretamente, passava a ter uma justificação para infligir o mal ao causador desse infortúnio. Uma desforra. Retribuía-se o mal com o mal. Na vingança, não havia um terceiro para examinar se o mal de fato existiu ou mensurar a força da resposta. O vingador, a suposta vítima, avaliava a culpa e aplicava a pena.

A história do direito passa pela "organização" da vingança — afinal, o direito nasce como vingança. O primeiro ímpeto de quem sofre uma agressão é o de reagir, de se vingar. Se um filho sabe que certa pessoa matou seu pai, para usar um exemplo extremado, esse filho poderá experimentar, num momento de dor e raiva, o desejo de matar o assassino — como fez Orestes. Contudo, aprendemos que, para uma ordeira vida em sociedade, não há espaço para essa vingança direta. Quem comete um mal deve ser julgado e punido pelo Estado, o que deve ser conduzido de forma isenta. O direito, assim, substituiu a vingança, estabelecendo um meio racional de se sancionar o autor de um ato socialmente nocivo.

Hamlet chega a externar esse conflito interno. Ele deve vingar-se diretamente do tio? Se agisse assim, entretanto, Hamlet seria um homem medieval. Ou, de outro lado, Hamlet deveria denunciar a atrocidade cometida por Cláudio, deixando que ele fosse julgado (correndo o risco de que esse julgamento, sendo réu o rei, fosse comprometido)?

O direito representa essa vitória da civilização, da educação, do refinamento moral contra uma natureza vingativa da humanidade. Todos nós, inclusive os profissionais de direito, devemos nos questionar permanentemente: estamos fazendo justiça ou sendo justiceiros? Queremos justiça ou vingança?

Esses temas — indagações hamletianas — não foram superados até hoje, exatamente porque demandam uma constante vigília. Sentimentos primitivos — de certa forma, compreensíveis — comumente enfrentam a razão, servindo as regras legais como trincheiras.

PRIMEIRA EDIÇÃO ORIGINAL

"Alguém certamente havia caluniado Josef K., pois uma manhã ele foi detido sem ter feito mal algum." Eis o perturbador início de *O processo*, de Franz Kafka, escrito no biênio 1914-1915, porém somente publicado em 1925, um ano após a morte de seu autor.

Um dia, sem nenhuma razão aparente, K. é indiciado num processo judicial. Ele não compreende o motivo, muito menos os trâmites que deve seguir. O livro de Kafka narra essa angustiante situação com naturalidade. De forma aflitiva, os acontecimentos bizarros são expostos com candura, como se fossem corriqueiros. Não lhe apresentam qualquer explicação. Simplesmente, Josef K., protagonista do romance, é detido. Pergunta aos guardas os fundamentos das medidas contra ele, mas nunca consegue obter respostas. K. é forçado a comparecer a uma série infindável de audiências, das quais nada de concreto consegue depreender. Pior, levam-no de sala em sala de repartições públicas, nas quais ninguém oferece informações precisas. Um cipoal. Um labirinto da burocracia.

— Mas eu não sou culpado [explica o atordoado protagonista]. Foi um erro. Como uma pessoa pode ser culpada, afinal? Certamente, aqui, somos todos seres humanos, um igual ao outro.
— Correto, mas é isso o que os culpados dizem.

Josef K. se desespera. Ele reage:

... não há dúvida de que por trás de todas as manifestações deste tribunal, no meu caso por trás da desatenção e do inquérito de hoje, se encontra uma grande organização. Uma organização que mobiliza não só guardas corrompíveis, inspetores e juízes de instrução pueris, no melhor dos casos simplórios, mas que, além disso, de qualquer modo, sustenta uma magistratura de grau elevado e superior, com o seu séquito inumerável e inevitável de contínuos, escriturários, gendarmes e outros auxiliares, talvez até carrascos, não recuo diante dessa palavra. E que sentido tem essa grande organização, meus senhores? Consiste em prender pessoas inocentes e mover contra elas processos absurdos e na maior parte das vezes infrutíferos, como no meu caso.

De nada adianta. Um tio de K. lhe indica um advogado, que se revela inepto, negligente e incapaz de prestar auxílio. A relação com o advogado também segue dominada pelo mistério e pela incerteza.

K. recebe ordens desconexas e jamais consegue compreender qual a lei que o pune e como se coordena seu processo de julgamento. Ele não se encontra com qualquer juiz ou é levado a um tribunal, mas apenas com funcionários subalternos e figuras curiosas, como o sacristão do presídio e um pintor, que lhe dão conselhos confusos e desconexos. K. vive um pesadelo, engolido por um processo judicial cujos motivos ele não compreende, nem consegue antecipar o caminho. De fato, pesadelo parece ser a melhor forma de definir a experiência de K. Ele não é capaz de identificar sua localização, perde-se entre corredores e pessoas cujas falas não apresentam qualquer nexo. K. sente-se impotente para enfrentar a situação.

Franz Kafka, nascido em uma família judaica de Praga, falava alemão — o que era compreensível, pois sua cidade era a capital do Reino da Boêmia, na época parte do Império Austro-Húngaro. Ele se forma em direito e, com essa qualificação, foi, primeiro, trabalhar numa empresa de seguros. Depois, empregou-se em um órgão semiestatal, o Instituto de Seguros contra Acidentes de Trabalho. Na sua atividade profissional, que o ocupou por 14 longos anos, tinha de atender e entrevistar acidentados, que reclamavam o pagamento do seguro diante de um acidente sofrido. Tornou-se um burocrata.

Nas horas vagas, Kafka escrevia. Numa carta endereçada a uma namorada, ele confessa: "Não tenho interesses literários, mas eu consisto em literatura; é a única coisa que sou e sempre serei."

Em 1917, aos 34 anos, Kafka recebe o diagnóstico de tuberculose. Ele, então, se muda para uma pequena vila, para morar com sua irmã Ottla, onde dispõe de mais tempo para escrever. A doença o amargura ainda mais: "Procuro incessantemente uma explicação para a doença, pois não fui eu que a procurei", Kafka registrou em seu diário. Morre aos 40 anos, em um sanatório, perto de Viena.

A maior parte de seus trabalhos escritos, inclusive *O processo*, foi publicada apenas depois de sua morte, em 1924. Ele havia entregado os manuscritos originais de suas obras a seu amigo Max Brod, ordenando-o que, com a sua morte, os destruísse, sem que os trabalhos sequer fossem lidos. Felizmente, Brod — que fora seu companheiro no curso jurídico — não cumpriu o pedido de Kafka, tornando públicos seus escritos.

A influência de Kafka para a literatura é extraordinária. Não sem razão, o crítico literário Harold Bloom o coloca como a figura central da literatura do século XX. Seu estilo, no qual se misturam a realidade e o fantástico, influenciou gerações. George Orwell, Albert Camus, Gabriel García Márquez e José Saramago, para citar alguns, são assumidamente tributários de Kafka. Milan Kundera diz que "Kafka, antes de qualquer outra coisa, é uma imensa revolução estética". Suas críticas, em formas de parábolas, tornaram-se poderosos hinos, mas também denúncias cinzentas de um mundo no qual a humanidade perde sua importância e a própria vida deixa de ter significado. Isso nos impõe uma "autopergunta": por que existimos?

Kafka deixou romances poderosos como *O castelo*, obra inacabada, na qual o protagonista luta para compreender as regras impostas para a cidade aonde chega, oriundas de um castelo e das misteriosas autoridades que nele habitam. Também há o icônico *A metamorfose*, que narra a transformação de uma pessoa em um inseto. ("Quando certa manhã Gregor Samsa acordou de sonhos intranquilos, encontrou-se em sua cama metamorfoseado num inseto monstruoso", começa o livro.) Suas obras se tornaram icônicas.

O processo é um livro sufocante. K. não consegue se desvencilhar de uma acusação e de um sistema injusto e incompreensível (seria K. uma alusão ao próprio autor?). A verdade é que Kafka, ao menos internamente, jamais se inseriu no sistema, a começar por seu enorme conflito com o pai (ele chega a dizer que a totalidade de sua obra poderia ser intitulada *Tentações de fuga da esfera paterna*). K., numa metáfora para todos nós, quer explicações e não as encontra.

CÉLEBRE FOTOGRAFIA DE FRANZ KAFKA

Assim como ocorre com o idioma português, o título do livro, *O processo* ("*Der Prozess*", no original alemão), carrega uma dupla acepção, pois significa tanto o ato judicial como uma sucessão de fatos, supostamente ordenados. Eis, aqui, uma ironia, pois, no livro de Kafka, inexiste qualquer ordem cognoscível nesse processo.

O adjetivo "kafkiano" passou, universalmente, a designar algo sem sentido e incompreensível, um *nonsense*, um acontecimento ou situação de alguém que se encontra enredado, sem compreender o porquê ou como dela se desprender. Trata-se de uma situação distorcida, desprovida de lógica, surreal e enigmática.

Relata-se, nessa novela, uma desesperadora situação: a impotência do homem diante do sistema. Veja-se que, citando outro seminal cânone literário, em *Crime e castigo*, de Dostoiévski, o protagonista Raskólnikov não recebe uma punição do Estado, mas dele próprio, pois sabe que cometeu o crime — e, em função disso, a pena vem de sua consciência. O mesmo, aliás, acontece em *Macbeth*, de Shakespeare, no qual o herói e sua mulher, Lady Macbeth, conseguem ocultar de todos o assassinato cometido, menos deles próprios. Há, portanto, um drama interno. Em *O processo*, diferentemente, K. não sabe o motivo de sua punição, embora tenha a sua consciência pura, o que torna angustiante a circunstância. A tragédia se encontra na relação entre o homem e o mundo que o cerca.

O processo funciona como poderosa parábola da burocratização, da massificação, da perda da humanidade. K., personagem principal do livro, passa a ser um número em um julgamento sem regras definidas. O Estado deixa de se preocupar com o indivíduo. Kafka antecipa a desgraça que acometerá os judeus, como ele, e com toda a civilização diante de Estados autoritários, na época ainda em germinação. Ocorreu que toda a família de Kafka pereceu por conta do nazismo, que ele, de certa forma, anteviu.

Logo nas primeiras linhas de *O processo*, explica-se que K. nada fez de errado. Jamais se esclarece qual acusação pendia contra ele. Seria algo relacionado à sua religião? À sua sexualidade? A alguma escolha política? Está a raça humana condenada a promover essas perseguições insanas?

A plena compreensão dos seus direitos é uma garantia fundamental do cidadão. O tratamento digno proporcionado pelo Estado, sempre que interagir com qualquer pessoa e em qualquer nível, consiste em um pressuposto básico da cidadania. Em um governo autoritário, pessoas são processadas sem transparência, sem condições mínimas de defesa.

O devido processo legal representa uma das mais marcantes conquistas da civilização. *O processo*, portanto, é um grito, que nos alerta sobre os abusos de viver fora de um Estado de Direito. Para Ernesto Sábato, "quando acabamos de ler *O processo*, não somos as mesmas pessoas que antes (e certamente muito menos Kafka após escrevê-lo)".[25]

K., na sua angústia, procura diversas pessoas, nas quais busca ajuda. Uma delas é o capelão da prisão. Eles conversam dentro da igreja. Falam sobre o processo que tem K. como réu. Quando o padre indaga K. sobre como pretende reagir, este diz que pretende "arranjar mais ajuda". O sacerdote adverte que não se encontra muita ajuda de fora. É uma deixa. Uma das dificuldades de K. é a de não encontrar, sozinho, uma solução para seu problema.

Ao se rebelar contra o sistema burocrático, corrupto e injusto, K. acaba assassinado de forma fria e protocolar. Ele assiste impotente aos seus algozes o agarrarem e cravarem uma faca em seu peito. Segue sem compreender o que aconteceu. Suas últimas palavras são: "Como um cão."

Em 1987, Tom Wolfe lança *A fogueira das vaidades*. O livro é dedicado ao advogado de Wolfe.

O protagonista, Sherman McCoy, é um típico *yuppie* nova-iorquino dos anos 1980. Extremamente materialista, vive uma vida agitada e autocentrada. McCoy fora buscar sua amante no aeroporto, dirigindo sua luxuosa Mercedes-Benz esportiva. Ao retornar, perde-se pelas ruas do bairro do Bronx. Um grupo de adolescentes negros — liderados por

---

25 Ernesto Sábato, *O escritor e seus fantasmas*, Rio de Janeiro, Francisco Alves, 1982, p. 25.

um pequeno traficante de crack — faz uma barricada com pneus velhos, impedindo a passagem do carro de McCoy. Este, ao sair de seu automóvel para retirar os pneus, é surpreendido pelo grupo de delinquentes. McCoy retorna rapidamente ao seu carro. Sua amante, nervosa, toma o volante e, ao fugir do local, acaba por atingir um dos garotos do grupo. McCoy não para a fim de socorrer o adolescente atingido — que acaba morrendo —, nem informa o atropelamento às autoridades — em parte, deixa de fazer o registro para não expor o caso extraconjugal.

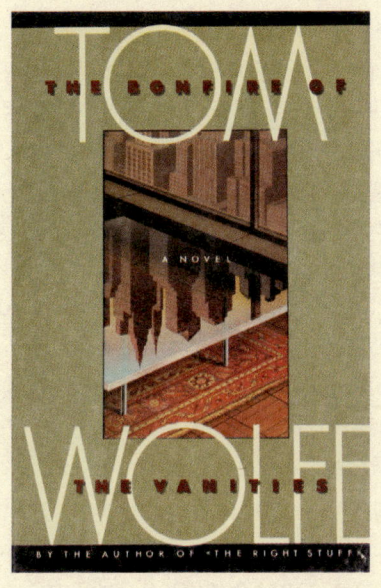

A FOGUEIRA DAS VAIDADES EM SUA PRIMEIRA EDIÇÃO

A polícia, contudo, descobre o envolvimento de McCoy a partir da identificação do seu carro. Ele é indiciado como responsável pelo assassinato do rapaz. McCoy protege sua amante, deixando de mencionar a participação dela no incidente. Com isso, ela não é sequer incluída no processo.

A mãe do garoto morto é assistente de um líder religioso local, o reverendo Bacon. Este vê no episódio a oportunidade de promoção política, colocando o tema como uma disputa entre os ricos brancos de Wall Street e os carentes negros do subúrbio.

Um jornalista alcoólatra e decadente, Peter Fallow, encontra no ocorrido os elementos para a construção de uma narrativa sensacionalista. Pinta o garoto falecido como bom-moço, com aspirações na vida e um futuro promissor. McCoy, por outro lado, é descrito por Fallow como um monstro calculista, despido de qualquer valor que não a adoração ao deus do mercado financeiro. A história ganha corpo.

O promotor público, encarregado do caso, também se agarra ao episódio, para, a partir dele, galgar ascensão profissional. Adota uma postura agressiva no caso, sem qualquer compromisso com a verdade. O processo ganha a mídia.

A vida de McCoy se desintegra. Ele perde tudo.

O seu julgamento passa a ser acompanhado de perto pela imprensa. O caso judicial se torna um circo. O reverendo, o jornalista, o promotor: cada um tem seu propósito. A política e outros interesses guiam o processo. A verdade perde a importância. McCoy é inocente do assassinato, mas se responsabiliza e responde por ele. O judiciário faz parte de uma engrenagem complexa. A justiça se revela profundamente sensível à opinião pública. Os papéis dos agentes do mundo jurídico não são transparentes. As agendas ocultas comprometem a justiça.

Por meio dessas quatro obras — a *Oresteia*, *Hamlet*, *O processo* e *A fogueira das vaidades* —, consegue-se observar o caminho do fenômeno jurídico. Desde o reconhecimento da existência de um meio racional de julgamento dos atos, da substituição da vingança pela justiça organizada, com a resultante complexidade do sistema (e a angústia do jurisdicionado que não o compreende) ao sofisticado (e, por vezes, perverso) jogo de poder que movimenta a máquina do judiciário.

Verifica-se, nesses conhecidos trabalhos literários, uma crítica viva. O modelo do direito hoje vigente não é perfeito. Mais ainda, ele se encontra condenado a um eterno anacronismo, pois os valores sociais mudam — e o ordenamento jurídico apenas se sustenta enquanto acompanha esses mutantes valores sociais.

Possivelmente, o grande mérito dessas obras reside nos questionamentos que evocam. Afinal, não há maior importância na literatura do que a de nos fazer pensar.

Direito da literatura

Direito e literatura, como se mencionou, cobrem um campo vasto. O tema se subdivide. Ao se falar de direito e literatura, pode-se estudar o direito *como* literatura, o direito *na* literatura e o direito *da* literatura. Neste último ramo, examina-se a regulação jurídica aplicável à atividade literária. Isso porque vários temas relacionados às letras demandam análise de questões jurídicas. Assim se dá, por exemplo, diante da violação de direitos autorais ou do cerceamento da liberdade de expressão. Existe uma série de questões técnicas, de regras legais e de trabalhos de doutrina próprios a esses temas.

No segmento direito da literatura encontra-se o estudo da liberdade de expressão. Discute-se cotidianamente o limite dessa liberdade, que, por sua importância, goza de proteção constitucional. Com frequência, a liberdade de expressão esbarra em outros direitos, como o da privacidade e o de proteger o nome. Um embate sem um vencedor antecipado. Para entender qual valor deve prevalecer, não resta alternativa ao intérprete senão apreciar as especificidades de cada caso concreto.

John Milton teve uma vida repleta de emoções. Viveu numa época conturbada na Inglaterra — a geração seguinte à de Shakespeare, na qual os puritanos tomaram o poder, decapitaram o rei e, depois, sucumbiram politicamente. Milton, que apoiou os puritanos, apenas não foi morto, com a restauração da monarquia inglesa, porque já estava velho, inválido, cego e, principalmente, por ter muitos admiradores de seu talento como poeta e pensador.

Em 1644, no meio da guerra civil, Milton profere um discurso no parlamento inglês, que, em seguida, é publicado sob o título de *Areopagítica*. Naquela época, na Inglaterra, livros apenas poderiam ser lançados após obter licença de impressão. Na obra, Milton defende a liberdade de expressão e a liberdade de imprensa como a única forma de garantir o avanço do conhecimento e da verdade. Ele explicita que, na história, a censura apenas serviu ao atraso. Registra, ainda, que grandes líderes do passado tiveram acesso aos livros, o que lhes permitiu aprimorar seu juízo crítico.

A *Areopagítica* foi proibida exatamente por desafiar as regras que cerceavam a livre publicação. Na época, havia censura na Inglaterra. Contornando a restrição, Milton distribuiu seu discurso não em forma de livro, mas como panfleto.

O poeta inicia citando a peça *As suplicantes*, do dramaturgo grego clássico Eurípedes:

> A verdadeira liberdade ocorre quando os homens, nascidos livres,
> Precisando dirigir-se ao público, podem falar livremente.

Apesar da força argumentativa do livro — até hoje cita-se a obra! —, a censura prévia na Inglaterra apenas se extinguiu em 1694, cinquenta anos após a publicação da obra de Milton, quando o autor já estava morto há décadas.

O tema da liberdade de expressão tem acentuado relevo quando se trata das biografias, pois o filão representa relevante segmento da literatura.

Natural que nos interessemos em conhecer a vida de pessoas famosas que, de uma forma ou de outra, se destacaram em algum campo de atividade. Contudo, a exposição da verdade, nua e crua, nem sempre convém ao biografado. Isso porque as biografias, mesmo dos mais santos, podem conter momentos ou passagens menos nobres (eis por que Nelson Rodrigues não confiava nas autobiografias, "ao escrevê-la, o sujeito se olha num espelho e se vê num vitral", disse). Ninguém está imune aos pequenos pecados ou livre de momentos constrangedores. Diante disso, não raro, o biografado ou seus herdeiros preferem esconder alguns fatos ou acontecimentos de sua história pessoal.

Para tornar ainda mais complexo o tema, a mesma verdade pode ser vista por diferentes ângulos e explicada de diversas formas. Ainda por cima, o modo de contar a mesma história varia: um só fato ou acontecimento pode conter diferentes versões, ainda que todas elas não se distanciem da realidade. Natural, portanto, que, ao se contar a história de alguém, o biografado divirja sobre a forma empregada na narrativa, ou mesmo fique contrariado de ter certas passagens de sua vida divulgadas.

Uma das mais famosas biografias da civilização ocidental foi escrita por Suetônio, por volta do ano 121 da nossa era: *A vida dos doze Césares*. Nela, o autor — valendo-se de acesso aos arquivos oficiais romanos, que lhe foram franqueados pelos imperadores Trajano e Adriano — relata a história dos importantes personagens políticos de Roma, partindo do imperador Júlio César e indo até Domiciano. Em certas passagens, a exposição se torna exageradamente elogiosa. Eram os tempos. Muito já se evoluiu. Hoje, as biografias, para adquirir credibilidade, devem procurar isenção e distanciamento do autor em relação ao biografado, expondo a humanidade, na extensão de suas virtudes e vicissitudes.

Como explica Ruy Castro, um dos maiores biógrafos brasileiros, há uma diferença importante entre o artista e o biógrafo. O primeiro "cria mundos não a partir da realidade, mas da imaginação. Exatamente o contrário do que o biógrafo faz". Assim, este tem um compromisso com os fatos. Caso o autor da biografia se distancie muito da verdade, sua obra perde valor e interesse. Biografias feitas por encomenda, salvo raras exceções, costumam decepcionar.

Giovanni Baglione foi um pintor, nascido na Roma do século XVI. Muito bem relacionado, gozava de razoável popularidade em seu tempo. Sem conseguir resistir à força do gênio de Michelangelo Merisi, conhecido como Caravaggio, seu contemporâneo, Baglione o imitava.

Talvez por despeito, Baglione iniciou uma demanda judicial contra Caravaggio, em agosto de 1603, acusando-o e a outros artistas de o terem difamado, por meio de sonetos. Caravaggio foi detido na Piazza Navona, em Roma, e levado perante um tribunal. Considerado culpado, Caravaggio foi condenado a passar duas semanas encarcerado. Contudo, quem sofreu a pena mais severa foi Baglione, o acusador. Isso porque, no seu depoimento público, prestado perante o juiz, Caravaggio declarou o absoluto desprezo da classe artística por Baglione. O relato de Caravaggio ficou conhecidíssimo, para desgraça de Baglione.

Caravaggio morre jovem, em 1610. Logo em seguida, Baglione, embora humilhado, dedica-se a produzir a biografia do fenomenal artista. Foi o primeiro a escrever sobre a vida de quem, um dia, ele denunciou à Justiça. Em seu livro, Baglione elogia efusivamente o talento de Caravaggio. Esse episódio serve de bom exemplo de imparcialidade. Rivais em vida, o biógrafo, pondo suas diferenças de lado, preferiu registrar o que via como verdade. Com isso, prestou um inestimável serviço à posteridade.

Baglione, infelizmente, não serve de padrão. Comumente, os biógrafos deixam fluir, nos seus relatos, suas convicções pessoais, transformando o biografado em personagem — e não mais um ser humano.

O biografado, como é natural, prefere, na maior parte dos casos, não ter sua intimidade exposta sem seu controle. Comumente, as pessoas desejam que suas histórias não sejam apresentadas da forma como pintou o autor da biografia. São pretensões legítimas. Compreensível que as pessoas não queiram ver expostos seus pecadilhos.

Afinal, a intimidade e a privacidade compõem a dignidade de qualquer ser humano.

Exatamente aqui entra o direito. Pode o biografado impedir que alguém escreva sobre sua vida? Traduzindo a discussão para o "juridiquês", qual valor deve preponderar: a liberdade de expressão ou a proteção à privacidade?

Esses dois grandes vetores sociais — a proteção à intimidade e a liberdade de expressão — entraram em colisão quando se discutiu, no Brasil, acerca da legalidade da publicação de biografias não autorizadas, tema levado ao Supremo Tribunal Federal e julgado em 2015.[26] Naquela ocasião, a mais alta corte do país julgou a situação das biografias não autorizadas — ou seja, quando alguém escreve sobre a vida de outra pessoa, sem o consentimento dela ou de seus sucessores.

Até então, por meio de interpretação simplista da lei brasileira, admitia-se uma censura prévia. Caso se pretendesse publicar uma biografia, era necessário colher a autorização do biografado ou, ao menos, conseguir que este não se opusesse ao trabalho. Caso contrário, a pessoa, objeto da biografia, ou mesmo seus herdeiros poderiam impedir a veiculação da obra, censurando-a por via judicial.

Foi isso o que ocorreu, para citar um exemplo famoso, com a biografia *Estrela Solitária: um brasileiro chamado Garrincha*, de Ruy Castro. Apesar de ter ganhado o Prêmio Jabuti de 1996, como melhor livro brasileiro de não ficção do ano, a biografia teve a sua distribuição proibida por ordem da justiça, atendendo a pedido das filhas do jogador, então já falecido. O mesmo destino se abateu sobre as biografias de Noel Rosa, em 2001, de João Máximo e Carlos Didier, e a de Roberto Carlos, feita por Paulo César Araújo, em 2007.

Ora, se apenas fosse possível publicar biografias autorizadas, a verdade poderia quedar mutilada, como no relato da vida dos Césares, de Suetônio. Afinal, as histórias seriam expostas somente de forma parcial, sem qualquer crítica, tempero e omitindo-se os fatos mais sensíveis.

---

26   Ação Direta de Inconstitucionalidade nº 4.815/DF, julgada em 10.6.2015.

Não obstante se proteja a intimidade, a Constituição Brasileira também garante a liberdade de expressão e proíbe a censura. Ademais, permitir a publicação de biografias constitui um exercício da liberdade, uma manifestação artística.

No julgamento no Supremo Tribunal de Federal acabou prevalecendo o direito de publicar as biografias, mesmo sem autorização. "Cala boca já morreu", alfinetou a ministra Carmen Lúcia em seu voto. Privilegiou-se a liberdade de pensamento e de sua expressão, garantido o acesso à informação, aí compreendido tanto o direito de informar como o de ser informado. Reconheceu-se que, a princípio, deve preponderar a liberdade de expressão, conceito fundamental para a construção de um Estado democrático e instruído. Se houvesse alguma violação pontual à verdade, a reparação dar-se ia em seguida.

Numa sociedade sadia, a liberdade vem sempre acompanhada de responsabilidade. Se a publicação causar dano indevido ao biografado (ou à sua memória), resta o dever de reparar — com indenização ao lesado — ou, em casos extremos, até mesmo a censura posterior. Contudo, não se pode mais admitir a censura prévia.

Muito mais do que apenas questões jurídicas, os votos dos ministros do Supremo Tribunal Federal — que, de forma unânime, decidiram pela liberdade de expressão — abordaram temas sobre política, filosofia, sociologia e história, deixando claro que o direito não é um fim em si mesmo, mas ganha sentido quando em harmonia com a sociedade que ele busca regular.

Atualmente, alguns juristas têm dedicado seu tempo a discutir os limites da liberdade de expressão.[27] O direito à liberdade de expressão jamais pode servir para justificar um ato ilícito ou uma agressão a terceiros. Além disso, se, por um lado, deve-se proteger o direito de livre manifestação, por outro, discursos virulentos podem carregar mensagens de ódio e intolerância, causando enorme dano social.

---

27   Cite-se, como exemplos, as excelentes obras de André Gustavo Corrêa de Andrade, *Liberdade de expressão em tempos de cólera*, Rio de Janeiro, GZ Editora, 2020, e de Luna van Brussel Barroso, *Liberdade de expressão e democracia na era digital*, Belo Horizonte, Fórum, 2022.

Não é difícil, portanto, reconhecer um paradoxo: isso porque, caso se admita uma total liberdade de manifestação, haverá também espaço para discursos de racismo, xenofobia, intolerância e preconceito, fomentando, em última análise, a própria censura.

Como conjugar esses dois valores demanda reflexão — pois a censura, num primeiro momento, revela-se sempre agressiva e retrógrada.

No direito da literatura também se pesquisam os direitos autorais, ou seja, a proteção jurídica que se dá ao criador ou ao editor — no caso da literatura — da arte escrita, a fim de que seu trabalho não seja indevidamente reproduzido ou adulterado.

Esse direito, do ponto de vista histórico, é recente. O marco inicial data de 1790, quando o parlamento britânico, cuidando do tema de forma precursora, editou o chamado Estatuto da Ana — nome da rainha inglesa que, à época, ocupava o trono. Até então, não havia qualquer norma amparando autores de textos literários, que, em função disso, viam-se constante e livremente plagiados.

Por meio dessa lei, garantia-se aos autores o direito de explorar isoladamente sua obra por 21 anos, contados a partir de sua publicação.

Eis a fundamentação da norma inglesa:

> Considerando-se que impressores, livreiros e outras pessoas vêm tomando recentemente a liberdade de imprimir, reimprimir e publicar, ou promover a impressão, reimpressão e publicação de livros e outros escritos sem o consentimento dos autores ou proprietários de tais livros e escritos, para grandíssimo detrimento deles, e para muito frequentemente a ruína deles e de suas famílias: para prevenir, portanto, tais práticas no futuro, e para incentivar os homens instruídos a compor e escrever livros úteis...

Desde então, o direito autoral se desenvolveu extraordinariamente, para se tornar um importante ramo da ciência jurídica, cuja aplicação guarda sensíveis impactos sociais.

Direito como literatura

O jurista alemão Gustav Radbruch, no seu *Filosofia do direito*, destina um capítulo à estética do direito. "Tanto o direito pode utilizar a arte como a arte pode utilizar o direito."[28] A partir desse reconhecimento, Radbruch sugere que o direito, como fenômeno, encontra-se susceptível de uma apreciação estética.

No estudo do direito como literatura se reconhece a importância da "forma" dos textos jurídicos, que devem, ao menos idealmente, também cumprir a função de literatura, ou seja, valer-se de um padrão estético da linguagem, de beleza, cadência e, se possível, lirismo. Cabe ao redator da lei, das decisões judiciais, das petições, enfim, de qualquer manifestação de cunho jurídico redigi-las com apuro, de modo eloquente e escorreito, tal como se fosse uma notável obra poética ou uma harmoniosa prosa, oferecendo deleite intelectual ao leitor.

---

28 Gustav Radbruch, *Filosofia do direito*, 6ª ed., Coimbra, Arménio Amado Editor, 1979, p. 221.

Tércio Sampaio Ferraz Jr., ao pesquisar a norma jurídica, identifica, no direito, "um sentido comunicacional, que nos coloca sempre no nível da análise linguística".[29] O jurista identifica a própria norma jurídica como um "fato linguístico", o que impõe, ao se apreciar o fenômeno, a importância da linguagem, do discurso, como instrumento. Como o professor Tércio explica, o discurso pericial, proferido por um profissional independente, deve ser objetivo e seguir o modelo de um monólogo, sem espaço para dialéticas especulativas. Cabe ao perito, preferencialmente, demonstrar sua isenção, apegando-se a conceitos técnicos e factuais na sua exposição. Já o promotor público, que exibe a perícia como prova de suas alegações, segue outra linha, que pode ser especulativa — no limite, poderia questionar a qualidade do perito ou de suas conclusões. Além disso, para quem postula algo em juízo — o perito do juiz não faz isso —, admite-se uma linguagem mais candente, por vezes, emocional. Pela função exercida, admite-se e se espera uma forma particular de manifestação.

Aos que defendem — notadamente os românticos — que a literatura se encontra limitada ao uso das palavras para atingir a fantasia — uma força criativa, na qual avulta a imaginação —, haveria espaço reduzido para essa "literatura" no mundo jurídico. Contudo, se se reconhece literatura sempre que se encontrar uma redação agradável e culta, quando houver uso criativo de imagens para defender uma causa ou se expressar uma ideia num documento jurídico, pode-se identificar o direito como fonte de uma manifestação artística — e, logo, literatura. Para tanto, deve-se evitar o "juridiquês", também conhecido como *"legalese"* ou *"lawyerism"*: a linguagem afetada, repleta de cacoetes, cognoscível apenas aos iniciados.

---

29 Tércio Sampaio Ferraz Jr., *Teoria da norma jurídica*, 4ª ed., Rio de Janeiro, Forense, 2000, p. 6.

WILLIAM BLACKSTONE, POR PINTOR ANÔNIMO

William Blackstone deu uma fundamental contribuição para o desenvolvimento do direito inglês, com sua obra acerca da *Magna Carta*, publicada em 1759. O jurista Blackstone escreveu sobre a *Magna Carta*, documento histórico firmado entre o rei João Sem-Terra e seus barões em 1215, no qual se estabeleciam limites do poder real e ofereciam garantias básicas aos cidadãos ingleses, dirigindo-se ao leitor comum. Blackstone evitou o linguajar acadêmico, pouco acessível. Preferiu que seu trabalho fosse assimilado pelo maior número possível de pessoas. Sua escolha permitiu que melhor se compreendessem as conquistas obtidas com a *Magna Carta*, que deixou de ser apenas um documento histórico, para ganhar vida.

A opção pela linguagem livre e não técnica fez, no caso da obra sobre a *Magna Carta*, toda diferença. Alguns defendem que, apenas depois da publicação desse trabalho, a *Magna Carta* passou a ser compreendida. Blackstone, além de grande professor de direito, conhecia literatura profundamente — seus comentários sobre obras de

Shakespeare foram publicados em 1781. A proximidade do autor com a literatura garantiu que seu texto se irradiasse. Seus comentários sobre as leis da Inglaterra se tornaram *best-sellers* desde seu tempo até os dias de hoje.

O mérito da obra de Blackstone está, ainda, em se incutir uma poderosa interpretação ao texto de 1215. Na *Magna Carta* não se determina expressamente que "o rei deva respeitar a lei" ou que "ninguém se encontra acima da lei". O documento registra, no artigo 39, que homens livres não podem ser presos ou privados de suas posses salvo conforme a lei e, no artigo 40, diz que a ninguém será negada justiça. A partir dessas regras, Blackstone formula conceitos mais amplos de garantias básicas do cidadão e de limites do Estado. A disseminação dessas lições não seria possível se se adotasse uma linguagem impenetrável.

Em 1925, o juiz Benjamin Cardozo, da Suprema Corte norte-americana, apresentou seminal artigo, intitulado "Direito e literatura", ressaltando o papel do julgador ao elaborar sua decisão, que deveria escrevê-la tal como se fizesse literatura. A substância legal deveria, segundo o juiz, caminhar acompanhada de uma formalidade literária.

A vida real de Cardozo serviria como fonte para um romance. O pai dele, Albert Cardozo, judeu sefardita, foi juiz em Nova York. Porém, depois de afastado do cargo, teve de renunciar, para evitar um processo de impeachment. Albert fora acusado de corrupção. Essa mancha na carreira do pai certamente marcou a vida de Benjamin Cardozo, que admirava seu progenitor, assíduo frequentador da sinagoga. O pai, expelido da magistratura, tornou-se advogado. Cardozo perdeu a mãe aos nove anos e o pai aos 16. Na prática, foi criado por uma irmã mais velha, juntamente com outros cinco irmãos, inclusive sua irmã gêmea. Estudou direito na Universidade de Columbia, em Nova York, e foi indicado para a Suprema Corte em 1932.

Tomando a mencionada obra de Cardozo por partida, desenvolveu-se um movimento, crescente nos Estados Unidos, que ganhou musculatura a partir da década de 70 do século passado, no qual se valoriza o direito como literatura.

Quem procurar, encontrará. O direito oferece pérolas para a literatura — e para a formação de conceitos éticos.

Eis, para dar um lindo exemplo, a definição de justiça contida no *Digesto*, a compilação do direito romano feita a mando do imperador Justiniano no século VI. *Digesto*, palavra de origem latina, quer dizer "digestão", porque a obra se propunha precisamente a organizar os ensinamentos — esses livros também são conhecidos como *Pandectas*, do grego *pandékoma*, ou seja, "recolho tudo".

A lição, que inicia o *Digesto*, é de Ulpiano, jurista romano que viveu no século II:

> A justiça é a vontade constante e perpétua de dar a cada um o que é seu. Os preceitos do direito são: viver honestamente, não lesar ninguém, dar a cada um o que é seu. A jurisprudência (ciência do direito) é o conhecimento das coisas divinas e humanas, a ciência do justo e do injusto.[30]

Em substancial parte, a lição de Ulpiano se abeberou nos ensinamentos de Platão, que, no Livro I de *A república*, ensinou:

> Se alguém nos diz, portanto, que é justo dar a cada um o que lhe é devido entendendo por isso que um homem justo deve causar dano aos seus inimigos e fazer o bem aos seus amigos, não se mostra sábio em dizê-lo, visto que o que diz não é verdadeiro, porque ficou claro para nós que nunca é justo causar dano a quem quer que seja.

---

30   "10. Justitia est constans et perpetua voluntas jus suum cuique tribuere. § 1 Juris praecepta sunt haec: honeste vivere, alterum non laedere, suum cuique tribuere. § 2 Jurisprudentia est divinarum atque humanarum rerum notitia justi atque injusti scientia." Digesto, Livro I, 10. Les Ciquante Livres du Digeste ou Des Pandectes de L'Empereur Justinien — Tome Premier, Metz, Chez Behmer et Lamort Imprimeus-Libraires, 1805, p. 43.

Platão, no século IV a. C., expressava suas ideias por meio de diálogos, que tinham Sócrates, o já falecido mestre de Platão, como protagonista. Em *A república*, Platão divaga sobre temas políticos, inclusive sobre justiça. O filósofo se vale de um pensamento dialético, no qual se colocam, lado a lado e em confronto, argumentos e contra-argumentos.

A beleza estética do texto e sua clareza são, em grande dose, responsáveis pela sua perpetuidade.

THOMAS JEFFERSON, POR REMBRANDT PEALE

Na *Declaração de Independência* dos Estados Unidos da América, de 1776, elaborada pelo advogado Thomas Jefferson, buscou-se indicar os propósitos da nação então nascente. No seu parágrafo segundo, a *Declaração de Independência* qualifica, depois de reconhecer a igualdade entre os homens, os direitos inalienáveis, arrolando, entre eles, a vida, a liberdade e a busca pela felicidade — *"pursuit of happiness"* no original. Eis o texto:

> Consideramos estas verdades como evidentes por si mesmas, que todos os homens são criados iguais, dotados pelo Criador de certos direitos inalienáveis, que entre estes estão a vida, a liberdade e a procura da felicidade.

Evidentemente, ninguém pode garantir a felicidade de outra pessoa. Essa "garantia" não existe, porque, afinal, a felicidade se atinge individualmente. O máximo que se pode fazer é oferecer condições para se chegar a esse estado. Com sensibilidade, a *Declaração de Independência* norte-americana reconhece: não se poderia determinar por lei um direito à felicidade — assim como nenhuma lei é forte o suficiente para ordenar que uma pessoa ame algo ou alguma pessoa. Pode-se, entretanto, estabelecer que uma sociedade tenha por propósito oferecer a todos a oportunidade de ser feliz.

A felicidade — a satisfação interna, o bem-estar — se atinge apenas por um caminho introspectivo. Em outras palavras, a verdadeira felicidade não vem de fora, mas a encontramos dentro de nós. O texto da *Declaração de Independência* é literário — num feliz encontro do direito e da arte de escrever.

Pouco depois de conquistada a independência, os advogados e políticos americanos James Madison, Alexander Hamilton e John Jay expuseram suas opiniões, notadamente acerca dos destinos do país recém-criado, em textos publicados, entre o final de 1787 e meados de 1788, nos periódicos *Independent Journal* e *The New York Packet,* ambos de Nova York. Valiam-se do pseudônimo "Publius", embora hoje se consiga identificar quem foi o redator de cada um dos textos.

Esses trabalhos, conhecidos como *Os artigos federalistas,* refletem os pensamentos desses homens públicos acerca das bases estruturais da política norte-americana. Procuravam criar um Estado seguro, com governos regidos pela razão e pela escolha da maioria dos cidadãos.

Os artigos federalistas não são um tratado teórico de política, mas, extremamente bem escritos, comentários práticos sobre o poder e a forma de exercê-lo. Eis como começa o primeiro dos ensaios:

> Após uma experiência inequívoca da ineficácia do governo federal, estais sendo chamados a deliberar sobre uma nova Constituição para os Estados Unidos da América. A importância do assunto é evidente: suas consequências envolvem nada menos que a existência da União, a segurança e a prosperidade das partes que a compõem, o destino de um país que é sob muitos aspectos o mais interessante do mundo.

Difícil, nesse caso, dizer onde termina o direito e onde se inicia a literatura.

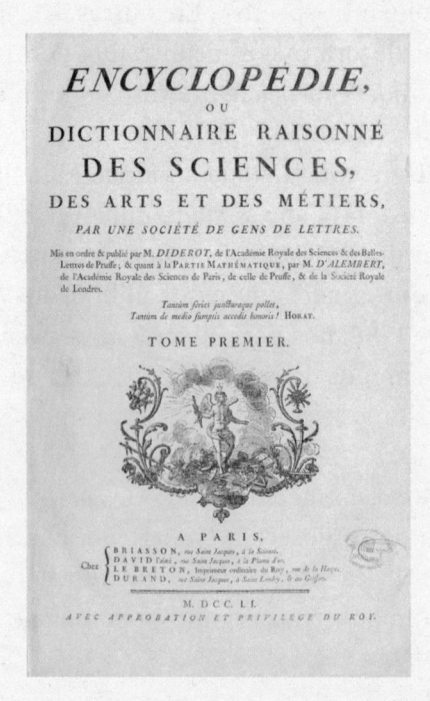

PRIMEIRA EDIÇÃO DA *ENCICLOPÉDIA*

Entre 1751 e 1772, Jean d'Alembert e Denis Diderot editaram a *Encyclopédie,* também conhecida como *Dictionnaire raisonné des sciences, des arts et des métiers,* ou seja, *Enciclopédia* ou *Dicionário racional das ciências, das artes e das profissões.*

Buscava-se compilar toda a informação até então existente. A origem etimológica da palavra *encyclopaedia* é grega, significando "círculo de aprendizado". Era exatamente o que se buscava. Agrupar o conhecimento. Foram reunidos 71.818 artigos, contando com notáveis colaboradores, como Montesquieu, Voltaire e Rousseau.

Louis de Jaucourt, polímata e intelectual, foi um dos mais prolíficos contribuintes da *Enciclopédia,* responsável por 17.266 verbetes. Fez tudo graciosamente, apenas pelo prazer de cooperar.

Ao escrever sobre "Escravidão", em 1762, Jaucourt registra: a escravidão é fundada na força, na violência.[31] Não poderá ser mantida senão por esses meios.

Ao tratar do "tráfico negreiro", Jaucourt defende que qualquer escravo tem o poder de se declarar livre, pois, afirma o autor do verbete, o ser humano não pode perder a liberdade. Ainda segundo Jaucourt, como ninguém tem poder de vender outra pessoa, a venda de alguém representava algo nulo. Havia o eco de Montesquieu, que, em *O espírito das leis,* de 1748, denunciara a escravidão, cuja essência se revelava tanto "contrária ao direito civil quanto ao direito natural". Isso porque "todos os homens nascem iguais".

A definição da *Enciclopédia* vinha carregada de conceitos morais e jurídicos. Irradiava-se, por meio de uma enciclopédia, um valor — o do repúdio à escravidão —, o que se fazia por meio de conceitos jurídicos.

Um caso jurídico dividiu a França no final do século XIX. Alfred Dreyfus, um capitão de artilharia do exército francês, de origem alsaciana e judaica, foi condenado por traição — teria vendido segredos militares aos alemães. Num processo apinhado de falhas, sem a me-

---

31   Jean d'Alembert e Denis Diderot, *Encyclopédie,* Tome XII, Lausanne, Chez Sociétés Typographiques, 1772, p. 967.

nor chance de defesa, Dreyfus acabou enviado para a Ilha do Diabo — uma colônia penal, na Guiana Francesa —, em condições vexatórias, onde ficou preso numa solitária. Proibiram até mesmo os soldados de lhe dirigir a palavra.

A verdade, contudo, era mais profunda. A França ainda sentia a humilhação da perda da guerra de 1871, contra a Alemanha, que, além de impor severa pena de reparação, lhe havia tomado as regiões da Alsácia e Lorena. Convinha, politicamente, encontrar um culpado.

Um espião francês descobre que informações sigilosas do exército francês foram transferidas para os rivais alemães. A letra desse espião, segundo se apurou de forma descuidada, assemelhava-se à grafia de Dreyfus. Isso bastava. Além disso, havia, na França de então, um antissemitismo velado, que tornava o suspeito ainda mais conveniente.

Ocorre que, ao longo do processo, surgiram diversas outras provas. Tudo levava ao reconhecimento da inocência de Dreyfus. A verdade tornava-se constrangedora para o governo — notadamente para o exército e para os monarquistas que encamparam o veredicto. Os erros do julgamento emergiram, tornando-se evidentes. As denúncias da injustiça ganhavam força, enquanto Dreyfus apodrecia na prisão.

Não obstante a exposição do verdadeiro culpado, Marie Charles Esterházy, um outro oficial do exército francês, a revisão do equivocado julgamento de Dreyfus não ocorria. Ao contrário, num julgamento contaminado por motivações políticas, Esterházy foi inicialmente inocentado.

Em 13 de janeiro de 1889, três dias após Esterházy receber sua absurda absolvição, Émile Zola, já um consagrado escritor, publica, no jornal *L'Aurore*, um libelo, iniciado pelas garrafais letras: *Acuso!*

> Um erro judiciário constitui eventualidade deplorável, mas sempre possível. Magistrados se enganam, militares podem se enganar. Em que se compromete a honra militar nesse incidente?

> O único papel decente, se houve um erro cometido, é repará-lo; a falta só começa no dia em que quem errou teima em não reconhecer o engano, mesmo ante as provas decisivas. No fundo, não há outra dificuldade. Tudo irá bem, quando uma entidade se decidir a concordar que pode cometer um erro e que em seguida hesitou ante o aborrecimento de confessá-lo. Aqueles que sabem me compreenderão.

Acaba profetizando: "A verdade está em marcha; nada a deterá." De forma candente e corajosa, Zola acusa, nomeando um a um, aqueles que contribuíram para a farsa da condenação do capitão judeu.

> Eu acuso o tenente-coronel Du Paty de Clam de ter sido o artífice diabólico do erro judiciário, inconscientemente, quero crer, e de ter em seguida defendido sua obra nefasta, durante três anos, através de tramas absurdas e culpáveis.
> Eu acuso o general Mercier de ter-se mostrado cúmplice, ao menos por fraqueza de espírito, de uma das maiores injustiças do século.
> Eu acuso o general Billot de ter tido nas suas mãos as provas certas da inocência de Dreyfus e de tê-las abafado, de se tornar culpado deste crime de lesa-humanidade com um objetivo político e para salvar o Estado-Maior comprometido.
> Eu acuso o general de Boisdeffre e o general Gonse de serem cúmplices do mesmo crime, um sem dúvida por razão clerical, o outro talvez devido a esse espírito corporativista que torna os gabinetes de guerra em arcas santas, inatacáveis.

> Eu acuso o general de Pellieux e o comandante Ravary de terem feito uma sindicância rápida, e quero com isso dizer uma sindicância da mais monstruosa parcialidade, onde temos, no relatório do segundo, um monumento indestrutível de audácia ingênua.
>
> Eu acuso os três especialistas em grafologia, os senhores Belhomme, Varinard e Couard, de terem redigido relatórios mentirosos e fraudulentos, a menos que um exame médico os declare doentes de algum mal da vista e de julgamento.
>
> Eu acuso os gabinetes de guerra de terem liderado na imprensa, particularmente no *L'Éclair* e no *L'Écho* de Paris, uma campanha abominável para distrair a opinião e cobrir seu erro.
>
> Eu acuso enfim o primeiro Conselho de Guerra de ter violado a lei ao condenar um acusado apoiado em uma peça de acusação mantida secreta, e acuso o segundo Conselho de Guerra de ter encoberto esta ilegalidade, sob ordem, cometendo também o crime jurídico de inocentar sabidamente um culpado.

Zola escancarava que o capitão Dreyfus não fora condenado como um homem, porém como uma abstração, personificando algo que não era: a pátria degolada.

A publicação fez barulho. Trezentos mil exemplares do jornal se esgotaram no mesmo dia. Zola é perseguido. Vê-se forçado a fugir para a Inglaterra.

Em carta dirigida ao presidente da França, Zola continuou seu protesto:

> Só tenho uma paixão, a da luz, em nome da humanidade que tanto sofreu e tem direito à felicidade. Meu protesto inflamado é apenas o gri-

to da minha alma. Que ousem pois arrastar-me aos tribunais e que o inquérito transcorra à luz meridiana dos fatos!

Espero!

O TEXTO DE ZOLA

A força do libelo de Zola foi determinante. Como o escritor vaticinou, a verdade triunfou. Dreyfus foi finalmente inocentado em 1906. Voltou do desterro e chegou a ser agraciado com a maior honraria militar francesa, a comenda da Legião de Honra.

Zola já havia falecido na época, mas suas cinzas foram transferidas para o Panteão. Seus textos sobre o caso Dreyfus são, ao mesmo tempo, pérolas da literatura e da argumentação jurídica.

Formado em direito pela Universidade de Pavia em 1758, o nobre milanês Cesare Beccaria, impregnado pelas ideias iluministas, lança, em 1764, quando tinha apenas 26 anos, *Dos delitos e das penas*.

Logo no seu início, o autor adverte: "As vantagens da sociedade devem ser distribuídas equitativamente entre todos os seus membros." Beccaria, em seguida, denuncia a natureza egoísta do homem, que busca, quando pode, colher privilégios para si. O milanês enfatiza: "Apenas através de boas leis se podem impedir esses abusos."

Beccaria denuncia a tortura, então largamente utilizada nas prisões. Na obra, reclama-se que os julgamentos devem ser públicos, exige-se a oportunidade de o acusado rejeitar o julgador nos casos de parcialidade, fala-se da necessidade da prévia indicação do tipo penal (para que se tenha precisa noção do crime de que se é acusado, como forma de permitir a adequada defesa), bem como da identificação da sanção aplicada em caso de desrespeito à regra legal. Exalta-se a dignidade da pessoa humana, que deve socorrer a todos, até mesmo aos criminosos. O livro de Beccaria concita o povo a reconhecer: "Nós não somos escravos, porém protegidos pelas leis."

Não apenas o conteúdo tem enorme valor, mas o texto é escrito de forma admirável, tornando-se excelente literatura.

Já mencionamos *A luta pelo direito*, de Rudolf von Jhering. Segundo o professor, "o direito não é uma pura teoria, mas uma força viva". A sociedade almeja a paz e, para isso, cabe a nós lutar. "A espada sem a balança é a força bruta; a balança sem a espada é a impotência do direito", pontifica Von Jhering.

O jurista alemão demonstra que o direito não é um fim em si mesmo, mas um caminho, repleto de desafios, que seguimos com o propósito de atingir a paz social. Segundo ele, "o direito e a justiça só prosperam num país, quando o juiz está todos os dias preparado no tribunal e quando a polícia vela por meio de seus agentes, mas cada um deve contribuir pela sua parte para essa obra".

Para Von Jhering, o direito não está apenas nos livros, porém "a essência do direito é a realização prática". O jurista nos concita a uma vigília, a uma preocupação constante, registrando que "a luta pelo direito é a poesia do trabalho". Trata-se de um dever não apenas perante a sociedade, mas diante de nós mesmos.

Em muitas passagens, a obra se revela como a melhor literatura, como quando preconiza: "Não é a estética, mas sim a ética, que deve nos ensinar o que corresponde à essência do direito e o que lhe é contrário."

Significativamente, Von Jhering dedica *A luta pelo direito* a Auguste von Littrow, uma precursora do movimento feminista. O professor deixava explícita a necessidade de se promoverem importantes conquistas sociais, como a plena integração e garantia dos direitos das mulheres, tema na época ainda muito questionado.

No final do século XIX, Von Jhering apresenta o conto "No céu com os conceitos jurídicos".[32] Uma fantasia deliciosa. Na história, ele, morto, como em vida fora romanista — especializando-se no direito romano —, é enviado ao céu dos conceitos jurídicos. Lá, encontraria os conceitos com os quais se ocupou em vida.

Trata-se de lugar lúgubre, onde "reina uma noite tenebrosa", pois os conceitos se afastam do sol e da vida. Ademais, os teóricos, diz ironicamente Von Jhering, se acostumaram a ver as coisas com obscuridade.

Nesse céu, o jurista encontra, entre outros, o "dolo", com seu olhar malicioso, a "mora", sempre deitada e preguiçosa, a "propriedade", com seus membros robustos e sua cara de satisfação. O grande civilista dá uma forma humana aos institutos jurídicos nesse fantástico e divertido conto, carregado de críticas, elaboradas com a mais fina ironia — que um texto jurídico dificilmente alcançaria, mas que um conto literário fez de forma certeira e contundente.

Stendhal, renomado romancista francês, declarou, para envaidecimento dos juristas, que o Código Civil francês, de 1804, tinha um estilo literário perfeito. Disse ainda que, para aprimorar sua redação,

---

32   Rudolf von Jhering, *"En el cielo de los conceptos jurídicos"*, in Rudolf von Jhering, *Bromas y veras en la jurisprudencia*, Buenos Aires, Ediciones Jurídicas Europa-América, 1974.

lia a norma civil. Talvez por essa razão aquela lei esteja, em grande parte, até hoje em vigor.

O mundo jurídico e a literatura, por vezes, se confundem — no talento e na sensibilidade dos aplicadores do direito. Documentos jurídicos tornam-se, ao mesmo tempo, textos literários. Melhor quando assim é.

Direito na literatura

Debaixo da rubrica "Direito e literatura", encontra-se ainda uma terceira espécie: o direito na literatura.

Ao estudar o direito na literatura, examinam-se as muitas situações nas quais a literatura cuidou de temas relacionados ao mundo jurídico. Isso se dá tanto nos casos nos quais o texto invade um tema legal — veja-se, por exemplo, que a maioria das peças de Shakespeare apresenta passagens com julgamentos (entre outras razões, por meio desse recurso, o dramaturgo garantia a atenção dos espectadores) —, como pelas metáforas que a justiça e os tribunais podem remeter, como ocorre, para citar um valioso exemplo, em *O processo*, de Kafka, do qual antes falamos.

O estudo do direito na literatura ganha força ao se reconhecer que a interpretação jurídica muito se assemelha à interpretação literária. Ao ler, aprimoramos nossas habilidades de interpretar, algo de extrema valia para todos e, em especial, para o profissional do direito.

Além disso, pela literatura — e pelas artes — somos levados a refletir sobre temas sociais relevantes. Como se mencionou, algumas das primeiras obras da literatura ocidental, as peças do teatro grego como a *Oresteia* de Ésquilo — que trata do devido processo legal — e *Antígona* de Sófocles — na qual se narra a indignação da heroína quando o Estado viola direitos básicos —, remetem diretamente a temas jurídicos, que a sociedade ateniense de então se valia para debater tais questões, da mesma forma que o fazemos nos nossos dias.

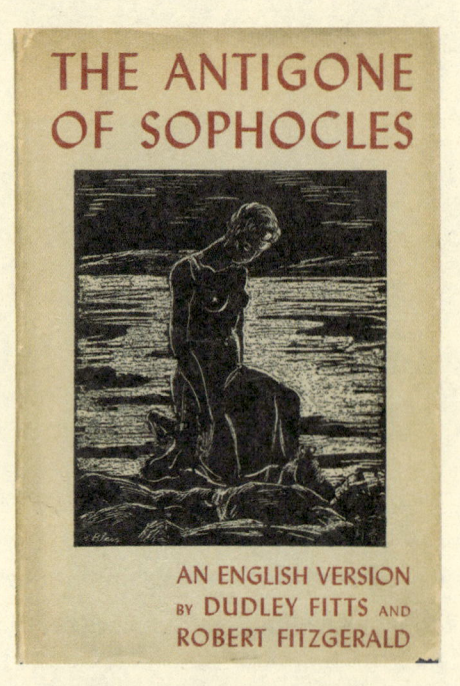

A ANTÍGONA EM LÍNGUA INGLESA: EDIÇÃO DA DÉCADA DE 1930

    Quatorze anos após a apresentação da *Oresteia*, de Ésquilo, Sófocles oferece *Antígona*, outra pérola da dramaturgia grega. Era o ano de 441 a. C. Desde então, associa-se *Antígona* à luta do homem contra a tirania.

    É notável que Sófocles tenha colocado a voz da consciência humana numa personagem feminina. Para o dramaturgo, essa mulher representa a humanidade, inconformada com a injustiça.

    Em *Antígona*, conta-se que, após a morte do rei Édipo, suas filhas Antígona e Ismênia correm para Tebas, a fim de evitar o confronto entre seus irmãos, Etéocles e Polinices.

    Ambos disputavam o trono que fora do pai, quando chegaram a um acordo, segundo o qual os dois se revezariam no poder, cabendo a cada um reinar por um ano, começando por Etéocles. Contudo, passado o ano, Etéocles não cumpre o acordado e recusa-se a ceder seu lugar ao irmão.

Polinices deixa Tebas e segue para Argos, cidade rival. Lá, casa-se com a filha do rei e convence seu sogro a lutar contra Tebas, a fim de recobrar seus direitos de soberano. Arma-se um exército para invadir Tebas.

Etéocles se prepara para a investida. Sucede uma renhida luta. Tebas consegue repelir a invasão argiva, mas ao custo de muitas vidas. Nessa contenda, não há vencedores. Os generais se matam, assim como Etéocles e Polinices morrem, um pela mão do outro, cumprindo-se a maldição familiar.

Creonte, irmão de Jocasta, cunhado de Édipo e tio de Antígona e dos falecidos Etéocles e Polinices, assume o poder. A sua primeira providência consiste em proibir o sepultamento de Polinices, pois este havia investido contra a cidade. A pena, para aqueles que violassem o édito, seria a morte. Ao mesmo tempo, concede funerais de herói para Etéocles, porque morreu protegendo Tebas. Nessa passagem, como ressalta Sérgio Buarque de Holanda, Creonte representa o Estado — com seus conceitos abstratos e impessoais —, contrapondo-se aos interesses da família — com sua realidade concreta e tangível —, representada por Antígona.[33] Para o tirano, os interesses do Estado devem prevalecer, mesmo contra seus parentes.

A peça começa com o nascer do dia seguinte à batalha de Tebas contra Polinices e os argivos, na qual se evitou a invasão.

Antígona, contudo, violando a determinação de Creonte, sepulta seu irmão. Confrontada, ela confessa que agiu contra a lei do tirano. Alega ter atuado em conformidade com uma lei maior e mais elevada, que protege a dignidade e a natureza do ser humano, pois todas as pessoas merecem sepulcro. Dessa forma, Antígona coloca em oposição a lei do homem — a regra de Creonte, que proíbe o sepultamento de Polinices —, e, de outro lado, a lei divina, pois acredita ser um direito superior do homem receber sepultamento e não ter seu corpo morto, largado e apodrecendo ao relento.

---

33 Sérgio Buarque de Holanda, *Raízes do Brasil*, 26ª ed., São Paulo, Companhia das Letras, 1995, p. 141.

Em *Antígona*, discute-se a aplicação estrita da lei em confronto com outros valores. Analisa-se a força da lei escrita, ditada pelo homem, contra regras de ordem moral, éticas, por vezes não positivadas, mas guardadas na consciência coletiva. Enterrar os mortos era um valor antigo, albergando, inclusive, aspectos religiosos. Naquela sociedade, o sepultamento era sagrado. Uma lei escrita, fruto de um desejo do tirano, que negasse esse direito natural, deveria ser respeitada? Admite-se, em alguma hipótese, a insubordinação civil?

Antígona serve de constante alerta para o fato de que o direito positivo não pode se distanciar completamente da justiça, daquilo que o nosso sentimento nos indica como bom e correto.

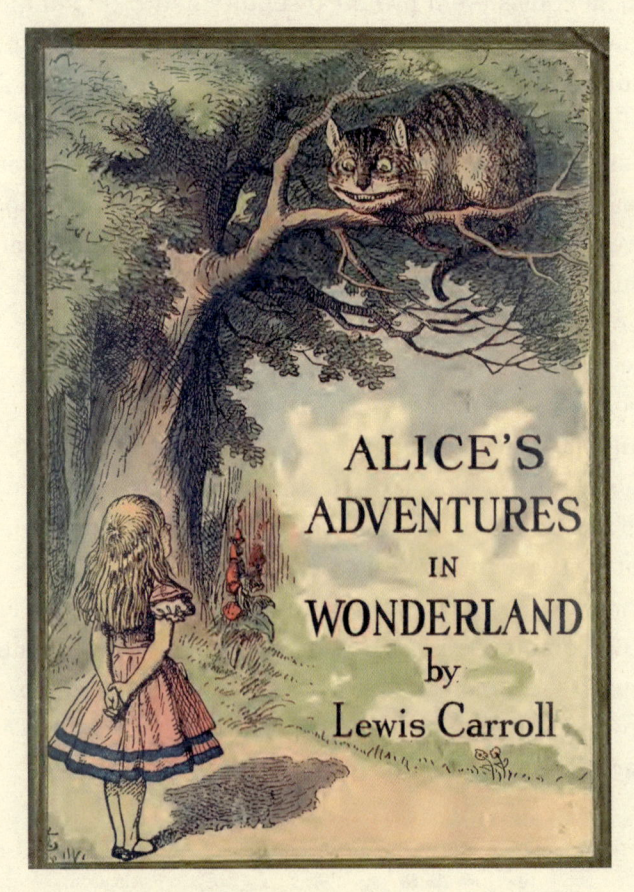

EDIÇÃO DE 1928

Para muitos, o primeiro contato com o mundo jurídico se dá pela literatura, ainda que isso ocorra de forma lúdica.

Um julgamento marca o desfecho do clássico infantojuvenil *Alice no país das maravilhas,* do professor de matemática da Universidade de Oxford, Lewis Carroll.

A obra, de 1865, foi disruptiva para a chamada literatura infantil. Afinal, tratava-se de uma leitura complexa, repleta de referências eruditas. Não tratava as crianças como ingênuas e ignorantes. Foi uma evolução.

Lewis Carroll era o pseudônimo de Charles Lutwidge Dodgson. Solteirão, efeminado e gago, Dodgson tinha por *hobby* fotografar meninas impúberes — muitas vezes totalmente despidas. Uma de suas modelos foi Alice Liddell, filha de um colega de academia. Foi para ela que Dodgson escreveu as histórias que o tornariam famoso. Na época, Alice tinha 10 anos e Carroll 32.

No livro de Lewis Carroll, a menina Alice, ao correr atrás de um coelho branco vestido com um colete, cai no buraco de sua toca. Depois de uma longa queda, Alice chega a um mundo onírico e surreal, no qual passa por curiosos episódios, interagindo com diversos animais e figuras bizarras.

No último capítulo da epopeia de Alice, ocorre o julgamento do Valete de Copas, acusado de roubar as tortas da Rainha de Copas. O juiz é o marido da Rainha, o Rei de Copas, o que já demonstra a parcialidade daquela corte, pois o rei julgava um caso de interesse direto de sua mulher.

Convoca-se o Chapeleiro Maluco para testemunhar. O juiz manda que ele preste seu depoimento "e não fique nervoso, ou vou ter de mandar executá-lo no mesmo instante". Evidentemente, essa intimidação basta para deixar o Chapeleiro de pernas bambas. Com medo, ele chega a se humilhar, dizendo-se, repetidas vezes, "um pobre coitado". O Chapeleiro não se lembrava dos fatos.

Em seguida, chamam a cozinheira da Duquesa para falar sobre o roubo das tortas. Ela também nada sabia dos fatos. Ao ser indagada sobre como eram feitas as tortas, um Caxinguelê, atrás da cozinheira, se limita a dizer "melado". Basta isso para despertar a ira da Rainha de Copas: "Prendam esse Caxinguelê. [...] Decapitem esse Caxinguelê! Retirem esse Caxinguelê do Tribunal! Sufoquem-no! Torturem-no! Arranquem-lhe os bigodes!". A confusão se instaura. Um pandemônio no tribunal. Quando as coisas sossegam, a cozinheira já havia desaparecido.

Chega a vez de Alice dar seu testemunho, embora nada saiba do episódio. No julgamento, os absurdos se sucedem, com o juiz — o rei — criando novas e confusas regras a todo tempo. "Todas as pessoas com mais de um quilômetro e meio devem se retirar do tribunal", comanda o juiz. Alice, imediatamente, repudia a determinação, "essa regra não é válida, você acaba de inventá-la", diz a menina. A arbitrária Rainha de Copas se impacienta. Ela ordena: "primeiro a sentença... depois o veredicto", ou seja, condene-se logo e apenas depois se expliquem os motivos. Quando Alice mostra sua indignação à determinação da Rainha, esta imediatamente berra: "Cortem-lhe a cabeça."

A menina reage: "Quem se importa com vocês. (...) Não passam de um baralho!"

Logo em seguida, Alice desperta. A menina se dá conta de que tudo não passou de um vívido e colorido sonho.

O julgamento pela Rainha de Copas se tornou uma das mais conhecidas passagens jurídicas da literatura. O texto, sujeito a diversas interpretações, certamente traduz uma crítica ao sistema judiciário. Testemunhas, ignorantes dos fatos, dizem, coagidas e constrangidas, qualquer coisa. O tribunal é comparado a um jogo de "cartas marcadas", com regras fluidas e desconexas, ditadas pelos reis e rainhas.

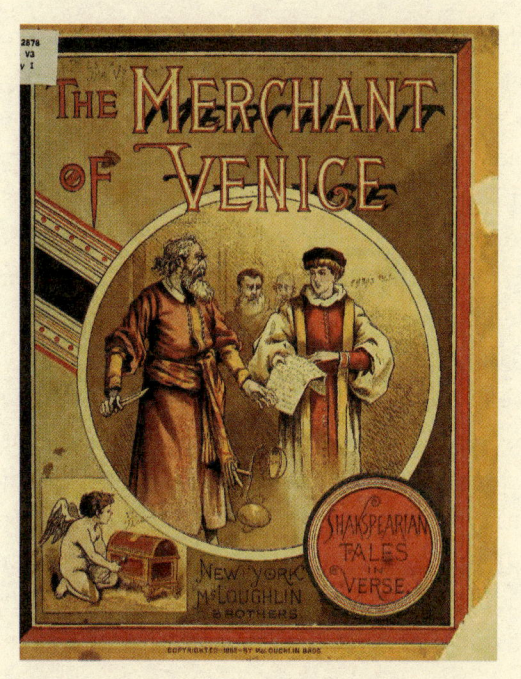

EDIÇÃO DE 1899 DE *O MERCADOR DE VENEZA*

    Possivelmente, ao lado de *Romeu e Julieta* e *Hamlet*, *O mercador de Veneza* tornou-se uma das peças mais populares de William Shakespeare. De todo o cânone shakespeariano, é a obra com maior apelo jurídico, o que faz dela a preferida entre os estudantes e profissionais do direito. Embora haja muitos julgamentos nas obras de Shakespeare — mais de dois terços de suas peças relatam alguma forma de julgamento —, nela, o ápice da emoção ocorre numa corte de justiça e boa parte da discussão gravita ao redor de temas jurídicos.

    O mercador de Veneza foi escrita provavelmente em 1596, logo após Shakespeare ter elaborado obras plenas de lirismo como *Ricardo II* (integralmente em versos pentâmetros), *Romeu e Julieta* e *Sonho de uma noite de verão*.

    Na definição da época, qualificava-se *O mercador de Veneza* como uma comédia. Isso porque se entendia como tragédia as histórias que acabavam com a morte do protagonista. Por exclusão, considerava-se todo o resto como comédia. Isso mesmo quando o final não fosse de plena felicidade.

Adiante em sua carreira, Shakespeare se especializou em terminar peças de modo ambíguo, sem um final plenamente feliz, embora tampouco houvesse a morte do protagonista. Os estudiosos, na falta de melhor definição, passaram a chamar essas obras — como *Medida por medida*, *Troilo e Créssida* e *Tudo bem quando bem termina* — de "peças-problema". Em *O mercador de Veneza*, Shakespeare ensaia esse modelo.

Shakespeare, como era costume no seu tempo, valia-se de enredos já conhecidos, para, a partir deles, elaborar suas peças. Hoje, quando se explica que o dramaturgo, na construção de suas peças, partia de uma ideia existente, muitos se decepcionam. Imaginam que isso diminui o autor, faltando-lhe criatividade ou mesmo que fosse um aproveitador, surrupiando a inspiração alheia. Enganam-se os que pensam assim. Para começar, não havia, então, a ideia de propriedade intelectual como conhecemos hoje. Era comum e natural que os artistas se valessem das histórias uns dos outros. Mas, acima disso, a genialidade de Shakespeare resta nítida nessa transformação do original. É surpreendente ver de onde ele começou, para verificar a obra que o bardo de Stratford, ao fim, apresenta.

Em *O mercador de Veneza*, Shakespeare misturou componentes de três histórias já conhecidas: a da escolha do marido pelo teste da urna, a da garantia de uma dívida com uma libra de carne do corpo do próprio devedor e a do anel que o marido prometeu jamais tirar do seu dedo.

A partir desses três enredos, Shakespeare, com talento inigualável, produz uma peça que fala, principalmente, sobre aparência, empatia, preconceito, rebeldia juvenil e justiça.

Eis a história, cravejada de temas jurídicos: o formoso Bassânio, um jovem perdulário, cidadão de Veneza, confessadamente despendeu seu patrimônio com frivolidades. Ele precisa de dinheiro para fazer corte a uma rica órfã, Pórcia (*Portia*, no original), que vive em Belmonte, cidade vizinha de Veneza. Bassânio se socorre de seu amigo Antônio, um mercador de Veneza, a quem pede três mil ducados emprestados. O mercador, contudo, não dispõe de liquidez naquele momento, pois seus navios se encontram dispersos pelo mundo, isto é, seu patrimônio acha-se investido. Antônio, porém, deseja ajudar Bassânio e, para tanto, procura obter o dinheiro com Shylock, um judeu que vive no gueto de Veneza. Antônio despreza Shylock. Humilha publicamente o judeu, cuspindo nele e chamando-o de cão. Ao propor o negócio, Antônio adverte Shylock que deve emprestar o dinheiro como se fosse para um inimigo. Shylock empresta o valor, nem sequer cobra juros. Entretanto, contrata que, em garantia da devolução da soma, isto é, se Antônio deixasse de pagar a dívida, Shylock poderia cortar uma libra da carne do corpo do próprio devedor.

Permitam-me uma pausa. O começo da história parece ter um furo. Por qual motivo Antônio, um mercador, homem de negócios experimentado, iria fazer um empréstimo, sem qualquer garantia, a Bassânio, um rapaz que se reconhece como estroina, gastador e perdulário? Pior, por qual motivo esse mercador, privado momentaneamente de dinheiro, vai pedir a soma à pessoa que ele despreza e ainda oferece seu próprio corpo como garantia? Esse comportamento não se coaduna com o de um comerciante minimamente cauteloso. Para muitos, essa negligência na condução de seus negócios se explica por uma paixão cega que Antônio nutre por Bassânio. Em muitas versões da obra, Antônio externava, por meio de sua linguagem corporal, o afeto extremo pelo belo jovem. Só um sentimento profundo, que prive o mercador da razão, pode justificar essa irresponsabilidade com os negócios. Shakespeare teria tratado esse sentimento homossexual de forma sutil, até mesmo pelo preconceito em vigor na época da elaboração da peça.

O mercador de Veneza começa com Antônio:

> Garanto que não sei por que estou triste;
> A tristeza me cansa, como a vós;
> Mas como a apanhei ou contraí,
> Do que é feita, ou do que terá nascido,

> Ainda não sei.
> A tristeza me fez um tolo tal
> Que é difícil até saber quem sou.[34]

Um atarantado Antônio reclama da vida com seu amigo Salarino. Faz questão de dizer que sua angústia não provém dos negócios. Quando Salarino pergunta se Antônio está apaixonado, querendo compreender a origem de sua aflição, Antônio desconversa e, logo em seguida, Bassânio entra em cena. Parece ser a deixa de Shakespeare para demonstrar onde reside a tensão de Antônio: um amor proscrito.

Quando Shakespeare escreveu essa obra, no final do século XVI, havia pouquíssimos judeus na Inglaterra. Eles tinham sido expulsos em 1290, pelo rei Eduardo I. Foram apenas oficialmente readmitidos por Cromwell, durante a Commonwealth, no período em que a Inglaterra foi governada pelos puritanos, na geração seguinte à de Shakespeare, ou seja, em meados do século XVII.

Na Inglaterra de então, a minoria dos judeus era obrigada a usar a gabardina vermelha — uma espécie de manta sobre a roupa. Antes disso, os poucos judeus que viviam na Inglaterra tinham de usar um chapéu amarelo. Portanto, eram pessoas marcadas, diferenciadas, forçadas a revelar sua situação por meio da vestimenta. Em decorrência de lei editada pelo parlamento inglês de 1571, todos os homens acima de seis anos, que não fossem nobres, deviam usar chapéu de lã aos domingos. Com isso, a roupa distinguia ostensivamente as classes sociais.

Os judeus, na Inglaterra de Shakespeare, tinham reputação de apego ao dinheiro. A fama tinha explicação: não se permitia ao judeu adquirir terras. Dessa forma, restava-lhe a propriedade da moeda ou de outros bens móveis, como metais nobres e pedras preciosas. Além disso, ao cristão era vedado, por motivos religiosos em primeiro lugar, cobrar juros nos seus empréstimos. Os judeus, diferentemente,

---

34 "In sooth, I know not why I am so sad: / It wearies me; you say it wearies you; / But how I caught it, found it, or came by it, / What stuff 'tis made of, whereof it is born, / I am to learn; / And such a want-wit sadness makes of me, / That I have much ado to know myself." (Ato I, Cena I).

não tinham essa vedação quando emprestavam dinheiro aos cristãos. Diante disso, o empréstimo de dinheiro por judeus, com a cobrança de juros, era um negócio estabelecido — e de onde procedia a fama.

Interessante também observar que, na tradição das representações de teatro medievais, o malvado na trama vinha, sempre, de alguma forma diferenciado fisicamente. O espectador identificava, de pronto, onde estava o mal. Quando o mal não era representado pelo próprio diabo, os vilões provinham de algum grupo minoritário: o estrangeiro, o negro, o judeu, o deformado, o anão e aí por diante. O primeiro arquivilão shakespeariano foi Aarão, um negro, em *Tito Andrônico*. Depois, o imoral Ricardo III, deformado fisicamente, na peça com seu nome. Em *O mercador de Veneza*, surge um judeu. Nessa tradição, o mal se encontrava no diferente.

Voltando à trama de *O mercador de Veneza*, Bassânio, com o dinheiro que recebe de Antônio, organiza sua corte para Belmonte. Lá, encontra Pórcia, a jovem e rica herdeira. Esta, por sua vez, se encanta com os dotes naturais de Bassânio. Entretanto, por força do testamento do pai de Pórcia, não caberia a ela escolher seu marido, mas submeter seus pretendentes a um teste, estabelecido pelo falecido pai.

De acordo com o testamento, os pretendentes de Pórcia seriam colocados numa sala onde encontrariam três urnas: uma de ouro, outra de prata e uma terceira de chumbo. Teriam, então, de escolher uma dessas urnas. Em apenas uma delas haveria o retrato de Pórcia. Aquele que optasse pela urna certa se casaria com a afortunada herdeira. Os demais, ao apontarem a caixa errada, teriam de deixar Belmonte imediatamente e nada revelar acerca daquele peculiar concurso.

Quando vê Bassânio, Pórcia decide ajudá-lo. Primeiro, tenta adiar o teste dele, o que não era permitido. Depois, quando Bassânio é submetido à escolha entre as três urnas, Pórcia, sub-repticiamente, faz com que o cantor, que acompanhava o evento, cantasse uma música cuja rima indicasse a opção pelo chumbo ("*lead*" em inglês), que a herdeira já sabia ser a caixa correta. Enquanto Bassânio examina as possibilidades, o cantor entoa uma canção com a seguinte letra: "Como nasce o amor no mundo? / Vem do coração bem fundo / Ou é da mente oriundo?"[35] O pretendente recebe a dica fundamental. Bassânio escolhe a urna de chumbo, onde encontra o retrato de Pórcia. Pronto, o casamento fica acertado.

Permitam-me, mais uma vez, suspender a linha narrada na peça para comentar que Bassânio era um personagem, como Romeu, de *Romeu e Julieta*, e Bertrand, de *Tudo bem quando bem termina*, dos belos e tolos. Bem-vistas as coisas, Shakespeare se valeu desse tipo dos "bonitões" sem maior profundidade intelectual para enaltecer seus pares — Julieta e Helena, respectivamente —, que eram, tal como Pórcia, extremamente argutas, sempre à frente dos homens (cito, por oportuno, um pensamento de Jean-Paul Sartre, que Shakespeare, antes dele, aplicou: "Deixem os homens bonitos para as mulheres sem imaginação").

Interessante, ainda, notar que Pórcia, embora esperta, era uma menina mimada e profundamente preconceituosa. No começo da peça, ao ver seus pretendentes, rapidamente os descreve apenas pela sua origem: inglesa, francesa, alemã... Pórcia rejeita o príncipe do Marrocos, um dos que se arriscam no concurso das urnas, apenas pela cor de sua pele. Quando a herdeira toma conhecimento de que o marroquino chegou para se submeter ao teste, ela diz à sua amiga Nerissa: "... mas se ele tiver natureza de santo, com aspecto de diabo, eu prefiro o convento ao casamento".

Pórcia apaixona-se por Bassânio exclusivamente por seu aspecto físico. O seu falecido pai deveria identificar esses prejulgamentos da filha. Tanto assim que coloca seu retrato na urna de chumbo, acompanhado dos dizeres: "a quem o aspecto não atentou, escolheu bem." Ocorre que Pórcia não se conforma com o testamento paterno e faz exatamente o oposto.

Retornando ao enredo, Pórcia se casa com Bassânio. Nos seus votos, Pórcia entrega ao marido, com quem acabara de desposar, todos os seus bens. Faz de um anel o símbolo daquela união: "Somos seus,

---

35 No original: "Tell me where is fancy bred./ Or in the heart or in the head?/ How begot, how nourishèd?" (Ato III, Cena I).

meu senhor, com este anel: / Se o senhor o perder, der ou tirar, / Nisso eu verei o fim do seu amor, / Cabendo-me o direito do protesto." [36]

Para infortúnio dos recém-casados, chega a Belmonte a notícia de que os barcos de Antônio se perderam. Antônio não terá como honrar a dívida com Shylock. O judeu, por sua vez, cobra a libra de carne. Pórcia, ao se inteirar do ocorrido, logo oferece dinheiro para Bassânio, que corre para Veneza, a fim de ajudar seu amigo.

Ao mesmo tempo em que seu devedor deixa de ter fundos para quitar a dívida, Shylock tem outro dissabor. Sua filha, Jéssica, foge com o cristão Lorenzo, levando parte de sua fortuna, inclusive um anel que fora da sua mãe, a falecida mulher do judeu. Shylock, profundamente amargurado, vai ao Doge, autoridade máxima de Veneza, e cobra a libra de carne de Antônio. Bassânio, ao chegar a Veneza, se oferece para pagar a dívida, e até o dobro dela, mas Shylock recusa. Irredutível, ele quer receber apenas a libra de carne de Antônio, tal como contratado.

Evidentemente, Shylock adota uma postura abusiva de seu direito. Quando surge alguém disposto a pagar a dívida, e até mais, não há motivo razoável que justifique a insistência em receber a libra de carne, salvo a emulação ou um motivo vil. Segundo um velho brocardo jurídico, *summum jus, summa injuria*, ou seja, "o máximo do direito, a máxima injustiça". Isso porque, como ensina a experiência, a aplicação cega do direito pode acarretar situações de profunda iniquidade. Shakespeare queria suscitar essa questão: até que ponto o cumprimento literal dos contratos ou da norma jurídica deveria ser observado? Deve-se respeitar os contratos mesmo quando eles acarretem situações de profunda injustiça?

Em sua defesa, Shylock suscita a necessidade de se respeitarem as leis não apenas para proteger aquele que pleiteia seu direito, mas como demonstração de que o Estado protege a segurança jurídica. O próprio Antônio reconhece que, se o tribunal de Veneza deixar de respeitar os contratos, perderá sua posição de lugar seguro para o co-

---

36 "This house, these servants and this same myself / Are yours, my lord: I give them with this ring; / Which when you part from, lose, or give away, / Let it presage the ruin of your love / And be my vantage to exclaim on you." (Ato III, Cena 1).

mércio: "O Duque não tem como ir contra a lei; / Pois muitos forasteiros, com interesses / Cá em Veneza — se ele assim agisse —, / Iriam criticar nossa justiça, / Já que o comércio e o lucro da cidade / Vêm de muitas nações."[37]

Além disso, sobre a moralidade do acerto com Antônio, Shylock pondera que os senhores de Veneza são proprietários de escravos, o que, da mesma forma, poderia ser moralmente questionado. Argumenta o judeu:

> "Vós tendes entre vós muitos escravos,
> Que usais como se fossem cães ou mulas;
> Que usais para as tarefas mais abjetas,
> Porque os comprastes — devo eu vos dizer
> 'Libertai-os, casai-os com os vossos?
> Por que mourejam eles? Que seus leitos
> Sejam também macios, seus jantares
> Cozidos como os vossos?' Vós direis:
> 'Os escravos são nossos.' Também eu
> Digo que a carne que estou exigindo
> Comprei-a caro, é minha e eu a quero:
> Se ma negais, adeus às vossas leis!
> Veneza não garante os seus decretos!
> Quero a sentença — vamos! Ela é minha?"[38]

---

[37] "The duke cannot deny the course of law: / For the commodity that strangers have / With us in Venice, if it be denied, / Will much impeach the justice of his state; / Since that the trade and profit of the city / Consisteth of all nations." (Ato III, Cena 3).

[38] "You have among you many a purchased slave, / Which, like your asses and your dogs and mules, / You use in abject and in slavish parts, / Because you bought them: shall I say to you, / 'Let them be free, marry them to your heirs? / Why sweat they under burthens? Let their beds / Be made as soft as yours and let their palates / Be season'd with such viands'? You will answer / 'The slaves are ours:' so do I answer you: / The pound of flesh, which I demand of him, / Is dearly bought; 'tis mine and I will have it. / If you deny me, fie upon your law! / There is no force in the decrees of Venice. / I stand for judgment: answer; shall I have it?" (Ato IV, Cena 1).

Neste particular, Shakespeare mandava um recado para os senhores de escravos da sua época, pois a discussão acerca da moralidade dessa abominável forma de exploração humana já provocava debate (o tráfico de escravos, contudo, só foi abolido no Reino Unido em 1807). A força do argumento de Shylock gravita ao redor do poder que se dá à lei e aos contratos. O judeu contratou a multa — o mercador Antônio concordou com os termos dela quando celebrou o acordo. Portanto, o Estado deve proteger o negócio sob pena de se fragilizar, de gerar incertezas, sendo irrelevante quaisquer outras considerações, inclusive de ordem moral. De outro lado, qualquer lei ou acordo merece tutela, independentemente de seu objeto? E a escravidão? E os contratos que retiravam, literalmente, a vida e a liberdade das partes?

No curso do julgamento, quando Shylock apresenta ao Doge, soberano de Veneza, seu caso de forma linear — um contrato que se deseja cumprir, não havendo qualquer dúvida acerca de seu conteúdo ou de sua interpretação —, surge o jovem Baltasar, especialista em leis, que se apresenta para auxiliar na solução do conflito. Na verdade, Baltasar é Pórcia disfarçada. Ela não suportou aguardar os acontecimentos em Belmonte. Sem nada contar ao seu marido, Pórcia, acompanhada de sua ajudante Nerissa, segue para Veneza, fantasia-se de jurista e mete-se no tribunal.

No início de sua participação no julgamento, Baltasar (*"aka"* Pórcia paramentada) profere um belíssimo elogio à misericórdia. Busca, com isso, adoçar Shylock e seu desejo cego por receber a libra de carne, em vez da soma devida. O judeu não se sensibiliza.

O discurso de Pórcia/Baltasar suscita um questionamento: a misericórdia é um dever legal? Pórcia, no julgamento, diz a Shylock: "O judeu tem de perdoar." Shylock rapidamente redargui: "Eu tenho? Então dizei-me o que me força."[39] Shakespeare quer deixar claro que nem sempre o mais justo corresponde à resposta da lei. Existe uma

---

39 "PORTIA: Then must the Jew be merciful.
SHYLOCK: On what compulsion must I? Tell me that." (Ato IV, Cena 1).

diferença entre o legal e o moral. Há ainda um desdobramento digno de reflexão: mesmo quem não é "bom e correto" pode ter direitos? E, diante disso, merece proteção?

Como Shylock se revela intransigente, Pórcia, fantasiada de Baltasar, diz que o contrato fala apenas de uma libra de carne, mas não faz qualquer referência a sangue. Assim, Shylock estaria autorizado a ficar com a libra, mas não poderia derramar uma só gota de sangue, pois isso não consta do que foi contratado. Na medida em que não seria possível retirar a carne sem o sangue, o acordo se revela inexequível. Eis o que Pórcia explica: "A multa não lhe dá direito a sangue; / 'Uma libra de carne' é a expressão: / Cobre a multa, arrebanhe a sua carne, / Mas se, ao cortar, pingar uma só gota / Desse sangue cristão, seu patrimônio / Pelas leis de Veneza é confiscado, / Revertendo ao Estado."[40]

Diante dessa ponderação, Shylock aceita receber a devolução da quantia emprestada. Porém, já é tarde, explica Baltasar (ou melhor, Pórcia disfarçada). Isso porque, ao reclamar o cumprimento daquele contrato, Shylock atentara contra a vida de um veneziano, o que, por si só, era considerado um crime. Segundo as leis de Veneza, esclarece o jovem Baltasar, se um estrangeiro atentasse contra a vida de um veneziano, deveria perder a metade de seus bens para o Estado e a outra metade para a vítima. Além disso, a sua própria vida apenas seria mantida se colhesse o perdão do Doge de Veneza. Portanto, o judeu deveria deixar metade de seus bens para Veneza e a outra parte para Antônio. Este, contudo, permite que Shylock mantenha a sua metade, desde que se converta ao cristianismo e deixe sua herança para a filha. O Doge, por sua vez, perdoa o judeu no que se refere à pena de morte. Contudo, Shylock perde todos os seus bens materiais. Não apenas seu investimento, mas também seus bens e até mesmo a sua identidade, pois é forçado a abandonar sua religião.

---

40 "This bond doth give thee here no jot of blood; / The words expressly are 'a pound of flesh:' / Take then thy bond, take thou thy pound of flesh; / But, in the cutting it, if thou dost shed / One drop of Christian blood, thy lands and goods / Are, by the laws of Venice, confiscate / Unto the state of Venice." (Ato IV, Cena 1).

Não é difícil perceber a crítica de Shakespeare aos tribunais. O julgamento de Shylock não passa de uma farsa.

No momento histórico em que Shakespeare apresentava suas peças, apenas homens estavam autorizados a subir ao palco. Todos os papéis femininos eram desempenhados por homens, que, quando representavam personagens femininos, se travestiam: maquiavam-se, usavam peruca e afinavam a voz.

A primeira Pórcia foi desempenhada por um rapaz, da companhia teatral de Shakespeare. Quando ele aparecia para a plateia como Baltasar, tratava-se de um homem fantasiado de mulher, fantasiado, mais uma vez, de homem. Uma dupla farsa. O avesso do avesso. Shakespeare dizia muito com isso. Afinal, era uma justiça torta, travestida, disfarçada. Além do mais, na peça, Baltasar (ou melhor, Pórcia) claramente tinha um interesse. Pórcia, sem que Shylock soubesse disso, tinha todos os motivos para proteger Antônio, amigo de seu marido. Eis outra crítica ao judiciário, cujos juízes guardavam interesses ocultos que os faziam proteger uma das partes. O judiciário não passava de uma encenação, num processo que dissimulava a parcialidade.

No julgamento, Shylock não foi auxiliado por um advogado. E como isso lhe fez falta! Seu patrono, caso tivesse um, facilmente alegaria que, ao se contratar uma libra de carne, estava implícito o derramamento de sangue. A interpretação restritiva levantada por Pórcia poderia ser rebatida com bons fundamentos lógicos e legais. Em 1911, o jurista Manuel Inácio Carvalho de Mendonça, em seu *Contractos no Direito Civil Brasileiro*, se vale do caso literário para denunciar o "sofisma" de Pórcia.[41] Entretanto, ninguém ajudou o judeu.

Ao sair do julgamento, Antônio e Bassânio, extremamente agradecidos ao jovem jurista que salvou a vida do mercador, convidam Baltasar para jantar. Este, no entanto, recusa. Oferecem dinheiro ao jurista, que igualmente afasta a oferta. Baltasar, contudo, manifesta

---

41 Manuel Inácio Carvalho de Mendonça, *Contractos no Direito Civil Brasileiro*, Tomo I, 2ª ed., Rio de Janeiro, Freitas Bastos, 1938, p. 19.

interesse pelo anel de Bassânio, aquele mesmo anel que Pórcia lhe entregou como símbolo da união e este prometeu jamais retirar do dedo. Constrangido com a situação, Bassânio acaba por entregar o anel ao jovem jurista, ignorando que, na verdade, dava o objeto à sua própria mulher.

Quando Bassânio retorna a Belmonte, ele ingenuamente imagina que sua mulher ficara o tempo todo lá, à sua espera. Pórcia, ao receber o marido, finge indignação pelo fato de Bassânio não ter mais o anel. Tudo, claro, uma encenação. Depois de deixar seu marido atordoado e sem resposta, Pórcia aparece com o anel. O intrigado Bassânio pergunta como ela havia recuperado o objeto. Pórcia, irônica e cínica, diz que recebera o anel de um jovem jurista que passara na véspera em Belmonte. Logo em seguida, revela todo o ocorrido. A astúcia de Pórcia salvou o dia.

Um final feliz para todos, menos para Shylock (e também pouco feliz para o solitário Antônio).

Muito se discute se *O mercador de Veneza* pode ser qualificada como uma peça antissemita. Harold Bloom, um dos maiores especialistas no cânone shakespeariano do final do século XX, assegurava que sim. Essa opinião está longe de ser unânime. W. H. Auden, com razão, registrou ser difícil analisar objetivamente esse tema depois do holocausto. Talvez a melhor forma de apreciar a questão seja reconhecendo que Shakespeare entregou a resposta a quem quer que examine a peça. Dito de outra forma, a resposta não se encontra na obra, mas no seu receptor — em nós!

Em Londres, na época em que a peça foi elaborada, vivia-se uma onda antissemita. Pouco antes, deu-se um famoso julgamento de um médico português, de origem judaica, Roderigo Lopez, acusado de tentar envenenar a rainha Elizabeth I. Lopez, filho de um judeu convertido, fora promovido a um dos principais médicos da soberana, o que lhe dava acesso ao poder. Contudo, não conseguiu escapar das intrigas da corte. A acusação, segundo muitos, era inverídica. O julgamento do judeu foi uma farsa. Sem verdadeira oportunidade de se defender, atolado em argumentos preconceituosos, o médico foi condenado à forca. Expuseram seu corpo esquartejado em diferentes lugares da capital inglesa. Uma campanha contra os judeus varreu a Inglaterra.

Os teatros, locais de encontro dos bretões de todas as classes, refletiram o fenômeno. O mais popular dos dramaturgos do começo da última década do século XVI, Christopher Marlowe — a grande sensação dos teatros antes da chegada de Shakespeare — apresentou, provavelmente em 1590, *O judeu de Malta*. Nessa peça, o judeu, chamado Barrabás, era um perfeito vilão, malvado e sem escrúpulos. Ele é bem diferente de Shylock, que, embora tenha sido intransigente em cobrar a libra de carne, revela as dores do desprezo e da humilhação social, além da tristeza com a fuga da filha e a saudade da mulher falecida. Em outras palavras, Shylock é humano.

Veja-se, ainda, que a principal fonte de Shakespeare para criar *O mercador de Veneza* foi uma obra chamada *Il pecorone* — "O estúpido" —, atribuída a Giovanni Fiorentino (não se conhece qualquer outra obra desse autor). Em 1558, a história foi publicada em italiano — embora escrita em 1379 pelo seu autor. Shakespeare leu o (ou de alguma forma tomou conhecimento do) original, pois *Il pecorone* não foi traduzido para o inglês naquela época. Dessa obra, Shakespeare retirou a principal linha do enredo adotada em *O mercador de Veneza*, com exceção do julgamento pela urna, colhido da *Gesta Romanorum*, um conto do século XIII.

No original, o judeu sequer tem nome. Ele é tratado somente como o "judeu". Em *Il pecorone*, o judeu não passa de um estereótipo do avarento, extremamente apegado ao vil metal. A diferença para o personagem criado por Shakespeare é extraordinária. Shakespeare dá vida a Shylock, a começar por lhe dar um nome e uma família.

Há outro fato que nega o antissemitismo em *O mercador de Veneza*: a peça foi censurada na Alemanha durante o período nazista. Como se sabe, a Alemanha sempre devotou enorme apreciação ao bardo de Stratford. Suas peças são, há séculos, apresentadas com frequência na terra de Goethe. Isso não deixou de ocorrer durante o nefasto tempo em que os nazistas estiveram no poder. No caso de *O mercador de Veneza*, durante o regime nazista, duas partes foram suprimidas da peça: as referências de que a filha de Shylock, Jéssica, se casa com um cristão, pois não se admitia um enlace com judeus, e a passagem na qual Shylock fala de sua natureza para Salarino, amigo de Antônio:

> "Ele [Shylock fala de Antônio] me desgraçou, prejudicou-me em meio milhão; riu-se das minhas perdas, caçoou dos meus lucros, escarneceu minha estirpe, atrapalhou meus negócios, esfriou minhas amizades, afogueou meus inimigos; e por que razão? Eu sou judeu. Um judeu não tem olhos? Um judeu não tem mãos, órgãos, dimensões, sentidos, afeições, paixões? Não é alimentado pela mesma comida, ferido pelas mesmas armas, sujeito às mesmas doenças, curado pelos mesmos meios, esquentado e regelado pelo mesmo verão e inverno, tal como um cristão? Quando vós nos feris, não sangramos nós? Quando nos divertis, não nos rimos nós? Quando nos envenenais, não morremos nós? E se nos enganais, não haveremos nós de nos vingar? Se somos como vós em todo o resto, nisto também seremos semelhantes. Se um judeu enganar um cristão, qual é a humildade que encontra? A vingança. Se um cristão enganar um judeu, qual deve ser seu sentimento, segundo o exemplo cristão? A vingança, pois. A vileza que

me ensinais eu executo, e, por mais difícil que seja, superarei meus mestres."⁴²

Shakespeare faz questão de externar a humanidade de Shylock. Escapa dos estereótipos.

O mercador de Veneza tem, ainda, uma característica especial dentro do cânone shakespeariano: ela examina de forma sensível as minorias. Há o judeu (Shylock), o homossexual (Antônio), a mulher (Pórcia) e o negro (príncipe de Marrocos). Todas essas pessoas eram discriminadas na sociedade inglesa do final do século XVI.

Uma apreciação da peça sob esse ângulo desperta empatia. Shylock, pela sua religião, é submetido a um julgamento parcial e perde tudo. Antônio, pela sua orientação sexual, não pode expressar seus sentimentos; enquanto há um "final feliz" para os demais personagens, o mercador fica só. Pórcia, porque é mulher, apenas consegue se colocar socialmente quando se veste de homem — um proto *cross dressing*. O príncipe de Marrocos, pela sua cor, é tratado com distância por Pórcia (e não tem as mesmas oportunidades que Bassânio no concurso das urnas). Shakespeare nos projeta nesses lugares vulneráveis. Assim, atentamos às minorias.

Como o bardo sempre surpreende, pode-se, até mesmo, imaginar que ele decidiu homenagear Antônio e sua orientação sexual dando-lhe o título da peça — *O mercador de Veneza* é ele —, embora a participação do comerciante no enredo seja secundária. Com Antônio, Shakespeare antecipa sua galeria dos melancólicos cerebrinos,

---

42 "He hath disgraced me, and / hindered me half a million; laughed at my losses, / mocked at my gains, scorned my nation, thwarted my / bargains, cooled my friends, heated mine / enemies; and what's his reason? I am a Jew. Hath / not a Jew eyes? Hath not a Jew hands, organs, / dimensions, senses, affections, passions? fed with / the same food, hurt with the same weapons, subject / to the same diseases, healed by the same means, / warmed and cooled by the same winter and summer, as / a Christian is? If you prick us, do we not bleed? / if you tickle us, do we not laugh? if you poison / us, do we not die? and if you wrong us, shall we not / revenge? If we are like you in the rest, we will / resemble you in that. If a Jew wrong a Christian, / what is his humility? Revenge. If a Christian / wrong a Jew, what should his sufferance be by / Christian example? Why, revenge. The villany you / teach me, I will execute, and it shall go hard but I / will better the instruction." (Ato III, Cena 1).

como Jacques, de *Como gostais*, e Hamlet. Antônio, logo no início da peça, se define:

> O mundo é mundo para mim, Graziano:
> Um palco, com um papel pra cada um;
> E o meu é triste.[43]

Nessa peça, o dinheiro circula. Os principais personagens sofrem alterações em sua vida financeira. Shylock, um agiota, vive dos juros cobrados em suas transações de empréstimo de dinheiro. Ao fim, perde não apenas o capital emprestado, mas metade de seus bens (e ainda fica obrigado a transferir a outra metade à sua filha). Jéssica, filha de Shylock, obtém patrimônio, primeiro, pelo furto que faz dos bens do pai. Depois, recebe, por sentença judicial, a garantia da herança. Pórcia recebe uma herança. Antônio vive de seus negócios. Pega dinheiro de Shylock e o empresta a Bassânio. Este, que começa a peça devendo, obtém patrimônio pelo casamento. Até Veneza recebe um proveito econômico, pois fica com a metade dos bens do judeu.

Na peça, a pessoa "boa" é aquela que tem patrimônio. Pórcia chega a ser comparada a uma "promissória para dar e receber". No seu momento de dor, Shylock grita de raiva: "A minha filha! Os meus ducados! Filha!" Amor, amizade e dinheiro são colocados no mesmo patamar. Isso é feito com o preciso propósito de nos fazer pensar nessa valoração: o que deve preponderar numa vida saudável?

Há, ademais, outra característica de *O mercador de Veneza*: as confrontações. Judeu e cristão. Homem e mulher. Os "iguais" e os "diferentes". Amor e negócios. Dinheiro e corpo. Veneza e Belmonte. O conteúdo e as aparências. Com isso, Shakespeare, com a sua conhecida generosidade, quer fazer o leitor ou espectador pensar, refletir, divagar.

---

43   "I hold the world but as the world, Gratiano; / A stage where every man must play a part, / And mine a sad one." (Ato I, Cena 1).

Em relação às aparências, vale a pergunta: quem é o vilão da peça? Uma resposta imediata aponta para Shylock, o diferente. Ele aparece em apenas cinco das vinte cenas da peça, mas domina a história. Ele sugere o contrato macabro e exige seu cumprimento, o que traria a morte de Antônio. Durante muitos séculos, a entrada desse personagem em cena suscitava vaias da plateia.

Pórcia, por outro lado, foi considerada a heroína. Exemplo de advogada astuta, que sabe manejar a lei e a oratória. Por essa razão, a primeira faculdade de direito nos Estados Unidos a admitir o ingresso de mulheres, a New England Law, de Boston, foi batizada em sua fundação como Portia Law School. Pórcia era modelar.

Ocorre que Shakespeare jamais é óbvio.

Vimos que a trama dessa peça costura três enredos: a escolha da urna, a garantia da libra de carne e a promessa do anel. Os três remetem a conceitos legais. A identificação do marido de Pórcia pela escolha do anel foi instituída por testamento, um documento jurídico. A garantia da libra de carne pelo pagamento de uma dívida também deriva de um contrato, outro documento jurídico. Por fim, o acordo de jamais tirar o anel, da mesma forma, decorre de um contrato verbal celebrado entre o casal.

Nos três negócios jurídicos, Pórcia, sempre ela, concebe uma forma de burlá-los, para que o resultado seja aquele que a interessa. No episódio da urna, Pórcia faz com que os músicos, pela rima da sua canção, indiquem o resultado ao pretendente por ela escolhido. No julgamento de Antônio, ela consegue reverter a situação — pois Shylock, de autor e credor, passa a ser réu —, com um argumento sofístico, sem revelar que, na verdade, embora indicada para auxiliar na solução do caso, tivesse interesse no desfecho favorável a uma das partes. Por fim, em relação ao anel, Pórcia cria, ela própria, a situação insuportável para Bassânio, que, profundamente constrangido, entrega o anel que prometeu jamais tirar do dedo. E por que Pórcia retira o anel de Bassânio? Talvez para mostrar como ela é bem mais esperta do que ele. Ou, talvez, para estabelecer um pacto consigo mesma de "sologamia", pois recebe o próprio anel e quer, assim, demonstrar sua independência. Em suma, em todos os casos, Pórcia consegue atingir seus objetivos, sempre por meio do "jeitinho".

Mais ainda: Pórcia, no julgamento, revela requintes de crueldade. Quando introduzida ao caso, garante, de pronto, que conhece bem os detalhes da causa, mas, logo em seguida, para dissimular imparcialidade, pergunta quem é o mercador e quem é o judeu. Ora, essa resposta estava evidente pela própria roupa que o judeu deveria vestir.

Pórcia fala lindamente de misericórdia, mas, na prática, não mostra nenhuma misericórdia ao aplicar a lei ao judeu. O discurso pode ser de ouro, mas a prática é de chumbo.

Uma outra forma de ver a trama faz de Shylock vítima de um julgamento parcial, abusado pelo preconceito e sofredor de humilhação social. Shylock perde seus bens e fica obrigado a abandonar sua identidade e religião. Uma vítima. Pórcia, por sua vez, é a solerte, que se vale de estratagemas para atingir seus objetivos. Seria Pórcia a vilã da história?

Não é difícil perceber que *O mercador de Veneza* não serve como o título ideal dessa peça. Afinal, Antônio, o mercador, tem um papel secundário na trama. Não faz sentido que o coadjuvante dê nome à peça. Shakespeare deve ter pensado em nomear sua peça de *O judeu de Veneza*, mas descartou a ideia porque, assim, ficaria muito parecido com *O judeu de Malta*, de seu concorrente Kit Marlowe, escrita alguns anos antes. Melhor título poderia ser *A ardilosa de Belmonte*, a ressaltar as manobras de Pórcia, ou, se se desejasse dar a ela crédito pelos seus artifícios, *A boa esposa de Belmonte*. Mas, quem sabe, até nisso o bardo de Stratford queira nos dar uma lição: a de não se impressionar com o rótulo.

Acredito que se perguntássemos ao próprio Shakespeare se Pórcia era a heroína dessa peça, ele, com um sorriso enigmático estampado no rosto, responderia simplesmente: "Por que se preocupar em encontrar o vilão ou o herói?" Ponto para o bardo.

A força da aparência é um dos temas marcantes em *O mercador de Veneza*. Shakespeare, antes, havia explorado o mesmo em *Romeu e Julieta* e em *Sonho de uma noite de verão*. Na escolha das urnas, há, ao lado da urna de ouro, os seguintes dizeres: "para ganhar o que os homens desejam". Ao abrir a urna, encontra-se a cara da morte. Trata-se de um alerta ao apego às aparências. Ao lado da urna de prata fica o dizer: "para receber aquilo que merece". Dentro da urna, havia a cara de um tolo sorridente. Denuncia-se, aqui, a preocupação excessiva com bens materiais. Por derradeiro, encontrava-se escrito na urna de chumbo: "escolhe a mim quem dá e arrisca tudo". O chumbo é o comum, o ordinário e o não estético. Nele é que se encontra o retrato de Pórcia.

Bassânio, num momento crítico no qual fará a escolha das urnas, o que decidirá seu destino com Pórcia, reflete:

> "O aspecto pode ser contrário à essência —
> O mundo muito engana na aparência —
> Na lei, que causa chega tão corrupta,
> Que a palavra sonora e adocicada
> Não lhe atenue o erro? E, na igreja,
> Que pecado não tem quem, muito austero,
> O abençoe, citando as Escrituras,
> Ocultando o que é sórdido com o belo?
> Não há vício tão claro que não traga
> Vislumbre de virtude em seu aspecto."[44]

O recado do falecido pai com essa forma de escolha é simples: prega-se o desapego. Resta claro, contudo, que Pórcia não aprendeu essa lição.

O discurso de Pórcia, no tribunal, acerca de clemência e misericórdia, é comumente citado por advogados. Vale mesmo repeti-lo:

---

[44] "So may the outward shows be least themselves: / The world is still deceived with ornament. / In law, what plea so tainted and corrupt, / But, being seasoned with a gracious voice, / Obscures the show of evil? In religion, / What damned error, but some sober brow / Will bless it and approve it with a text, / Hiding the grossness with fair ornament? / There is no vice so simple but assumes / Some mark of virtue on his outward parts" (Ato III, Cena 1).

"A graça do perdão não é forçada;
Desce dos céus como uma chuva fina
Sobre o solo: abençoada duplamente,
Abençoa a quem dá e a quem recebe;
É mais forte que a força: ela guarnece
O monarca melhor que uma coroa;
O cetro mostra a força temporal,
Atributo de orgulho e majestade,
Onde assenta o temor devido aos reis;
Mas o perdão supera essa imponência:
É um atributo que pertence a Deus,
E o terreno poder se faz divino
Quando, à piedade, curva-se a justiça.
Assim, judeu, se clamas por justiça,
Pondera: na justiça não se alcança
Salvação; e se oramos por justiça,
Essa mesma oração ensina os gestos
E os atos do perdão."[45]

Trata-se de uma belíssima lição, indicando os limites da saudável aplicação das leis. Ao mesmo tempo, para quem compreende que esse belo discurso sai de uma juíza parcial, trata-se de um alerta para que se busque sempre a compreensão ampla dos acontecimentos, evitando-se a rápida sedução pela palavra.

O mercador de Veneza nada tem de superficial. Sua leitura suscita as melhores reflexões. Shakespeare queria nos fazer pensar, tirar nossas convicções da zona de conforto: onde está a justiça? Onde está

---

45 "The quality of mercy is not strain'd, / It droppeth as the gentle rain from heaven / Upon the place beneath: it is twice blest; / It blesseth him that gives and him that takes: / 'Tis mightiest in the mightiest: it becomes / The throned monarch better than his crown; / His sceptre shows the force of temporal power, / The attribute to awe and majesty, / Wherein doth sit the dread and fear of kings; / But mercy is above this sceptred sway; / It is enthroned in the hearts of kings, / It is an attribute to God himself; / And earthly power doth then show likest God's / When mercy seasons justice. Therefore, Jew, / Though justice be thy plea, consider this, / That, in the course of justice, none of us / Should see salvation: we do pray for mercy;..." (Ato IV, Cena 1).

o preconceito? O ouro vale sempre mais do que o chumbo? Essa obra merecia subtítulo igual ao da urna de chumbo: "Escolhe a mim quem dá e arrisca tudo."

O AUTOR E SUA ASSINATURA

    Monteiro Lobato formou-se em direito aos 22 anos. Concluído o curso em São Paulo, Lobato retorna para sua Taubaté natal. Logo em seguida, é nomeado promotor em Areias, também no interior paulista. Em 1909, herda a fazenda de seu avô, o Visconde de Tremembé. Abandona a vida jurídica para se tornar fazendeiro, o que faz até quando, anos depois, vende a fazenda. Mais do que isso, desde que deixa o Ministério Público, passa a dedicar-se à sua verdadeira vocação: a literatura.

    Lobato sempre foi muito ácido em relação ao universo jurídico. Há vários exemplos em seus escritos de crítica aos bacharéis e aos tribunais. Em 1909, ele publica "Júri na roça", curto e divertido conto, no qual relata o "causo" de uma pacata cidade no interior, paralisada por conta de um júri, que já não ocorria há duas décadas naquele local.

Narra-se com graça o julgamento, pleno dos exageros — e cafonices — da linguagem forense:

> O promotor, sequioso por falar, com a eloquência ingurgitada por vinte anos de choco, atochou no auditório cinco horas maciças duma retórica do tempo do onça, que foram cinco horas de pigarros e caroços de encher balaios. Principiou historiando o Direito criminal desde o Pitecantropo Erecto, com estações em Licurgo e Vedas, Moisés e Zend-Avesta. Analisou todas as teorias filosóficas que vêm de Confúcio a Freixo Portugal; aniquilou Lombroso e mais "lérias" de Garófalo (que dizia Garofalo); provou que o livre-arbítrio é a maior das verdades absolutas e que os deterministas são uns cavalos, inimigos da religião de nossos pais; arrasou Comte, Spencer e Haeckel, representantes do AntiCristo na terra; esmoeu Ferri. Contou depois sua vida, sua nobre ascendência entroncada na alta prosápia duns Esteves do rio Cávado, em Portugal: o heroísmo de um tio morto na guerra do Paraguai e o não menos heroico ferimento de um primo, hoje escriturário do Ministério da Guerra, que no combate de Cerro-Corá sofreu uma arranhadura de baioneta na "face lateral do lobo da orelha sinistra".

Depois de rodopiar, sem qualquer objetividade, o promotor segue:

> Provou em seguida a imaculabilidade da sua vida; releu o cabeçalho da acusação feita no jul-

> gamento-Intanha; citou períodos de Bossuet — a águia de Meaux, de Rui — a águia de Haia, e de outras aves menores; leu páginas de Balmes e Donoso Cortez sobre a resignação cristã; aduziu todos os argumentos do Doutor Sutil a respeito da Santíssima Trindade; e concluiu, finalmente, pedindo a condenação da "fera humana que cinicamente me olha como para um palácio" a trinta anos de prisão celular, mais a multa da lei.

Ninguém tem paciência para o frívolo debate entre o promotor e a defensoria. O juiz, por sua vez, não goza de qualquer autoridade com os jurados, que, desinteressados, dormem e fogem pela janela do fórum. Deixam ao juiz um singelo bilhete: "Sr. doutor juiz, nos desculpe, mas nós condenamos o bicho no grau máximo." Segundo o conto, a palavra "máximo" foi decifrada pelo juiz, pois os membros do júri fugitivos haviam grafado "maquecimo".

O guarda que toma conta do acusado dorme e o réu aproveita para escapar. O juiz — "sessentão, cheio de rabugens, pigarros e mais macacoas da velhice" — xinga a todos — "berrei a plenos pulmões o grande palavrão da língua portuguesa". Em seguida, vai dormir.

De forma zombeteira, Monteiro Lobato denunciava a esculhambação e desordem do júri na cidade pequena, na qual todas as regras são descumpridas. Trata-se, evidentemente, de uma crítica ao sistema judiciário, cujo desencanto o escritor desvelava espirituosamente.

Desde o seu lançamento, em 1949, na *Harvard Law Review*, a revista da Faculdade de Direito da Universidade de Harvard, *O caso dos exploradores de cavernas* — *The Case of the Speluncean Explorers* no original — foi um enorme sucesso, notadamente entre aqueles que iniciavam o curso jurídico, mas também para todos que se interessavam por uma história bem contada.

Seu autor, o harvardiano professor de filosofia do direito Lon Fuller (1902-1978), foi um virtuoso pensador, conhecido crítico do positivismo legal, adepto de uma visão do direito apegada a valores morais — seu trabalho mais famoso é exatamente *A moralidade da lei*, de 1964.

Fuller, entre outros motivos, ganhou notoriedade pelo acirrado debate que travou, em 1958, com outro grande jurista, H. L. A. Hart, também publicado na *Harvard Law Review*. No confronto intelectual, Hart defendeu uma linha positivista, separando o direito da moral, enquanto Fuller entendia que isso não seria possível, na medida em que a moral constituía a própria fonte e justificativa da força do direito.

Embora uma obra atemporal, *O caso dos exploradores de cavernas* não pode ser vista fora de seu contexto. Em 1949, ano da publicação do ensaio, o mundo ainda não havia superado a segunda grande guerra. A Alemanha, com seu sofisticado sistema jurídico e seus talentosos juristas, permitira os horrores do holocausto. O direito havia falhado. Era necessário promover a reconstrução do modelo jurídico.

Lon Fuller, americano de origem judaica, queria incutir em seus alunos um senso crítico ao direito. Como um bom professor, Fuller estava mais preocupado em fazer seus alunos pensarem do que propriamente convencê-los de seu ponto de vista. Em vez de simplesmente enunciar as diversas formas de compreender o fenômeno jurídico, Fuller imaginou uma forma diferente — e instigante — de explicar a dimensão das distintas acepções do direito: ele contou a história de um julgamento e de como cada um dos cinco juízes, cada qual com suas convicções, se manifestou.

O caso fictício se passa em um futuro distante — o ano de 4300 não é um acaso. Ele se encontra a aproximadamente 2.400 anos para frente da data em que a obra foi escrita. Os mesmos 2.400 para trás separavam o autor do mundo clássico grego — quando foram elaboradas a *Oresteia* e *Antígona*, de que acabamos de falar —, o berço da civilização ocidental. Também há referência, pelos julgadores, de que se trata de um mundo reconstruído, tal qual ocorria em 1949, quando a civilização ainda buscava a reestruturação após o fim da Segunda Grande Guerra.

Como narra o juiz relator do caso, cinco homens ficaram presos em uma caverna, em razão de um deslizamento que bloqueou a sua entrada. Em poucos dias, os suprimentos acabaram. Já não havia comida ou água. No vigésimo dia de confinamento, consegue-se estabelecer, por meio de um rádio, contato com os exploradores. Eles são informados de que, não obstante os gigantescos esforços para libertá-los (que, inclusive, haviam consumido grande quantidade de dinheiro e ocasionado a morte de dez operários), seriam necessários, no mínimo, ainda outros dez dias de trabalho até que fosse desobstruída a entrada da gruta. Diante desse cenário, os exploradores da caverna estavam condenados a morrer de inanição, esclareceram os médicos consultados por rádio. Um dos confinados, Roger Whetmore, indaga aos médicos se haveria chance de ao menos quatro deles sobreviverem caso um se sacrificasse para alimentar os demais. Embora relutantes, os médicos confirmaram que essa seria a única chance de resistir. Em seguida, perdeu-se o contato pelo rádio. Ao abrir o acesso à caverna, dias depois, encontram-se quatro exploradores vivos. O quinto, Roger Whetmore, fora morto pelos demais, que, em seguida, o devoraram. O canibalismo foi fundamental para que todo o grupo não morresse de inanição.

Como se apurou, no momento em que os cinco exploradores perceberam que não haveria chance de sobreviverem, salvo se um deles se sacrificasse, convencionaram promover um sorteio para escolher qual deles deveria morrer para que os demais tivessem a oportunidade de viver. O próprio Roger Whetmore indicara que essa escolha fosse feita por um jogo de dados. Contudo, Whetmore, no meio do processo de sorteio, pretende abandonar o combinado. Os demais não aceitam a postura do companheiro de expedição. Whetmore acaba sorteado e é morto e devorado.

Os quatro sobreviventes são levados a julgamento perante a fictícia corte de Newgarth. Cinco juízes proferem seus votos: Truepenny, Foster, Tatting, Keen e Handy. Cada julgador apresenta um voto consistente. Cada qual com um fundamento distinto. Uns condenam, outros absolvem, um quinto, também por motivos respeitáveis, se abstém de proferir seu veredicto. O leitor toma ciência da sólida fundamentação dos juízes em seus votos, nos quais expressam suas convicções de forma racional.

Eis o grande objetivo do notável *O caso dos exploradores de cavernas*: os mesmos fatos aceitam interpretações diversas. As normas admitem diferentes leituras. Bons e honestos juízes podem chegar a conclusões distintas sobre a mesma situação, com base nas mesmas leis.

Como fica claro nessa obra, a força da interpretação reside na coerência dos conceitos adotados. Na obra, cada um dos juízes perfilha uma conhecida corrente de aplicação do direito.

O primeiro julgador, Truepenny — uma tradução desse nome para português poderia ser "verdadeira moeda" —, reconhece que a lei condena à morte quem matar e, diante disso, condena os réus. Contudo, sugere que, pelas circunstâncias, seja oferecida clemência aos exploradores sobreviventes, o que apenas poderia ser feito pelo chefe do executivo do Estado. O segundo, Foster — em português, "acolher" ou "fomentar" —, defende a aplicação do direito natural ao caso, excepcionando a literalidade da regra legal, a fim de absolver os exploradores. Foster trata de um tema fundamental na interpretação jurídica: a letra da norma *versus* o seu espírito. O terceiro juiz, Tatting — palavra que pode ser traduzida por "esfarrapar" —, tenta separar a emoção do racional, mas acaba, seguindo uma linha sentimental, por entender que não tem condições de julgar, abstendo-se de oferecer seu julgamento. Keen — "arguto" em português — afasta qualquer aspecto moral de sua decisão, valendo-se apenas do comando da lei. No caso, a lei condena à morte quem matar; filiando-se à corrente positivista, condena os réus. Por fim, o juiz Handy — "prático" — leva em consideração o senso comum e a opinião pública para julgar de forma favorável aos exploradores.

A escolha de interpretação por um prisma — seja o da equidade, do direito natural, do sentimentalismo, do positivismo, do realismo, entre tantas outras formas de aplicar o fenômeno jurídico — é o primeiro — e talvez o maior — desafio do jurista. Tanto em 1949, ano em que foi publicado *O caso dos exploradores de cavernas*, como em nossos dias, encontrar a correta interpretação das regras para a melhor aplicação do direito persiste como a grande fonte de inquietude e, ao mesmo tempo, de estímulo aos advogados, juízes e quem mais se dedicar ao mundo jurídico.

O *Digesto* — obra que compila as lições clássicas do direito romano — registra um fundamental conceito de interpretação: *Non ex regula ius sumatur, sed ex iure quod est regula fiat,* ou seja: da regra não se extrai o direito; ao contrário, a essência do direito é que cria a regra. Com efeito, o direito precede a regra, que deve ser lida e compreendida inserida em um sistema. Do contrário, as regras perderiam a sua consistência e estabilidade. O ordenamento jurídico tem grandes vetores, que orientam a interpretação das normas. Assim, a aplicação das regras demanda o conhecimento orgânico.

O caso dos exploradores de cavernas expõe os inúmeros modelos de percepção do fenômeno jurídico, que se originam de opções ideológicas respeitáveis. A construção dessas interpretações parte de premissas e escolhas: é correto prestigiar a segurança jurídica acima de tudo? O juiz deve estar sempre atento aos efeitos sociais de sua decisão? Há regras da nossa natureza que preponderam diante das regras feitas pelo homem? Quando se reconhece uma injustiça, a lei deve ceder? A clemência é a porta para a arbitrariedade? Esses questionamentos não têm fim. As respostas a essas e a tantas outras indagações moldam as convicções que determinam a orientação adotada.

O caso dos exploradores de cavernas demonstra que não há, intrinsecamente, uma melhor forma de se interpretarem as leis. Vê-se que há diversos prismas, respeitáveis e honestos, de ler as normas. Para que qualquer dessas posições faça sentido, elas devem guardar coerência, porque, apenas dessa forma, o sistema se solidifica — e se encontrará um seguro ordenamento jurídico, em vez de leis cadentes, sem comunicação entre si.

Assim como a linguagem, o direito não surgiu como um presente divino. Decorreu, antes, de uma lenta e contínua construção humana. O aplicador do direito é um operário dessa obra e, nessa condição, tem enormes responsabilidades. Em *O caso dos exploradores de cavernas,* o voto de cada um dos juízes — carregando consigo os valores e as convicções de seus prolatores — tinha o peso da vida de quatro seres humanos. Os ideais, que animam a interpretação, têm consequências. O direito não foi concebido para tratar de hipóteses: o direito cuida da vida prática. As crenças do aplicador e intérprete da norma, portanto, têm efeitos concretos para a sociedade.

O iniciante no estudo jurídico, ao ser exposto ao *O caso dos exploradores de cavernas*, percebe, perplexo, a instigante complexidade da aplicação do direito. Um estímulo que se colhe dessa obra: que mundo enorme a explorar, com tamanhas inteligências; a interpretação do direito não comporta confinamentos. Ao contrário, ela deve ser regada de criatividade, de sensibilidade, de reflexão e muito estudo. Uma advertência: esse vasto mundo se sustenta apenas nas firmezas ideológicas, em um sistema cuja fragilidade ou força repousa na firmeza das convicções e no domínio da dogmática jurídica. Para aplicar o direito, precisa-se respeitá-lo, conhecê-lo e, até mesmo, amá-lo. *O caso dos exploradores de cavernas* tem o enorme mérito de incutir no leitor a convicção da riqueza do estudo de direito.

Se os juízes da obra acertaram ou erraram nos seus votos, parece ser, ao fim da deliciosa leitura, um questionamento menor. O proveito da leitura dessa obra reside em atentar para a construção dos argumentos adotados. A força da posição de cada um deles se encontra na coerência e no peso do valor social que protegem. A interpretação se constrói a partir dos valores eleitos, que garantem coerência e harmonia na aplicação do direito.

Desde sempre, os julgamentos foram utilizados como matéria-prima na literatura e no teatro. Anteriormente relatamos a trilogia *Oresteia*, escrita séculos antes de Cristo, cujo clímax se dá num julgamento. Shakespeare, na maior parte de suas obras, valia-se desse recurso. Afinal, o julgamento mantinha a atenção da plateia, curiosa para conhecer seu desfecho.

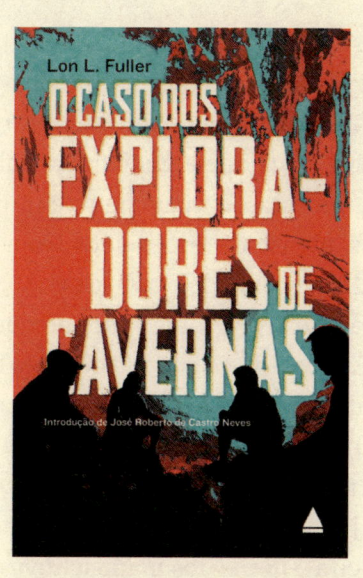

O CASO DOS EXPLORADORES DE CAVERNAS TORNOU-SE CÉLEBRE E GANHOU MUITAS EDIÇÕES NO BRASIL

Num dos mais importantes livros brasileiros do século XX, *Incidente em Antares*, de Érico Veríssimo, o ponto alto da trama ocorre no julgamento. Trata-se, contudo, de um julgamento peculiar, pois, no livro, alguns mortos, na cidade fictícia de Antares, voltam à vida e promovem o julgamento dos que ainda estão aqui.

Veríssimo escreveu esse livro em 1971, quando vigorava o governo militar no Brasil. As liberdades civis se encontravam severamente tolhidas, e a obra, de forma indireta (até porque havia censura), expõe a falta de liberdade.

Conta-se que, na cidade de Antares, situada no interior do Rio Grande do Sul, diante da greve dos coveiros, sete defuntos, ainda insepultos, ressuscitam. Como já estão mortos, sentem-se à vontade para criticar a sociedade. São sete mortos-vivos, entre eles um advogado, uma prostituta, um bêbado e um jovem pacifista (falecido em decorrência da tortura que recebeu da polícia).

Tudo é narrado com muita graça. Numa passagem, Érico Veríssimo conta o diálogo entre duas pessoas falando sobre escritores. Entre Tolstói e Jorge Amado, cita-se o próprio Veríssimo. Contudo, espinafram o Veríssimo, tachando-o de "inocente útil", por colocar "sujeitas e despautérios" em seus livros.

Como se adiantou, quando os mortos retornam a este mundo, seguem para o centro da cidade e iniciam um julgamento dos vivos. Como registra uma defunta, "o mau cheiro é muito do meu cadáver, mas é mais do pensamento de vocês, seus trapaceiros ordinários!". Um outro defunto diz ao venal delegado de polícia da cidade: "Estou morto e podre. Você está vivo e mais podre do que eu. Podre de alma. Podre de coração." E prossegue: "Sou um defunto legítimo e, portanto, estou livre da sociedade capitalista e dos seus lacaios como você, seu canalha ordinário, bandido, assassino, filho de uma grandessíssima puta!" O advogado morto, no meio da multidão, é direto: "Mas basta de metáforas! [...] Vamos a fatos. Povo de Antares, colendo juiz de direito, eu acuso [e cita o nome dos mandachuvas locais] de peculato e enriquecimento ilícito à custa dos cofres públicos!" O advogado denuncia publicamente as tramoias dos poderosos. Quando a verdade vem à tona, o sistema não resiste.

Ao fim do romance, a imprensa corre para Antares, a fim de se inteirar do fantástico incidente. O padre Pedro-Paulo lhes diz:

> — Se eu começar a contar a vocês o que vi e ouvi nestas últimas trinta horas, eu mesmo acabarei duvidando não só das minhas palavras como também da minha memória e até da minha razão. Querem um conselho? Deixem os mortos em paz. Tratem dos vivos, ou, antes, dos subvivos.
>
> — Que subvivos?
>
> — Os marginais que se encontram numa condição mais animal do que humana. Os nossos favelados.

Érico Veríssimo, assim, coloca toda a sociedade sob julgamento. É o que a boa literatura faz.

A literatura como fonte de princípios

Um dos grandes objetivos e desafios do Estado é julgar corretamente seus membros. Se o Estado não promove julgamentos justos, está condenado a não subsistir por muito tempo. Afinal, legitimamente, a humanidade aspira por justiça.

Um grande passo para esse fim é a organização de um sistema legal, com regras claras e juízes isentos. Normas que espelhem os valores reconhecidos como positivos pela sociedade.

Ainda assim, não raro, há distorções. Por vezes, o mesmo fato, em situações semelhantes, ganha julgamentos diferentes, recebendo respostas díspares do Estado. Um determinado juiz absolve um sujeito desempregado que roubou um pão para dar de comer à sua família, enquanto outro juiz, ao examinar uma circunstância em tudo idêntica, condena o faminto homem. Nos dois casos, os julgadores se valeram corretamente de regras legais, dando-lhes uma adequada interpretação. A diferença do resultado ficou por conta dos valores que cada um dos magistrados entendeu por bem prestigiar.

Essa divergência pode existir. Até natural que ocorra. Há julgadores mais severos, outros lenientes. Uns atentam demasiadamente à letra da lei. Outros são mais sensíveis aos efeitos sociais de suas decisões. Há, como se sabe, uma infinidade de fatores que emocionam os juízes. De toda forma, idealmente, o resultado das decisões sobre o mesmo fato não deve diferir de forma exorbitante. A isonomia — ou, ao menos, uma razoável isonomia — é um componente da justiça.

A literatura funciona como um importante fator de equalização da formação ética dos profissionais de direito. Ademais, ela higieniza nossos preconceitos, ajudando a formar conceitos.

As pessoas podem — e devem — ter compaixão dos retirantes nordestinos. Contudo, a leitura de *Vidas secas*, de Graciliano Ramos, torna mais vivo esse sentimento solidário. Sabe-se o que são o ciúme e a inveja. Para quem leu *Otelo*, de Shakespeare, o ciúme, a inveja e seus efeitos ficam expostos, garantindo, para o leitor, uma sensibilidade especial a esses fenômenos. Amar ao próximo não é uma qualidade exclusiva de quem leu o *Novo Testamento*, mas quem leu foi revelado (ou reforçado) a respeitar esse valor de modo contundente. Os exemplos se seguem.

Se todos os profissionais de direito conhecessem os clássicos literários, possivelmente haveria uma concordância maior entre os princípios que escolhem como orientadores de suas ações.

Quanto mais os julgadores tiverem acesso à cultura, maior a chance de uma razoável harmonia de suas decisões, garantindo-se que a isonomia não fosse dilacerada com decisões judiciais assustadoramente díspares.

Evidentemente, a leitura não garante o pensamento idêntico das pessoas — isso sequer seria desejável. Na verdade, a literatura, entre seus benefícios, abre espaço para opiniões diferentes. Entretanto, ela aproxima as pessoas em relação aos princípios que merecem respeito. Em outras palavras, pode-se disputar um determinado tema — como se alguém deve ser preso por roubar um pedaço de pão para dar de comer à sua família faminta —, mas seria preferível que as pessoas que discutissem o assunto estivessem de acordo que o valor mais elevado a se proteger é a dignidade da pessoa humana.

O melhor ordenamento jurídico será aquele que se coloca mais próximo da sociedade que ele visa a regular. Idealmente, o direito deve refletir os anseios da comunidade.

> Quando deres ouvidos à voz do Senhor teu Deus, guardando os seus mandamentos e os seus estatutos, escritos neste livro da lei, quando te converteres ao Senhor teu Deus com todo o teu coração, e com toda a tua alma.
>
> Porque este mandamento, que hoje te ordeno, não te é encoberto, e tampouco está longe de ti. Não está nos céus, para dizeres: Quem subirá por nós aos céus, que possa me entregar, a fim de que possa ouvi-lo e assim o cumprir? Nem tampouco está além do mar, para dizeres: Quem passará por nós além do mar, para que me traga, a fim de que possa ouvi-lo e assim o cumprir? Porque esta palavra está mui perto de ti, na tua boca, e no teu coração, para que tu a ponhas em prática.

Eis um trecho colhido do Deuteronômio (30:10-14). "Deuteronômio", palavra de origem grega, significa "segunda lei". Trata-se do último dos cinco livros do Pentateuco. Esse título foi dado pelos gregos, quando traduziram do original. Em hebraico, o nome do texto, como era comum, repetia a primeira frase do texto, que era: "Estas são as palavras que Moisés falou." Ele reúne sermões atribuídos a Moisés, grande líder israelita.

Na passagem acima, Moisés, que entregou os dez mandamentos ao seu povo, explicita essa ideia fundamental: a lei é boa quando já se encontra incorporada à sociedade. A lei vale quando espelha os valores da sociedade.

Quando Moisés desce do monte Sinai com os dez mandamentos — não matar, honrar os pais, não furtar, ... —, apresenta valores aprovados pela sua comunidade. Não serviria de nada se houvesse um mandamento como "Não sorria", "Não seja gentil", ou algo semelhante. A sociedade não acolheria essa regra na medida em que, como menciona o Deuteronômio, essa regra não está no coração.

Já se disse que a literatura é um maná de valores. Quando lemos um bom livro, somos levados a reavivar esses valores — muitas vezes, lamentamos a falta que eles fazem.

PÔSTER DE 1910

O livro mais vendido no século XIX foi *A cabana do pai Tomás* — no século XX, perdeu apenas para a Bíblia. A sua autora, Harriet Beecher Stowe, uma professora norte-americana, tinha forte opinião contra a escravatura, ainda vigente em seu país quando a obra foi publicada, em 1852.

O livro narra a história de Tom, escravizado morador de Kentucky, que passa por diversos "donos", mais ou menos cruéis. Tom é separado de sua família, mas resiste a tudo, com dignidade, abraçado à sua fé cristã. Recusa-se a cumprir ordens de chicotear outro escravo. Por conta disso, Tom sofre um espancamento. Nada, contudo, abala sua fé. Tom se transforma numa resistência moral. Seu dono decide matá-lo. Até mesmo no seu derradeiro momento, o escravo perdoa seus algozes.

O livro foi um estrondoso sucesso. Ele denunciava a escravidão: tornava nobre o escravo e selvagem seu proprietário. Muito popular, a obra abolicionista conscientizou a América do Norte de falta de humanidade daquele modelo. Segundo uma lenda, o presidente Abraham Lincoln, ao ser apresentado a Harriet Beecher Stowe, teria dito que *A cabana do pai Tomás* fora responsável pela guerra civil que, de 1860 a 1865, dividiu o país, pois, afinal, um dos grandes temas da divergência entre os estados separatistas e a união se relacionava ao fim da escravidão.

A literatura, com o livro da professora norte-americana, foi responsável, a partir da denúncia dos horrores da escravidão, por fomentar o valor da liberdade. A sociedade caminhou com ele, razão pela qual muitos defendem que esse romance alterou o rumo da história.

O jurista e filósofo Miguel Reale nos indaga: "Por que o juiz deve apoiar-se na lei? Quais as razões lógicas e morais que levam o juiz a não se revoltar contra a lei, e a não criar solução sua para o caso que está apreciando, uma vez convencido da inutilidade, inadequação ou da injustiça da lei vigente? Por que a lei obriga? Como obriga? Quais os limites lógicos da obrigação legal?"[46]

---

46   Miguel Reale, *Filosofia do direito*, 19ª ed., Rio de Janeiro, Saraiva, 2000, p. 10.

A resposta a essas fundamentais perguntas se encontra, em última análise, nesses valores. Como ensina Hans Kelsen, "o fundamento de validade do direito positivo é essencialmente vinculado ao seu conteúdo".[47] Se uma norma se distancia profundamente de um valor acolhido pela sociedade, é sinal de que a norma perdeu seu propósito. As normas jurídicas têm sua estrutura — sua forma — e nisso são uma linguagem. Mas guardam também uma função — um propósito socialmente justificável. Sem estrutura, a norma deixa de ser cognoscível. Sem função, ela perde sua finalidade.

A boa literatura serve para semear e oxigenar os valores, necessários para fortalecer o ordenamento jurídico e a coletividade que dele se serve. Um bom exemplo disso é o poema do pastor luterano Martin Niemöller, feito a partir de um sermão proferido no início de 1946:

> Quando os nazistas vieram buscar os comunistas,
> eu me calei; eu não era comunista.
> Quando eles prenderam os sociais-democratas,
> eu me calei; eu não era um social-democrata.
> Quando eles vieram buscar os sindicalistas,
> eu me calei; eu não era um sindicalista.
> Quando eles buscaram os judeus,
> eu me calei; eu não era um judeu.
> Quando eles me vieram buscar,
> já não havia ninguém que pudesse protestar.

A Alemanha, na época, amargava uma derrota completa, no campo militar e moral. Niemöller falava do que havia ocorrido na sua terra natal. Contudo, a necessidade de estimular a empatia não se limita

---

47 Hans Kelsen, *A justiça e o direito natural*, 2ª ed., Coimbra, Arménio Amado Editor, 1979, p. 170.

àquele momento histórico. A lição do poema era universal. Tamanha é a força desses versos que ele recebeu diversas adaptações.[48]

JUSTIÇA

Quando a civilização pretendeu organizar uma explicação filosófica para embasar o ordenamento jurídico, os conceitos de justiça e direito eram indistinguíveis. Nem sequer se cogitava de um direito afastado da justiça, pois a justiça, em última análise, servia de fundamento para as regras legais.

Ao longo do tempo, esses conceitos ganharam distância entre si. Embora seja melhor que as normas jurídicas espelhem justiça, essa identidade e comunhão já não se apresenta como um requisito. Tome-se, por exemplo, a situação das regras que limitam, no tempo, o exercício de certo direito, como a prescrição e a decadência. Não raro, essa restrição faz com que uma pessoa, pela sua inércia no decurso do tempo, não possa mais reclamar um crédito legítimo, ou postular o reconhecimento de uma verdade — embora esse crédito exista. Ou seja, essas normas por vezes acarretam injustiças, o que não impede que sejam respeitadas como lei.

Contudo, essencialmente, o direito deve mirar na justiça. O Estado deve mirar na justiça. Nós todos, cotidianamente, devemos mi-

---

48   Tal como em "É preciso agir", do dramaturgo e poeta alemão Bertolt Brecht (obra posterior à de Niemöller): Primeiro levaram os negros / Mas não me importei com isso / Eu não era negro / Em seguida levaram alguns operários / Mas não me importei com isso / Eu também não era operário / Depois prenderam os miseráveis / Mas não me importei com isso / Porque eu não sou miserável / Depois agarraram uns desempregados / Mas como tenho meu emprego / Também não me importei / Agora estão me levando / Mas já é tarde. / Como eu não me importei com ninguém / Ninguém se importa comigo.

rar na justiça. Quando o Império Romano ruía, Santo Agostinho, na sua *Cidade de Deus*, ofereceu a seguinte reflexão: "Se não houver justiça, o que são os reinos senão grandes roubalheiras?" A justiça, afinal, oferece um sentido digno.

A dramaturgia grega clássica é formada por três excepcionais dramaturgos: Ésquilo, Sófocles e Eurípedes. Com características particulares, essa trinca de gênios criou, no século V a. C., peças extraordinárias, que, até hoje, servem de modelo para os mais variados fins.

O mais moço deles, Eurípedes, chega, nas suas obras, a tratar, inclusive, de temas psicológicos das personagens, embora o assunto maior, como nas demais peças desse período, gravite ao redor das relações do Homem com o poder.

Numa de suas mais marcantes peças, encenadas pela primeira vez em 424 a. C., Eurípedes conta o drama de Hécuba.

Hécuba é a rainha da Troia derrotada, já dominada pelos gregos, vencedores do famoso conflito. Após a queda de sua cidade, as troianas são entregues aos gregos como escravizadas. Como não há bons ventos para o retorno à casa dos navios vencedores, o fantasma de Aquiles, herói grego morto no confronto, aparece para dizer que a princesa troiana, a virgem Políxena, filha de Hécuba, deve ser sacrificada. Odisseu, outro líder grego, vai ao encontro de Hécuba, rainha da destruída Troia, para levar-lhe a filha Políxena.

Hécuba retrata um tema comum da tragédia grega, especialmente na obra de Eurípedes: a mulher sem proteção, desamparada.

Ao ser informada que os gregos decidiram sacrificar a sua filha, a casta e pura Políxena, Hécuba se desespera. Procura Odisseu, um dos líderes dos gregos:

> Peço a graça de então e suplico-te,
> não me arranqueis minha filha,
> nem a mateis: mortos há o suficiente.

> A rainha destronada suplica a Odisseu que convença os demais a desistir do holocausto:

> A tua reputação, mesmo se falares mal,
> convencerá: igual discurso, partindo de insignes
> e de insignificantes, não tem a mesma força.

Hécuba registra a importância da fonte do discurso. Sendo Odisseu homem e grego, suas palavras terão mais força do que as dela, mulher, estrangeira, derrotada e cativa.

Hécuba esperava contar com a ajuda de Odisseu para salvar sua filha Políxena. Isso porque, ainda antes do desfecho da guerra, Odisseu foi reconhecido como espião, dentro dos muros de Troia. Hécuba, na ocasião, permitiu que Odisseu escapasse da morte certa. Este, portanto, tinha um dever de gratidão com Hécuba. Odisseu, contudo, não se apieda com o desespero de Hécuba. Ele alega que seu dever de reciprocidade se relacionava diretamente a Hécuba, mas não à filha desta. O grego se revela profundamente ingrato.

Políxena, altiva, lembrando à mãe sua condição, diz preferir a morte à escravidão. Com isso, Políxena segue seu terrível destino.

Ao mesmo tempo, Hécuba toma ciência de que seu filho mais novo, Polidoro, é assassinado. Ocorreu que o rei de Troia e marido de Hécuba, Príamo, entregou, pouco antes do fim da guerra, o príncipe Polidoro aos cuidados de Polimnestor, soberano de um reino afastado de Troia. Com o príncipe, foi uma parte dos tesouros de Troia. Quando Troia caiu, Polimnestor matou o menino, a fim de se apoderar do tesouro. Eurípedes, também nesse episódio, demonstra como os bons valores se fragilizam diante da ganância.

Hécuba recebe o cadáver do menino, seu filho, quando preparava os funerais de Políxena. Desesperada, Hécuba vai a Agamêmnon, supremo líder dos gregos, pedindo que vingasse a morte de Polidoro:

> Agora nós somos escravos e talvez sem força;
> Mas têm força os deuses e o que sobre eles tem poder,

> a lei: por meio da lei cremos nos deuses e vivemos
> distinguindo as coisas injustas e justas;
> se ela, estando nas tuas mãos, for eliminada,
> e não pagarem sua pena aqueles que matam
> hóspedes ou ousam pilhar as coisas sacras dos deuses,
> não há nada daquilo que, entre os homens, é seguro.
> Pondo isso entre o que é vergonhoso, respeita-me,
> apieda-te de nós, e, afastado como o pintor,
> olha-me e examina os males que eu suporto.
> Fui soberana um dia, mas agora sou tua escrava

Hécuba evoca uma ordem superior, que separa o justo do injusto. É com base nessa ordem que ela clama pela ajuda de Agamêmnon. O líder grego pondera:

> Eu de ti, de teu filho, de tua fortuna
> E de tua mão suplicante, Hécuba, apiedo-me,
> e quero, devido aos deuses e à justiça,
> que o hóspede ímpio pague por ti essa pena,
> se ela se mostrasse tal que a ti beneficiasse,
> e ao exército eu não parecesse, graças a Cassandra,
> querer esse assassínio contra o rei trácio.
>
> [...]
>
> Hécuba: [...] Não existe nenhum mortal que seja livre:
> ou é escravo de bens ou o é da fortuna,

ou a multidão da cidade ou a letra das leis impede
que ele faça uso dos meios conforme sua inclinação.
Mas já que tens medo e governas mais para a multidão,
Eu te tornarei livre desse temor.

[...]

Agamêmnon: Como? O que farás? Matarás o homem bárbaro
Com velha mão, tomando uma espada,
Com venenos ou com alguma ajuda?
Que mão estará contigo? Onde arranjarás amigos?

Hécuba: Esses tetos aí escondem uma multidão de troianas.

Agamêmnon: Falas das prisioneiras, o butim dos helenos?

Hécuba: Com elas me vingarei do assassino dos meus filhos.

Agamêmnon: Mas como com mulheres haverá poder sobre homens?

Hécuba: Assombrosa é a multidão e invencível quando movida por um propósito.

Agamêmnon: Assombrosa; mas eu desconsidero a força feminina.

Como Agamêmnon não a ajuda, Hécuba, liderando suas companheiras de cativeiro, leva adiante sua vingança. Numa emboscada, Hécuba e as troianas arrancam os olhos de Polimnestor e matam seus filhos. Agamêmnon, que compreende a ira das troianas, condena Polimnestor a ser abandonado numa ilha deserta.

Finalmente, chegam os bons ventos e as naus gregas podem retornar.

Eurípedes apresenta o mundo pelo prisma dos vencidos, para, a partir daí, colher alguma reflexão.

Hécuba tornou-se conhecida como a *mater dolorosa* pagã. Em *Hécuba*, Eurípedes trata da opressão pelos poderosos. Afinal, não há bons exemplos dos vencedores. Eles não são heróis. Apresentam-se os gregos como estupradores, ingratos, infanticidas e impiedosos. Seres desprezíveis. Até o arauto grego, homem comum, tem sentimentos mais nobres do que os líderes. Não há sentido na guerra. Os deuses não escutam as súplicas dos mortais. A justiça divina falha. Se não há justiça nos deuses, o que se pode esperar da justiça dos homens?

Eurípedes, de forma precursora, coloca o homem no centro do mundo. Os deuses têm ingerência relativa sobre os nossos destinos. A natureza humana, que nos distingue e nos une, é, ao mesmo tempo, vilã e heroína. Não importa a origem, se grega ou troiana, masculina ou feminina, nobre ou plebeia, somos todos humanos. Somos o que fazemos. As nossas ações determinam nosso valor.

Onde está a justiça nessa peça de Eurípedes? O que pode fazer uma mãe diante de tanta iniquidade em relação a seus filhos?

Enquanto somos capazes de entender as condutas justas e boas, o mal é incompreensível. Mais grave, como nota o professor de literatura de Oxford Terry Eagleton, "quanto menos sentido ele [o mal] faz, pior ele é".

Desvendar a essência dos atos nos permite identificar sua correção, sua justiça. A literatura demonstra que a qualificação do mal sem compreender as circunstâncias não serve, tal como a condenação de uma pessoa antes de se inteirar das peculiaridades dos acontecimentos. Diante de uma conduta malvada, o bom intérprete buscará enxergar as entranhas do ato. Imagine-se, numa ficção, uma moça possuída pelo demônio. Se se entender que o mal é o coisa-ruim, que se apoderou da mulher, esta é inocente — a ponto de receber nossa misericórdia —, pois todos os seus atos decorrem de sua sujeição. Caso, entretanto, se verifique que o mal está na moça, os seus atos perniciosos decorrem de sua própria essência. Como se vê, é fundamental compreender, tanto para perdoar como para promover uma punição proporcional.

O Velho Testamento cristão insere, no Livro de Daniel, a história de Suzana e os anciãos. Daniel foi um sábio judeu que viveu na época do exílio de seu povo na Babilônia.

SUSANA E OS ANCIÃOS, POR ARTEMISIA GENTILESCHI

Conta-se, no Velho Testamento, a história de Suzana, bela judia casada com Joaquim. Na casa deles, havia um jardim, onde os judeus, na época exilados na Babilônia, se reuniam. Entre os que costumavam visitar a casa de Joaquim, havia dois anciãos, recentemente nomeados juízes pelo povo. Esses dois anciãos se encantaram pela beleza de Suzana. Um dia, sorrateiramente, os dois velhos voltaram ao jardim e se esconderam atrás da mata, para assistir a Suzana tomar banho. Aproveitando-se de Suzana estar só, os dois anciãos pulam em cima dela, tentando agarrá-la. Sem pudor, pediram para que Suzana se entregasse a eles. Como Suzana prontamente repudiou a investida, os velhos ameaçaram: "Se recusares, iremos denunciar-te: diremos que havia um jovem contigo, e que foi por isso que fizeste sair tuas servas."

Suzana, mesmo diante da ameaça, recusa a abordagem. Com os gritos, os empregados da casa aparecem. Os velhos mantêm sua falsa versão e a bela Suzana é levada a julgamento.

Diante da Assembleia, os juízes anciãos declaram:

> Quando passeávamos pelo jardim, ela entrou com duas servas; depois fechou a porta e mandou embora suas acompanhantes. Então, um jovem que se achava escondido ali, aproximou-se e pecou com ela. Nós nos encontrávamos em um recanto do jardim. Diante de tal falta de vergonha, corremos para eles e os surpreendemos em flagrante delito. Não pudemos agarrar o homem, porque era mais forte do que nós, e fugiu pela porta aberta. Ela, nós apanhamos; mas quando a interrogamos para saber quem era o jovem, recusou-se a responder. Somos testemunhas do fato.

Como se tratava de anciãos e juízes do povo, a Assembleia condenou Suzana à morte. A inocente Suzana, narra a Bíblia, orou. Deus escuta sua prece e faz ascender o espírito íntegro do então adolescente Daniel. Este reclama com a Assembleia da fragilidade daquele julgamento que leva uma israelita à morte sem maiores cuidados.

Daniel, então, manda que se separem os anciãos, para que sejam interrogados isoladamente. Ao primeiro, pergunta sob qual árvore estavam Suzana e seu amante quando ele os encontrou. O velho respondeu: "Debaixo de um lentisco." Depois, chamou o outro ancião e repetiu a pergunta. A resposta desta vez foi: "Sob um carvalho." Restou claro que os anciãos mentiam. A multidão, que acompanhara o julgamento, identificou o falso testemunho. Suzana foi absolvida e os velhos condenados à morte.

Nessa passagem, o Antigo Testamento demonstra a importância do devido processo legal, com a possibilidade de se apresentar defesa e questionar as testemunhas, como meio de se chegar à verdade — e a justiça jamais pode ficar distante da verdade.

INÍCIO DO SEXTO LIVRO DA *ÉTICA A NICÔMACOS*. MANUSCRITO PRODUZIDO NO SUL DA ITÁLIA NO FIM DO SÉCULO XV

Quinze anos após a morte de Sócrates, Aristóteles nasce em Estagira, cidade situada na Macedônia, ao norte da Grécia. Era o ano de 384 a. C. Aristóteles recebeu uma educação esmerada, pois era filho de Nicômacos, médico do rei Amintas III, avô de Alexandre, o grande. Ainda jovem seguiu para Atenas, a fim de aprimorar seus estudos. Foi, então, aluno de Platão, um dos grandes discípulos de Sócrates. Possivelmente em 342 a. C., volta para a Macedônia, para atuar como preceptor de Alexandre, o príncipe que viria a ser o maior líder daquele país. Mais tarde, volta para Atenas, onde funda sua escola, o Liceu. Com o aumento de sentimentos contrários aos macedônios em Atenas, em função do crescente poder daquele povo, Aristóteles decide deixar a cidade, para, como registrou, evitar que os atenienses "não pecassem duas vezes contra a filosofia", fazendo uma referência ao julgamento de Sócrates. Retirou-se para Cálcis, na Ilha de Eubeia, onde faleceu em 332 a. C.

Nos últimos anos de sua vida, Aristóteles produz *Ética a Nicômacos* — é difícil datar precisamente essa obra. Nicômacos, além de ser o nome de seu pai, era também o de um filho que teve com uma amante. A maior parte dos estudiosos entende que, nessa obra, Aristóteles oferece ensinamentos a seu filho.

Em *Ética a Nicômacos*, apresenta sua ideia de justiça. Ele oferece o conceito de justiça distributiva, que deve respeitar as características de cada um. Daí se retira a regra de que as pessoas devem ser tratadas da mesma forma e de modo desigual na medida de suas desigualdades. Sempre "de acordo com o mérito de cada uma". Haveria uma injustiça se essa proporcionalidade fosse violada.

Nessa linha, Aristóteles explicita a tênue diferença entre a justiça e a equidade. Diz ele: "A justiça e a equidade são, portanto, a mesma coisa, embora a equidade seja melhor." Isso porque "toda lei é de ordem geral, mas não é possível fazer uma afirmação universal que seja correta em relação a certos casos particulares". Assim, revela-se necessário valer-se da equidade para que se ofereça a melhor solução em casos particulares. O filósofo, portanto, defende uma apreciação sempre sensível do intérprete ao caso concreto. Embora justiça seja um conceito abstrato, torná-la palpável demanda reflexão — a ponto, até mesmo, de "corrigir" ordens universais que não atendam às excepcionalidades. Dessa forma, reforça-se a ideia de que as diferenças devem ser tratadas de forma diferente.

A justiça, portanto, não é algo de simples aplicação, mas obra da inteligência. Uma escolha moral. Aristóteles defende que a excelência da natureza humana se concentra na sua capacidade racional.

EDIÇÃO IUGOSLAVA DE 1938

Heinrich von Kleist se suicidou em 1811, quando contava apenas 34 anos. Jogou-se no lago Wansee, perto de Berlim. No ano anterior, havia publicado o livro que o tornaria célebre: *Michael Kohlhaas*.

No romance, que se passa na Alemanha do século XVI, na época do início da Reforma Protestante, Michael Kohlhaas é um comerciante de cavalos. Ele sai de seu Estado de Brandemburgo (a Alemanha de então era toda dividida em diversos Estados) para vender seus animais na vizinha Saxônia. Ao passar pela fronteira do Estado vizinho, ao lado de um castelo, nas terras de um nobre, Wenzel von Tronka, exige-se dele um determinado documento. Supostamente, era uma demanda do governo local que Kohlhaas desconhecia, pois, como depois se inteirou, tal exigência não existia. Com base nisso, teve de deixar dois de seus animais e seu empregado na Saxônia, para ir buscar em Brandemburgo o documento faltante.

Em Dresden, toma ciência de que a exigência era um embuste. Quando retorna ao castelo, Kohlhaas fica sabendo que seu empregado fora surrado e encontra seus cavalos desnutridos. Kohlhaas apresenta uma reclamação ao tribunal local, pelos danos sofridos, mas o nobre Wenzel von Tronka, que abusara do honesto comerciante, consegue, por sua influência, encerrar o caso, sem nenhuma condenação. Kohlhaas tenta, então, socorro na jurisdição de seu próprio Estado, a fim de que seu justo pleito seja examinado. Nele sua causa também é desprezada.

Kohlhaas se desespera. Perde a confiança na justiça dos homens. O desejo de vingança em relação a Wenzel von Tronka passa a dominá-lo. Vende seus bens para se tornar um fora da lei. Indagado pela mulher por que razão pretende vender sua casa, ele responde com objetividade: "Porque não gosto de ficar em um território, querida Lisbeth, no qual não querem me proteger em meus direitos." Forma um bando e aterroriza a Saxônia. Torna-se um justiceiro. Chega a queimar o castelo de Von Tronka. Passa a ser visto como um herói dos oprimidos.

Na trama, Martinho Lutero vem ao encontro de Kohlhaas, a fim de apaziguar os ânimos do homem. Promete o perdão a Kohlhaas, caso ele cesse sua violenta campanha. Kohlhaas aceita os termos de Lutero, mas impõe que seu processo, iniciado contra Wenzel von Tronka, prossiga. O príncipe-eleitor, a maior autoridade política da Saxônia, aceita a condição.

Apesar das promessas de anistia pela rendição, Kohlhaas é levado a julgamento por seus diversos atos. Ao mesmo tempo, sua ação contra Wenzel von Tronka passa a andar. Kohlhaas é condenado à morte. Porém, pouco antes de sua execução, toma ciência de que havia ganhado seu processo de reparação contra o nobre: todos os danos sofridos seriam pagos. Kohlhaas morre feliz. A justiça foi feita.

Há, no fim do romance, um evento enigmático. Pouco antes de ser decapitado, o condenado Kohlhaas percebe a presença do príncipe-eleitor da Saxônia, para ele o maior símbolo de corrupção política. O príncipe sabe que Kohlhaas carrega consigo uma cápsula, pendurada em seu pescoço, contendo o bilhete de uma cigana, que informava o nome de quem sucederia ao príncipe-eleitor. Este deseja profundamente conhecer a profecia, que trata do futuro da sua dinastia. O príncipe-eleitor, que comparecera ao evento com uniforme de gala, com um chapéu de penas azuis e brancas, chega a oferecer o perdão da Kohlhaas caso ele revelasse o nome escrito no bilhete.

> Depois de se aproximar dele, dando um passo repentino e assustando a guarda que o envolvia, Kohlhaas soltou a cápsula que trazia junto ao peito; tirou de dentro dela o bilhete, arrancou-lhe o selo, e o leu: e, com os olhos fixos no homem com chapéu de penas azuis e brancas, que já começava a conceder espaço a doces esperanças, enfiou o bilhete na boca e o engoliu. O homem com o chapéu das penas azuis e brancas, ao ver a cena, caiu desmaiado, tomado por convulsões. Kohlhaas, porém, enquanto os acompanhantes consternados do outro se abaixavam e o levantavam do chão, voltou-se para o cadafalso, onde sua cabeça caiu sob o machado do carrasco.

Kohlhaas tem um compromisso com a justiça, ainda que ela signifique violar as leis. O herói compreende como correta a sua punição e morre em paz.

Nesse livro, percorre-se o caminho da justiça, que, na ordem histórica, começa com a vingança, com a indignação diante da iniquidade, passando por uma forma mais organizada de reação, que pode implicar, até, a punição, para chegar à reação definitiva, na qual o próprio infrator reconhece seu erro e se sanciona.

François-Guillaume-Jean-Stanislas Andrieux foi um advogado francês, que viveu na conturbada virada do século XVIII para o XIX. Já praticava a profissão quando sobreveio a Revolução e o Terror. Além de jurista, François Andrieux se dedicava à literatura. Escreveu peças e contos. Entre estes, um dos mais famosos é "O moleiro de Sans-Souci", de 1797. Andrieux contou em verso uma história, que já era conhecida, de uma suposta conversa do poderoso rei da Prússia Frederico II com um humilde moleiro.

Conta-se que o rei pretendia aumentar sua propriedade — num local que ele chamou de Sans-Souci, literalmente "sem preocupação". Contudo, na vizinhança, havia um moinho velho e seu dono, vendedor de farinha, se recusava a vender sua propriedade, pois naquele local vivera por toda a vida, assim como seus antepassados. Irresignado, o próprio rei teria ido falar com o moleiro.

Com vistas a pressionar o moleiro que se negava a vender sua terra, o rei advertiu que, sendo ele o rei, poderia, se quisesse, tomar o moinho. O moleiro, sem se curvar, respondeu: "Isso seria verdade se não houvesse juízes em Berlim."

Segundo o relato, o rei Frederico II — que, de fato, era muito culto e esclarecido — ficou feliz em ver a confiança do seu súdito com a correção do Estado. Abandonou seus planos de expansão. A certeza da justiça protegeu o moleiro.

AMARTYA SEN EM 2012

Possivelmente, a maior parte de nós se toma por modelo de pessoa justa. Nossas próprias opiniões, acreditamos, são as mais equilibradas. Fomos, segundo nossas crenças, agraciados com uma *overdose* de bom senso. Para quem pensa assim — e eu, como a maior parte da humanidade, me incluo nesse grupo —, *A ideia de justiça*, do economista e filósofo Amartya Sen, servirá de alimento para boa reflexão.

Amartya Sen nasceu na região de Bengala, na Índia, em 1933, quando aquele país ainda era um protetorado da Inglaterra. Seu pai foi professor de química na Universidade de Delhi e era neto, por parte de mãe, de outro grande catedrático, especialista em línguas indianas antigas. Assim, Sen cresceu num ambiente de profundo estímulo intelectual.

Depois de se formar em economia pela Universidade de Calcutá, Sen, ainda jovem, com menos de 20 anos, foi diagnosticado com um faminto câncer. Os médicos lhe deram mínimas chances de sobreviver. Sen se submeteu à radioterapia e, enquanto isso, mudou-se para Cambridge, na Inglaterra, para seguir seus estudos em economia.

Superado o câncer, doutorou-se. Pela qualidade de seus estudos na área econômica — fora sempre o primeiro da classe —, a Universidade de Cambridge lhe permitiu alguns anos sabáticos. Decidiu, então, estudar filosofia.

Amartya Sen construiu uma carreira de *scholar* extraordinária. Foi professor nas universidades de Cambridge, Oxford, MIT, London School of Economics, Berkeley, Cornell e Harvard, entre outras. Em 1998, foi agraciado com o prêmio Nobel de economia.

Essa história de vida, dedicada ao estudo e ao ensino, já bastaria para despertar o interesse em conhecer o trabalho de Amartya Sen. Ele escreveu sobre os mais diversos temas, como ética, oportunidades, bem-estar comum, política e pobreza.

Em 2009, publicou *A ideia de justiça*. Nele, Sen examina o fato de haver diferentes "razões de justiça", que, por vezes, concorrem entre si. Para que se atinja a verdadeira justiça, na visão dele, é fundamental compreender a sua complexidade.

O economista oferece o seguinte exemplo: três crianças disputam a posse de uma flauta. Alguém — que pode ser o próprio leitor — deve, de forma imparcial, decidir com quem ficaria o instrumento.

A primeira criança reivindica o instrumento porque, afinal, ela é a única que sabe tocá-lo. Faz sentido que a flauta fique com a pessoa que domina o instrumento — e as demais crianças reconhecem desconhecer como tirar algum som do pífaro.

A segunda criança, por sua vez, defende que merece ficar com a flauta porque, ao contrário das demais, não tem nenhum outro brinquedo. As outras duas crianças confirmam ter inúmeros outros brinquedos, ao contrário da segunda, que é extremamente pobre. Parece razoável que a flauta fique com a pessoa que apenas tem esse brinquedo, diferente das outras duas, com muito mais opções e oportunidades.

Por fim, a terceira criança informa ter sido ela quem, depois de muitos meses de esforço, fez a flauta. O fato é admitido pelas outras duas crianças. Essa terceira criança ainda reclama que, apenas depois do extenuante trabalho terminado, quando o instrumento ficou pronto, as demais passaram a reclamar o domínio sobre a flauta. Também parece correto permitir que a flauta fique com quem a confeccionou.

Dependendo de como se definir a justiça, a resposta pode variar para decidir a disputa dessas crianças pela flauta. Há argumentos bons e válidos para defender o pleito de cada uma das pretendentes — e há justiça em todos eles.

O economista adverte que nossas posições comumente influenciam nossos julgamentos — remetendo à passagem shakespeariana, em *Vida e morte do Rei João*: "Enquanto eu for mendigo, ralharei / Direi não haver outro pecado senão ser rico, / e, quando for rico, minha virtude então será, / Dizer que o único vício é a mendicância." Com isso, ele nos convida a uma reflexão mais isenta, pois é fundamental, sempre, buscar "transcender as limitações de nossas perspectivas".

O livro propõe uma dupla apreciação, de um lado, do dever, ou seja, daquilo que deve ser feito, e, de outro, das consequências. Há momentos nos quais certas atitudes são tomadas porque devem ser tomadas, embora suas consequências sejam nefastas. Em outras, a gravidade das consequências funciona como um freio às ações que, a princípio, deveriam ser adotadas. Dessa forma, a justiça se manifesta em diferentes formas, assim como em níveis distintos. Para que ela seja atingida, tudo merece ponderação.

Amartya Sen ressalva que a plenitude da justiça passa pela liberdade, que, por sua vez, garante a oportunidade de alcançar os objetivos e a de fazer escolhas. Essa liberdade deve ser do cidadão e também dos meios de comunicação, que têm "função protetora, dando voz aos negligenciados e desfavorecidos". A liberdade, e o que ela propicia, funciona como o único caminho para atingir a justiça.

Em sua análise, Sen prega uma teoria de justiça elaborada a partir de decisões racionais e morais, engajadas e atentas a um bem maior. Nesse propósito, a liberdade ocupa o mais elevado dos valores dignos de respeito.

Confirmando sua tese de que existem princípios éticos universais, guardiões dos direitos humanos, *A ideia de justiça* se cerca de referências à cultura indiana e ocidental, citando importantes filósofos e economistas das mais distintas origens.

Numa dessas menções, Sen cita o imperador indiano Ashoka, governador da Índia no século III a. C. Ashoka buscou promover a tolerância aos cultos. Disse o soberano: "Todas as seitas de outras pessoas merecem reverência, por uma ou por outra razão." Em seguida, denunciou: "Aquele que faz reverência à sua própria seita, enquanto deprecia a seita dos outros por conta de um total apego à sua própria, na realidade inflige, por tal conduta, à sua própria seita, o mais grave dos danos."

RETRATO DE CASTRO ALVES

LIBERDADE

Castro Alves nasceu em 1847, no interior da Bahia. Como seu pai foi lecionar medicina em Salvador, mudou-se, ainda criança, para aquela cidade. Lá, estudou no Ginásio Baiano, onde foi colega de Rui Barbosa. Um pouco adiante, mudou-se para Recife, para ingressar na faculdade de direito, tendo estudado ao lado de Tobias Barreto e Fagundes Varella. Logo, Castro Alves revelou seu talento para a poesia. Sensível, indignava-se com a escravidão, que ainda grassava no país, engajando-se na luta abolicionista. Com sua arte, denunciava essa exploração.

Em 1870, lança o poema "O navio negreiro", no livro *Os escravos*. Nele, expõe as práticas nefastas do tráfico de seres humanos, relatando as embarcações nas quais aprisionados africanos chegavam ao Brasil, acorrentados no convés, vítimas de torturas e humilhações.

Indignado, Castro Alves clama a Deus que intervenha contra a maldade:

> Senhor Deus dos desgraçados!
> Dizei-me vós, Senhor Deus,
> Se eu deliro... ou se é verdade
> Tanto horror perante os céus?!...
> Ó mar, por que não apagas
> Co'a esponja de tuas vagas
> Do teu manto este borrão?
> Astros! noites! tempestades!
> Rolai das imensidades!
> Varrei os mares, tufão! ...

O poeta critica o governo brasileiro, que permitia essa atividade nefasta:

> Auriverde pendão de minha terra,
> Que a brisa do Brasil beija e balança,
> Estandarte que a luz do sol encerra
> E as promessas divinas da esperança...
> Tu que, da liberdade após a guerra,
> Foste hasteado dos heróis na lança
> Antes te houvessem roto na batalha,
> Que servires a um povo de mortalha!...

A literatura delatava a barbárie. Leis desumanas ainda vigoravam no Brasil, quando, no resto do mundo civilizado, já se havia reconhecido a escravidão como algo odioso.

RUI BARBOSA EM SUA BIBLIOTECA

    Rui Barbosa é o patrono da advocacia brasileira. Natural de Salvador, iniciou seus estudos na Faculdade de Direito do Recife, terminando no Largo de São Francisco, em São Paulo.

    Sua estreia na tribuna se deu para defender um escravizado contra seu senhor, engajando-se à causa abolicionista, o tema social mais relevante de sua época.

    Eloquente, culto e estudioso, Rui também se notabilizou na política, com fundamental atuação no início da República. Foi dele, por exemplo, a ordem de queimar todos os registros de escravizados, a fim de "apagar" esse passado triste da história.

    Rui Barbosa participou diretamente de todos os eventos que marcaram seu tempo: a Constituição Brasileira de 1891, a elaboração do Código Civil, a fundação da Academia Brasileira de Letras, a construção de uma ordem jurídica internacional — ele foi o representante do Brasil na Convenção de Haia de 1907 —, a campanha civilista

— movimento que buscava garantir o poder nas mãos civis e não de militares —, entre outros.

Em 1920, convidado, na condição de paraninfo, à formatura de uma turma da Faculdade de Direito de São Paulo, Rui Barbosa elabora a *Oração aos moços*, texto no qual oferece reflexões sobre o papel do advogado. Por sua saúde já debilitada, Rui não consegue comparecer ao evento, mas seu discurso é lido e aclamado.

Uma das principais lições desse texto é a de que cabe ao advogado trabalhar: inteirar-se, desenvolver-se, apurar-se. Rui, advogado consagrado, registra a necessidade de estudo contínuo e da reflexão: "Vulgar é o ler, raro o refletir", disse ele. Rui Barbosa concita os jovens advogados a seguir, com seus atos, uma estrita fidelidade aos princípios virtuosos, com rigor, constância e coragem. Ao fim de seu discurso, pontifica Rui, em uma joia da deontologia jurídica, justificando sua posição de ícone da advocacia no Brasil:

> Legalidade e liberdade são as tábuas da vocação do advogado. Nelas se encerra, para ele, a síntese de todos os mandamentos. Não desertar a justiça, nem cortejá-la. Não lhe faltar com a fidelidade, nem lhe recusar o conselho. Não transfugir da legalidade para a violência, nem trocar a ordem pela anarquia. Não antepor os poderosos aos desvalidos, nem recusar patrocínio a estes contra aqueles. Não servir sem independência à justiça, nem quebrar da verdade ante o poder. Não colaborar em perseguições ou atentados, nem pleitear pela iniquidade ou imoralidade. Não se subtrair à defesa das causas impopulares, nem à das perigosas, quando justas. Onde for apurável um grão, que seja, de verdadeiro direito, não regatear ao atribulado o consolo do amparo judicial. Não proceder, nas consultas, senão com a imparcialidade real do juiz nas sentenças.

Não fazer da banca balcão, ou da ciência mercatura. Não ser baixo com os grandes, nem arrogante com os miseráveis. Servir aos opulentos com altivez e aos indigentes com caridade. Amar a pátria, estremecer o próximo, guardar fé em Deus, na verdade e no bem.

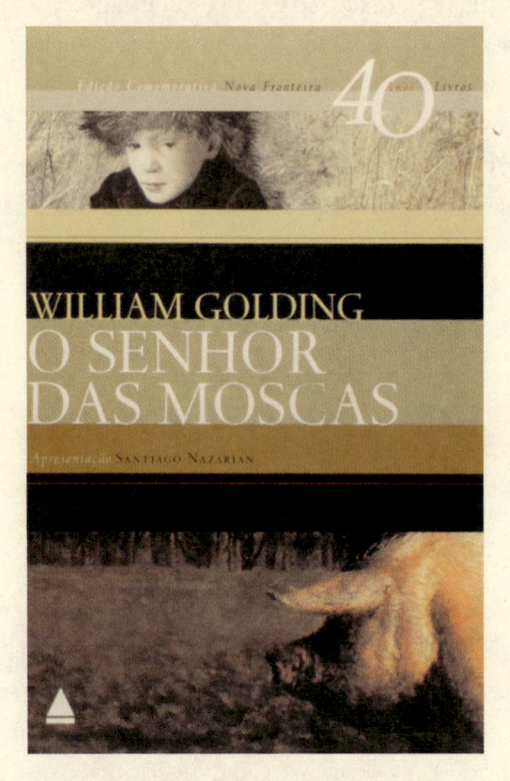

WILLIAM GOLDING NO BRASIL

    A liberdade, algo a que aspiramos, não é uma dádiva. Ao contrário. A ideia de liberdade, sem maior reflexão ou senso crítico, pode acarretar desastres.

    Em 1983, William Golding foi agraciado com o prêmio Nobel de literatura. Trinta anos antes, em 1953, lançou *O senhor das moscas*.

    No enredo, meninos ingleses, pré-adolescentes, depois de um acidente aéreo, são abandonados à própria sorte numa ilha perdida no Pacífico. Não há adultos. As crianças são forçadas a se organizarem, para viabilizar a vida em comum. Alguns respeitam as ordens estabelecidas, aceitam a liderança. Outros reagem, recusam-se a colaborar. Desordenados, os meninos não conseguem acender uma fogueira a tempo de chamar a atenção de um navio que passava perto da ilha. Há conflitos. Os meninos discutem entre si.

Nasce o rumor de que existe uma besta na ilha, o que aterroriza alguns dos garotos. Na verdade, a besta está apenas na imaginação deles. O boato coloca em risco a frágil organização daquela comunidade. Alguns começam a questionar as regras que eles próprios estabeleceram — ocasião na qual Ralph, o líder, furioso, adverte: "As regras são as únicas coisas que temos!" Ralph simboliza a ordem, o interesse em viver de acordo com regras. Seu opositor, Jack, representa o oposto: a vida sem regras, caótica.[49]

As crianças se dividem em tribos. Lutam entre si e um deles, bem rechonchudo, que usa óculos, apelidado de Piggy — Porquinho — acaba morto.

No auge da cizânia, as crianças, finalmente, são encontradas por marinheiros, levados ao navio que as resgata. Elas estão em estado de choque.

> [...] contagiados por aquela emoção, os outros meninos começavam a soluçar sacudindo o corpo. E, no meio deles, com o corpo imundo, o cabelo emaranhado e o nariz precisando ser assoado, Ralph chorava o fim da inocência, as trevas do coração humano, e a queda no abismo do amigo ajuizado e sincero chamado Porquinho.

A liberdade impõe responsabilidades.

---

[49] Veja-se Lenio Luiz Streck e Tatiana Bonatto, "O senhor das moscas e o fim da inocência", in André Karam Trindade, Roberta Magalhães Gubert e Alfredo Copetti Neto (orgs.), *Direito & literatura: ensaios críticos*, Porto Alegre, Livraria do Advogado, 2008.

PRIMEIRA EDIÇÃO DO CLÁSSICO DE ORWELL

Eric Arthur Blair nasceu na Índia britânica, em 1903. Seu pai era funcionário público inglês servindo naquela colônia. Ainda cedo voltou para a Inglaterra, matriculando-se em escolas de elite, inclusive Eton, possivelmente a mais célebre instituição de ensino médio daquele país. Lá aprendeu francês com Aldous Huxley, autor, entre outros, de *Admirável mundo novo*. Aluno medíocre, Blair, ao contrário da maioria de seus companheiros de escola, não seguiu para a universidade, mas viajou para a distante Burma (hoje Myanmar), na época ainda sob o domínio britânico, para tornar-se funcionário público.

Em 1927, Blair contrai dengue. Em função da doença, retorna para a Inglaterra. Blair aspirava a se tornar escritor. Muda-se para

Paris, em busca de inspiração. Adoece mais uma vez e volta para a casa dos pais. Sem sucesso editorial, Blair se torna professor escolar.

Em 1936, fica entusiasmado com a guerra civil espanhola. Blair, encantado com ideais socialistas, se alista como voluntário, para combater as forças conservadoras do general Franco. Segue para Barcelona, onde teve rápido encontro com Henry Miller. Dentro de alguns anos, aqueles dois obscuros escritores se tornariam autores icônicos. Na guerra, Blair toma um tiro de raspão na garganta — possivelmente por conta de sua elevada estatura: seus quase um metro e noventa o tornavam um alvo mais fácil. Esse fato afetou sua fala pelo resto da vida. Ao regressar mais uma vez para a Inglaterra, Blair se enfronha no jornalismo. Embora tenha tentado lutar na segunda grande guerra, é recusado pelo exército britânico. Logo após o fim da contenda na Europa, em 1945, Blair publica um livro que seria um de seus grandes sucessos: *A revolução dos bichos* — *Animal Farm* no original. Como havia feito antes, Blair omite seu nome, para se valer de um pseudônimo que se tornaria célebre: George Orwell.

O livro conta a história de uma fazenda na qual os animais, insatisfeitos com o tratamento que recebem dos humanos, resolvem rebelar-se, liderados pelos porcos. Os animais conseguem expulsar os homens. Inicialmente, os líderes revolucionários pregam ideais de igualdade e liberdade, os quais deveriam reger a vida dos animais. Entretanto, com o tempo, os porcos passam a defender que "alguns são mais iguais que outros".

Nessa fábula moderna, há traições mesmo entre os suínos e outros bichos. Aos poucos, os porcos, líderes do movimento revolucionário, passam a agir exatamente como os humanos, tratando os demais animais de forma despótica e contrariando exatamente aquilo que, antes, juraram defender.

A revolução dos bichos deixa claro que a democracia não é uma conquista definitiva, mas uma luta, renovada cada manhã. O livro é interpretado como uma crítica ao stalinismo. Com efeito, naquele momento histórico, do pós-guerra, o mundo fora dividido, de forma relativamente clara, em dois eixos, sendo um deles liderado pela

União Soviética, num modelo que mostrava pouco respeito pelas liberdades individuais.

A revolução dos bichos faz de Orwell uma celebridade. Mas sua obra-prima ainda estava por ser escrita.

Poucos anos depois, em 1949, George Orwell apresenta *1984*. O escritor recebera, em 1947, diagnóstico de tuberculose. Fumante inveterado e de saúde frágil, ele falece no início de 1950. *1984*, portanto, registra os últimos suspiros de um homem desenganado. A obra transmite um importante recado para o futuro.

Com *A revolução dos bichos*, Orwell sentira a força da literatura como instrumento de crítica ao sistema. Ele não via a literatura como diversão, porém como uma arma de conscientização. Segundo o crítico literário Harold Bloom, "uma das funções da leitura é nos preparar para uma transformação"[50]. Apenas com reflexão se cultiva um espírito crítico. Informação é poder. Cultura é poder. O livro não é um fim — é um meio.

Ciente da força de sua mensagem, em *1984*, Orwell dirige sua crítica ao totalitarismo. Na definição de Otto Maria Carpeaux, na sua monumental *História da literatura ocidental*, "*1984* é uma típica antiutopia: pesadelo do futuro totalitarismo que esmagará o indivíduo com requintes de desumanidade".[51]

A obra de Orwell imediatamente se tornou um clássico da literatura distópica. No livro, conta-se a história do mundo num futuro não tão distante, dominado pela onipresente vigilância do Estado. O "Grande Irmão" — "*Big Brother*" no original — espreitava, através de telas, os atos de todas as pessoas. Não era possível sequer esquecer essa circunstância invasiva, pois em toda parte cartazes e telas registravam: "O Grande Irmão está de olho em você" — "*Big Brother is watching you*". Nesse tenebroso mundo futuro — no qual a televisão tinha dupla função: transmitia e colhia informações. Não havia espaço para a privacidade.

---

50   Harold Bloom, *Como e por que ler*, Rio de Janeiro, Objetiva, 2001, p. 17.
51   Otto Maria Carpeaux, *História da literatura ocidental*, v. IV, São Paulo, Leya, 2011, p. 2668.

1984 conta a história de Winston Smith. O protagonista trabalha no partido que domina a vida de Oceania — o Estado fictício. Tem a função de reescrever todos os fatos apurados que possam contrariar a narrativa oficial que interessa ao partido. Smith, portanto, trabalha para reescrever a história, filtrando para a população apenas aquilo que convém.

O Estado, por meio do Ministério da Verdade, impõe uma "realidade" que lhe parece a adequada, com o declarado propósito de manutenção do poder. Há a institucionalização das *"fake news"* e da censura. Proíbe-se o sexo. Até mesmo o passado é recontado. Manipula-se o idioma. Uma nova forma de falar — a "novilíngua" — é imposta, noutro meio de garantir o domínio sobre as pessoas. O desejo manifesto dos detentores do poder é o de reduzir a capacidade de as pessoas pensarem, sendo um dos objetivos declarados do partido totalitário "extinguir de uma vez para sempre qualquer possibilidade de pensamento independente".

Pensamentos identificados como reacionários, desde os mais inocentes, são proibidos pelo Ministério do Pensamento: quem se alija do sistema, ou mesmo o questiona, torna-se proscrito, uma "não pessoa" (*"unperson"*, no original). O Ministério do Amor, por sua vez, funciona como local de tortura. Afinal, nesse mundo desumano, condena-se o amor. Os amantes sofrem severa repressão e são "reeducados".

A vida do protagonista se altera, entretanto, quando ele se apaixona. Um ato subversivo. Ele passa a questionar o Grande Irmão, num ilícito conhecido como "crimideia": *"thoughtcrime"*, no original.

Smith e sua amada são presos e torturados no Ministério do Amor. Expurgados esses sentimentos, Smith é "curado" e volta a "amar" o Grande Irmão.

Em notável biografia de George Orwell, Richard Bradford inicia o capítulo destinado ao livro dizendo: "*1984* é a obra literária mais importante dos últimos cem anos pela simples razão de que nenhuma outra causou tanto debate e controvérsia."[52] Para se ter ideia da sua relevância, em janeiro de 2017, o premonitório *1984* estava no topo das vendas da Amazon nos Estados Unidos.

O romance de Orwell tornou-se um soro antiofídico contra a serpente do totalitarismo. Uma obra repleta de temas que fomentam a reflexão. Não sem razão, a circulação da obra foi proibida por diversas ditaduras. O livro foi banido na antiga União Soviética. Apenas em 1979 foi publicado na China, mesmo assim numa versão adaptada pelos membros do Partido.

Como pontuou Hannah Arendt, em *Sobre a Revolução*, "não resta nenhuma outra causa a não ser a mais antiga de todas, a única, de fato, que desde o início da nossa História determinou a própria existência da política: a causa da liberdade em oposição à tirania". Isso explica o sucesso do livro e sua perturbadora importância.

Embora se consiga contextualizar o mundo de Orwell e sua experiência pessoal refletida em sua obra, o tema de *1984* revela-se universal, pulsante e atemporal. A ameaça de "Big Brothers", como mostra a história, é uma das mais duras e insistentes maldições da humanidade — assim como lutar por liberdade uma de suas causas mais nobres. Eis por que *1984* passou, desde a sua publicação, a ser considerado um livro fundamental. Um poderoso alerta ao Estado — o "Grande Irmão" — que busca controlar nossos pensamentos, manipulando os fatos e censurando as opiniões.

O tema de Orwell é sempre atual. No começo de 2019, o jornal *The Washington Post* registrou que, desde a sua posse, em janeiro de 2017, o ex-presidente norte-americano Donald Trump tinha feito cerca de nove mil declarações falsas. Em *1984*, a literatura resplandece com duas de suas mais vivas qualidades: nos emociona e nos faz pensar. Em muitos pontos do planeta, alguns líderes promovem o culto de suas personalidades, invariavelmente de forma ridícula, mas, não raro, com sucesso. O Grande Irmão não está apenas na obra de Orwell.

---

52 Richard Bradford, *Orwell: um homem do nosso tempo*, São Paulo, Tordesilhas, 2020, p. 283.

GEORGE ORWELL

 Orwell morreu pouco depois da publicação de *1984*. Há escassos registros de suas considerações sobre seu seminal romance. Uma declaração dele ficou conhecida, ditada a um amigo que o visitou no sanatório no qual o escritor estava recolhido, já bem combalido pela tuberculose. Orwell disse sobre *1984*: "A moral a ser tirada dessa perigosa situação de pesadelo é simples. *Não deixe isso acontecer. Depende de você.*" Pois é, leitor, depende de você.

MORAL E ÉTICA

 Do ponto de vista filosófico, ética e moral buscam o mesmo sentido. A palavra *éthos* é grega, enquanto *mores* latina. Ambas significam um padrão de comportamento correto, racional. São, pois, de certa forma, sinônimos.

Para alguns, contudo, pode haver uma distinção entre os termos, na qual a ética seria uma especificação do atuar conforme a moral. Numa acepção, enquanto os valores representariam algo superior — os "bons" e os "maus" valores —, a ética poderia se relacionar a certo grupo, com uma tábua axiológica particular — admitindo-se, assim, por exemplo uma ética dos mafiosos, ditadas por regras próprias.

Segundo uma fábula popular do tempo dos gregos, o homem, inicialmente, não vivia em grupos, mas isolado. Nessa condição, entretanto, não conseguia se proteger de outros animais, por natureza mais fortes. Diante disso, decidiu agregar-se em comunidades. Contudo, uma vez em coletividade, os homens passaram a fazer mal uns aos outros, porque não dominavam a "arte da política". Logo, os homens voltaram a viver sozinhos e a perecer. Zeus preocupou-se com a ruína total da nossa espécie. Para evitar a extinção dos homens, Zeus nos concedeu duas dádivas, para viabilizar a prática da "arte da política" e a vida em comunidade. Essas duas dádivas foram a *aidós* e a *diké*. A *aidós* era a preocupação com a opinião alheia. Para o homem, é importante o que os outros pensam sobre ele. Ele preza pela sua reputação. A *diké*, por sua vez, é o respeito pelo direito dos outros. Aqui, claro, avulta o senso de justiça. Munido da *aidós* e da *diké*, o homem estava habilitado a viver harmoniosamente com seus semelhantes.

Antes de conceder as dádivas, o deus Hermes teria perguntado a Zeus se elas deveriam ser distribuídas a todos os homens indiscriminadamente. Isso fazia sentido na medida em que outras qualidades eram entregues de forma individual. De fato, para os gregos, as virtudes e aptidões eram, em regra, aquinhoadas a cada um. O médico sabia curar, o sapateiro fazer sapatos e o agricultor plantar e colher. Cada um tinha os seus talentos e suas aptidões. Com relação, contudo, à *aidós* e à *diké*, Zeus determinou que fossem dadas a todos, indistintamente, pois a cidade necessitava que todos dominassem a arte cívica. Zeus vai além e estatui, na lenda, que aquele que não temer pelo respeito dos outros (*aidós*) e se recusar a compreender o direito dos demais (*diké*) deverá perecer, tal qual aquele homem primitivo e selvagem, que não tinha conseguido viver coletivamente.

O respeito aos valores éticos permite a vida harmoniosa em coletividade. Pelo estudo da ética, apreciamos os valores morais de um grupo social. A origem do termo é o grego *ethos,* num conceito que buscava definir a vida saudável, que englobava, inclusive, a alimentação e a atividade física, ou seja, um aspecto amplo de saúde. Com o tempo, a ética passou a se relacionar à seguinte indagação: "o que é certo e o que é errado?".

Carl Jung, evidentemente de forma exagerada, reduz as motivações das ações humanas à busca pelo "aplauso dos homens" — a glória —, o "perfume das mulheres" — o sexo — e o "tilintar das moedas" — o poder. Os valores éticos funcionam como freios a esses desejos.

Na maior parte dos casos, distinguir o certo do errado revela-se simples e evidente. Não é correto ferir outras pessoas. Não é certo roubar ou trapacear. Ponto. Em certas situações, no entanto, a resposta pode ser mais difícil, demandando alguma reflexão. Os valores morais, quando violados, dão lugar ao elemento trágico. "O caráter do homem é o seu destino" (*éthos anthropoi daimon*), disse Heráclito, há mais de dois mil e quinhentos anos.

Em todos os casos, desenvolve-se uma tábua axiológica, na qual se apresentam os valores respeitados pela sociedade.

Deixamos de estudar ética nas escolas e nas faculdades. Uma lástima. O estudo dessa matéria deveria ser obrigatório. A necessidade e o proveito de conhecer a ética — compreendida como o estudo de valores morais — é fundamental para qualquer cidadão, independentemente de sua atividade.

Talvez não se dê tanta importância à disciplina da ética em função do "mito da ciência". Isso porque a civilização ocidental, principalmente a partir da Revolução Industrial, deu primazia à técnica, à ciência, relegando as humanidades a um segundo plano.

Os valores humanos são resguardados e mantidos pela sociedade por meio da cultura, ou seja, pelas tradições, pela arte e pelas obras humanas, transmitidas adiante a cada nova geração. A literatura, possivelmente, funciona como o mais potente desses irradiadores de cultura.

Assim, é inegável a importância da cultura para garantir a consolidação dos valores éticos. Comumente, aprendemos, pelos livros, a fazer a coisa certa.

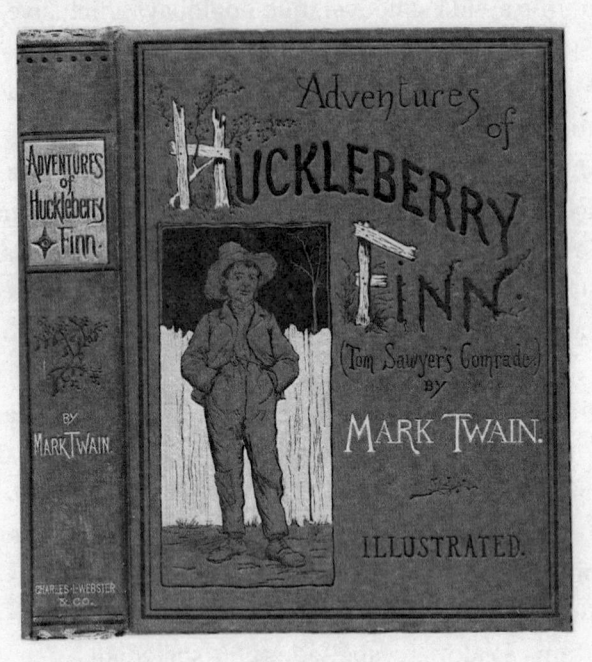

PRIMEIRA EDIÇÃO NORTE-AMERICANA DE
AS AVENTURAS DE HUCKLEBERRY FINN

As aventuras de Huckleberry Finn, de Mark Twain, é um clássico da literatura norte-americana. Para Ernest Hemingway, a literatura moderna norte-americana deve tudo a esse romance. "É o melhor livro que já produzimos", afirmou o romancista. Nesse livro, Mark Twain narra a história do travesso Huck Finn. Um menino de bom coração, que se torna amigo de Jim, um escravo fugitivo. Fala-se, ao longo do livro, com naturalidade, dessa intensa amizade entre duas pessoas de tons de pele diferentes, de origens distintas, de situações legais inconfundíveis (na América de então, o escravizado recebia o tratamento igual ao de uma coisa). Na época, uma relação afetiva entre um menino branco e um escravizado não era apenas incomum, era também um tabu.

O livro foi lançado em 1884, mas a história se passa no começo daquele século, no sul dos Estados Unidos, onde grassava a escravidão. Jim foge de sua proprietária, quando descobre que ela o venderia. O menino Huck acompanha o fugitivo e os dois sobem o rio Mississippi, a fim de encontrar refúgio.

O livro começa com um "Aviso": "Quem tentar encontrar um motivo nesta narrativa será processado; quem tentar encontrar uma moral na história será banido; quem tentar encontrar um enredo será fuzilado." Uma ótima provocação.

Num dos momentos mais marcantes do romance, Huck medita sobre seu dever de denunciar Jim como fugitivo, informando a localização do escravizado à sua proprietária. O menino explica para si mesmo seu dilema moral. Depois de refletir, Huck compreende que os direitos humanos de Jim, como a sua liberdade, devem preponderar. Huck, que havia rabiscado a denúncia de Jim, rasga o papel e assume a posição sugerida por sua consciência, ainda que, para isso, tenha de ir para o inferno, como ele próprio reflete.

Ao fim do livro, Jim consegue a liberdade. Os leitores ganham ainda mais. Não apenas se coloca ao leitor esse dilema entre dois valores — o direito de propriedade e o direito à liberdade —, que o faz conjecturar sobre como conjugar e mensurar as coisas, mas também a importante lição de sempre tentar fazer as coisas certas, embora, por vezes, elas sejam mais difíceis.

Em *As aventuras de Huckleberry Finn* somos levados a meditar, junto com Huck, que as regras têm hierarquias, propósitos, fins. As regras, qualquer uma delas, fazem sentido quando inseridas em um ordenamento. Embora a escravidão fosse reconhecida, conflitava com o conceito de liberdade do ser humano. Este último valor, na consciência do jovem Huck, deveria preponderar. Afinal, as regras devem ser aplicadas por meio de um prisma ético, que filtra os desvios.

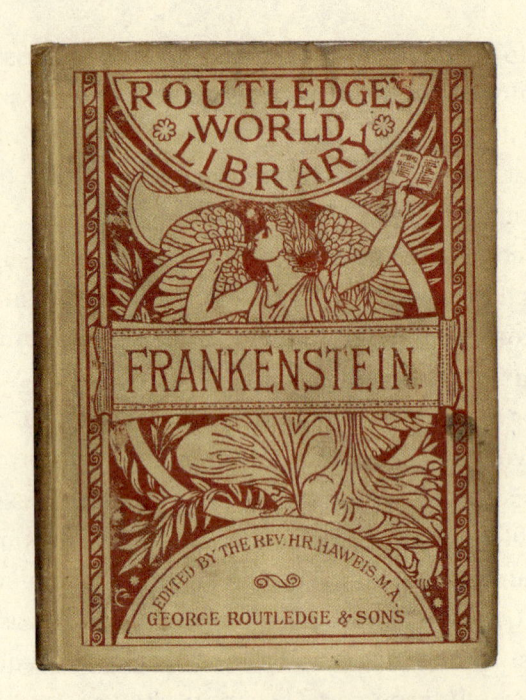

A OBRA MAIS CONHECIDA DE MARY SHELLEY

Na segunda metade do século XVIII, percebiam-se acentuadamente os efeitos da chamada Revolução Científica. Buscavam-se, nas ciências exatas, as respostas para todas as indagações. De certa forma, a literatura denominada "gótica", um gênero do romance, respondia, com críticas, a essa tendência. Falava-se do sobrenatural, do misterioso, do desconhecido, como uma forma de fuga do mundo que parecia condenado a ter certezas. A ciência exata também importava, como se notava desde então, escolhas éticas.

Clássicos desse estilo literário, como *Frankenstein* e *Drácula*, carregam grande dose de carga valorativa.

Frankenstein ou o Prometeu moderno, de Mary Shelley, foi publicado em 1818. O livro nasce a partir de um desafio. Mary Shelley, Lord Byron e John Polidori (o médico de Byron), isolados num castelo numa noite tempestuosa de 1816, decidiram estabelecer uma competição: quem deles escreveria o melhor conto de terror? Polidori criou *O vampiro*, o primeiro romance tratando dessa aberração. Mary Shelley apresentou *Frankenstein*. Ela tinha apenas 19 anos quando escreveu a obra.

A história de Shelley começa com um navegante explorador do Polo Norte, que lá encontra o cientista Victor Frankenstein, perdido e quase congelado.

O cientista explica que procura uma criatura gigante, de aparência monstruosa, a quem ele deu vida, a partir da junção de partes de corpos de pessoas mortas. O doutor Frankenstein ficou obcecado com sua criação, o que serviu de aviso ao explorador sobre as consequências perigosas do apego extremo e exagerado a alguma ideia. Além disso, há uma mensagem sobre o risco de experiências científicas desprezando qualquer limite ético. Nesse livro, o homem brinca de ser Deus — e acaba fazendo o mal.

Já o "monstro", de terrível aparência, mas ingênuo e de boa índole, registra: "Devo respeitar o homem que me despreza?" Afinal, a sociedade não o trata com a mínima dignidade. Pela sua aparência, ele é severamente ultrajado, sem que consiga, contudo, compreender os motivos do preconceito. Resta o questionamento: quem é o "monstro" — o humilhador ou o humilhado?

Ao contrário do que acredita a maior parte das pessoas, a aberração não se chama Frankenstein. Esse é o nome do cientista, um homem. O livro permite compreender que o verdadeiro monstro não é a criatura, mas o criador.

Ao fim, em *Frankenstein*, criador e criatura morrem. Não há bom futuro para as criações que desconsideram os bons valores morais.

Já em *Drácula*, de 1897, do irlandês Bram Stoker, tudo começa quando um recém-formado advogado inglês, Jonathan Harker, parte para a distante Transilvânia, numa área rural da Romênia, para atender a um peculiar e sinistro cliente, o conde Drácula. Este, na verdade, é um vampiro, um ser monstruoso que se alimenta de sangue humano. O sol lhe é fatal, numa metáfora clichê: Drácula apenas circula à noite.

No desenrolar do livro, o conde Drácula vai até Londres — para atormentar jovens e adquirir imóveis —, deixando um rasto de mortes por onde passa. A natureza maléfica de Drácula é, aos poucos, revelada. Homens ilustradíssimos, liderados pelo polímata holandês Abraham van Helsing — doutor em várias ciências —, combatem o sugador de sangue, sempre se valendo de seu conhecimento técnico.

De certa forma, o livro, além de chamar de sugadores de sangue os especuladores imobiliários, trata de como a ciência pode criar e derrotar os monstros.

Bram Stoker e Mary Shelley estabeleceram os padrões de Drácula e Frankenstein — e essas anomalias tornaram-se extremamente populares, passando a integrar a cultura pop. Os monstros estão soltos. No caso de Frankenstein, nós o criamos. Em Drácula, somos seu alimento.

CÉLEBRE CAPA DA PRIMEIRA EDIÇÃO DE O SOL É PARA TODOS

Em 1960, uma então jovem escritora do Alabama, nos Estados Unidos, Harper Lee, lança *O sol é para todos* (*To Kill a Mockinbird*). Harper Lee, assim como seu pai, estudou direito, mas acabou enveredando pelas letras. O livro foi um sucesso instantâneo e a escritora recebeu o prêmio Pulitzer no ano seguinte.

Conta-se a história de um advogado, Atticus Finch, inserido numa pequena comunidade no sul dos Estados Unidos. Ele tem de defender um negro, injustamente acusado de abuso sexual. Toda a cidade, tomada por preconceito, fica contra ele. O advogado, contudo, não verga em seus princípios. Defende o que acredita ser o correto. Atticus explica à sua filha sua conduta e por que resiste à pressão dos demais:

> — Essas pessoas certamente têm o direito de pensar assim, e têm todo o direito de ter a sua opinião respeitada — considerou Atticus. — Mas antes de ser obrigado a viver com os outros, tenho de conviver comigo mesmo. A única coisa que não se deve curvar ao julgamento da maioria é a consciência de uma pessoa.[53]

O advogado identifica o que é o certo.

No livro, o acusado, defendido por Atticus, recebe uma condenação injusta. Os leitores percebem que a retidão ética do advogado é, por si, uma vitória.

Possivelmente o mais relevante papel da literatura seja o de trazer reflexão ao leitor. Com isso, desenvolvemos o senso crítico. A sociedade ganha quando seus integrantes adquirem consciência e são capazes de questionar: Quem somos? Como se comporta a sociedade? Existe alguma ordem moral que comanda — ou deva comandar — a vida comum? Indagações dessa natureza, por vezes incômodas, nos fazem pensar em nosso papel no mundo.

---

53   Harper Lee, *O sol é para todos*, 15ª ed., Rio de Janeiro, José Olympio Editora, 2016, p. 135.

Aristóteles, em *Poética*, sustenta que a boa literatura é aquela que "satisfaz o senso moral". Com efeito, a literatura tem um papel pedagógico, de fomentar bons valores. Entretanto, no prefácio de *O retrato de Dorian Grey*, Oscar Wilde sentencia: "Não existe um livro moral ou imoral. Livros são bem escritos ou mal escritos. Eis tudo." De fato, a ausência de conteúdo ético numa história bem desenvolvida também traz lições. A discussão acerca da necessidade de conteúdo moral numa obra literária foi, de certa forma, travada entre dois dos maiores nomes da literatura mundial: o português Eça de Queirós e o brasileiro Machado de Assis.

O PRIMO BASÍLIO, DE EÇA DE QUEIRÓS

Em 1878, Eça de Queirós publica *O primo Basílio*. A história narra a vida de um casal burguês de Lisboa, Jorge e Luísa, cercado por figuras que representam aquela sociedade — com destaque para o Conselheiro Acácio, com suas platitudes, sempre a postos com comentários banais, emoldurados por uma pseudoerudição.

Quando Jorge tem de se ausentar de Lisboa por motivos profissionais, surge o dândi Basílio, vindo da França. Aproveitando-se da carência de Luísa, Basílio a seduz. Dá-se início ao adultério. A empregada de Luísa percebe a traição e passa a chantagear a patroa. A vida de Luísa torna-se infernal. O amante volta para a França e o marido regressa ao lar. Ao chegar, Luísa passa a tratar Jorge com "cuidados de mãe e ímpetos de concubina". O romance proibido, contudo, é descoberto, quando Jorge abre uma carta de Basílio enviada a Luísa. Angustiada com a situação, Luísa morre pouco depois. Resta claro que, para Basílio, o *affair* não passou de uma diversão. O livro faz uma clara crítica aos costumes, denunciando a hipocrisia dos hábitos burgueses da época.

Naquele mesmo ano de 1878, Machado de Assis publica, com a diferença de duas semanas, dois artigos no periódico *O Cruzeiro*, nos quais critica o então recente livro de Eça. Machado também depreciava, no mesmo texto, a obra anterior de Eça, seu primeiro romance, *O crime do padre Amaro*, lançada pouco antes, em 1875.

Em suma, em *O crime do padre Amaro* conta-se do pároco Amaro Vieira, recém-chegado à provinciana cidade de Leiria. Amaro não tem vocação para o sacerdócio. Tornou-se padre por mera conveniência. Em Leiria, passa a ter um caso, oculto a todos por óbvias razões, com Amélia, filha de sua hospedeira. Amélia engravida. Amaro consegue entregar o bebê a uma mulher que mata recém-nascidos. Amélia morre em decorrência do parto. Diante dessa sucessão de eventos, Amaro é transferido de Leiria, mas não deixa a batina. Nessa obra, Eça denuncia a conduta abusiva de padres e a conivência da Igreja, mais uma vez exaltando a hipocrisia na sociedade portuguesa.

Em *O crime do padre Amaro*, Eça desnuda a vida provinciana, enquanto em *O primo Basílio* critica os modos da burguesia lisboeta. Ambos os romances têm a marca do realismo na narrativa. Era a partida para uma nova forma de escrever. Até então, estava em voga uma linha romântica de narrar as histórias, com ênfase nos sentimentos. Inaugurava-se o realismo, no qual se explicitava, nas palavras do próprio Eça, "a anatomia do caráter", a fim de criticar a natureza humana. Buscava-se "fotografar a realidade", retratando o mundo sem subjetivismos.

No referido texto de Machado, além de alegar que *O crime do padre Amaro* seria uma "imitação" da obra *La Faute de l'abbé Mouret*, de Émile Zola — lançado no mesmo período —, o escritor brasileiro questiona a própria lógica do padre Amaro:

> Sendo assim, não se compreende o terror do Padre Amaro, no dia em que do seu erro lhe nasce um filho, e muito menos se compreende que o mate. Das duas forças que lutam na alma do Padre Amaro, uma é real e efetiva — o sentimento da paternidade; a outra é quimérica e impossível — o terror da opinião, que ele tem visto tolerante e cúmplice no desvio dos seus confrades; e não obstante, é esta a força que triunfa. Haverá aí alguma verdade moral?

No que se refere à Luísa, personagem de *O primo Basílio*, Machado é contundente: "Luísa é um caráter negativo, e no meio da ação ideada pelo autor, é antes um títere do que uma pessoa moral. Repito, é um títere; não quero dizer que não tenha nervos e músculos; não tem mesmo outra coisa; não lhe peçam paixões nem remorsos; menos ainda consciência."

Machado de Assis reclama da falta de moral de Luísa, que trai o marido, na percepção do escritor, sem um mínimo questionamento ético. "Para que Luísa me atraia e me prenda, é preciso que as tribulações que a afligem venham dela mesma; seja uma rebelde ou uma arrependida; tenha remorsos ou imprecações; mas, por Deus! dê-me a sua pessoa moral", alfineta Machado.

Embora, na sua crítica, Machado registre ser um "admirador" de Eça, ele pontua que "um leitor perspicaz terá já visto a incongruência da concepção do Sr. Eça de Queirós". Machado desaprovava a falta de moral dos romances de Eça. A censura é tanto estética como do próprio tema escolhido para a obra.

Eça, ao tomar ciência da crítica, redarguiu:

> Devo dizer que os críticos inteligentes que acusaram O crime do padre Amaro de ser apenas uma imitação da Faute de l'abbé Mouret não tinham, infelizmente, lido o romance maravilhoso do Sr. Zola, que foi, talvez, a origem de toda a sua glória. A semelhança casual dos dois títulos induziu-os em erro. Com conhecimento dos dois livros, só uma obtusidade córnea ou má-fé cínica poderiam assemelhar esta bela alegoria idílica, a que está misturado o patético drama de uma alma mística, a O crime do padre Amaro, simples intriga de clérigos e de beatas, tramada e murmurada à sombra de uma velha Sé de província portuguesa.

Além disso, Eça esclareceu que seu livro data de 1871, quando foi, inclusive, lido por amigos. O livro de Zola foi lançado depois, em 1874.

Há uma fofoca não confirmada de que a implicância de Machado com Eça tinha por fundamento um ciúme. Isso mesmo: não era inveja do talento do português, mas ciúme de Carolina, sua mulher. Carolina Augusta Xavier de Novais desembarcou no Rio de Janeiro, vinda de Portugal, em 1866. Tinha 31 anos. Solteira. Culta, amante da literatura. Não tinha dote.

Para alguns, Carolina veio para ajudar um irmão doente. Para outros, o motivo da partida de Lisboa foi uma desilusão amorosa. Ainda em Lisboa, em 1862, Carolina havia conhecido Eça de Queirós. Ela tinha 26 anos e Eça era um ano mais velho. Ambos solteiros. Especula-se qual tenha sido a profundidade desse relacionamento. Sabe-se, contudo, que Eça, por conta da posição social de sua família, não poderia unir-se com alguém sem qualquer título ou dote — o genial português apenas se casou aos 40 anos com uma nobre.

Três anos depois de chegar ao Brasil, Carolina, então com 34 anos, se casa com Machado de Assis, quatro anos mais jovem. Há registro de uma carta de Carolina a uma amiga, na qual descreve Machado como um "rapaz tão feio quanto inteligente". Carolina viveria com Machado de Assis até o seu falecimento. Quando sua mulher morre, em 1904, Machado escreve para Joaquim Nabuco: "Foi-se a melhor parte da minha vida, e aqui estou só no mundo."

No ano em que publica as referidas críticas a Eça, 1878, Machado lança *Iaiá Garcia*. O romance não recebeu grande aprovação. Seguia a tradição romântica, contando uma história de desencontros amorosos. O livro nada tinha de original.

Ainda no final de 1878, Machado sofre de uma grave infecção nos olhos. Fica incapacitado de ler. Ele e Carolina partem para Nova Friburgo, atrás de tratamento. Ali ficam até março de 1879. É Carolina quem lê para Machado durante sua recuperação. Nesse período de "cegueira", Machado começa a trabalhar na obra que marcaria a grande virada na sua carreira literária. Seu próximo romance foi lançado em 1881: *Memórias póstumas de Brás Cubas,* que dá início à sua fase realista. Segundo Carpeaux, há, a partir de então, um novo nascimento de Machado.

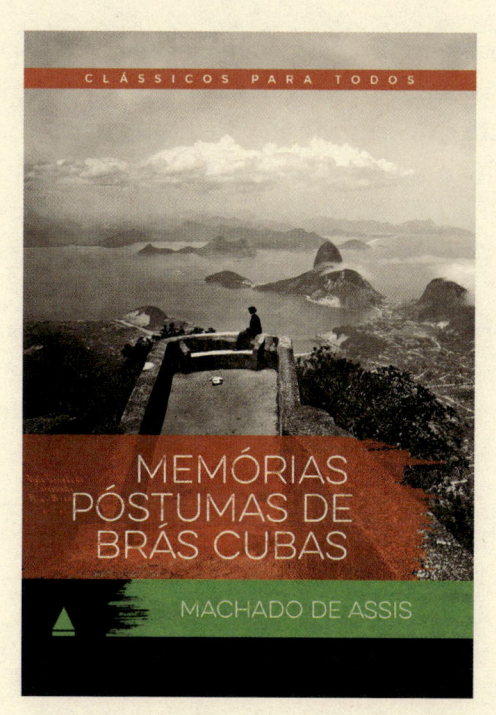

MEMÓRIAS PÓSTUMAS DE BRÁS CUBAS,
CLÁSSICO INCONTESTE DE NOSSAS LETRAS

Memórias póstumas de Brás Cubas já começa de forma surpreendente. Quem narra o livro na primeira pessoa é um "defunto-autor", que conta, do outro mundo, sua vida de forma livre, sem pudor de explicitar suas fraquezas e debilidades de caráter. Tudo, ademais, é feito com ironia, provocando o leitor, com quem o autor dialoga diretamente. A dedicatória tornou-se célebre: "Ao verme que primeiro roeu as frias carnes do meu cadáver dedico como saudosa lembrança estas memórias póstumas."

No livro, Brás Cubas, formado em direito em Coimbra, tem uma relação adulterina, envolve-se na política — onde acumula poucos êxitos e muitos reveses — e trava relações com um filósofo, seu amigo de infância, Quincas Borba, que lhe apresenta o "Humanitismo" — uma filosofia fictícia que satiriza o positivismo, ridiculariza o cientificismo, defendendo o poder dos mais fortes.

Brás Cubas tem um caso com Virgília, casada com o político Lobo Neves. Ela chega a engravidar, mas perde o bebê. Quando o marido de Virgília é nomeado presidente de província, ela tem de deixar o Rio de Janeiro e, com a distância, acaba o romance. Na morte de Lobo Neves, Brás Cubas reflete, ao ver sua ex-amante chorar diante do caixão: "Traíra o marido com sinceridade, e agora chorava-o com sinceridade..."

O livro termina de forma cética, desoladora e pessimista:

> Este último capítulo é todo de negativas. Não alcancei a celebridade do emplasto, não fui ministro, não fui califa, não conheci o casamento. Verdade é que, ao lado dessas faltas, coube-me a boa fortuna de não comprar o pão com o suor do meu rosto. Mais; não padeci a morte de D. Plácida, nem a semidemência do Quincas Borba. Somadas umas coisas e outras, qualquer pessoa imaginará que não houve míngua nem sobra, e conseguintemente que saí quite com a vida. E imaginará mal; porque ao chegar a este outro lado do mistério, achei-me com um pequeno saldo, que é a derradeira negativa deste capítulo de negativas: — Não tive filhos, não transmiti a nenhuma criatura o legado da nossa miséria.

O livro de Machado de Assis é disruptivo na literatura brasileira. Inaugura-se, no Brasil, o realismo — movimento que Machado, anos antes, criticara. Felizmente, a superior inteligência de Machado não deixou que a vaidade, ou outro sentimento menor, cerceasse sua criatividade. A primeira crítica feita por Machado, como sói acontecer com pessoas intelectualmente honestas, semeou uma meditação mais profunda. O artista amadureceu. Parece claro que *Memórias póstumas* conversa com as obras realistas de Eça.

Tanto *O primo Basílio* quanto *Memórias póstumas* abordam o adultério. Brás Cubas inicia um romance ilícito com Virgília, que era casada. Luísa, por sua vez, se envolve com Basílio, traindo, sem revelar maiores escrúpulos, seu marido. Basílio, a seu turno, não apresenta remorso por desorganizar a vida de sua amante. Em *O crime do padre Amaro*, o religioso tem um caso amoroso, violando seu dever de celibato, mas sequer cogita em resistir ao seu ímpeto sexual. Tudo é narrado de forma objetiva. Brás Cubas, Basílio e Amaro não revelam qualquer arrependimento moral.

Como *Memórias póstumas de Brás Cubas* é narrado na primeira pessoa, não poderia haver a oportunidade mais clara de compreender o que se passa na mente do protagonista. Contudo, a moralidade em *Memórias póstumas* propositalmente não se apresenta de forma clara. Brás Cubas age para atingir seus objetivos, sem aprofundamentos éticos. As explicações que oferece para adotar essa ou aquela conduta são vagas — e deixam ao leitor a sensação de que são argumentos de ocasião. Brás Cubas é claramente autocentrado, assim como Amaro e Basílio, dos romances de Eça.

Eça e Machado narram histórias de protagonistas sem esteio moral. O leitor se vê diante de um mundo, descrito com objetividade, no qual as pessoas se movem inescrupulosamente, despidas de empatia, de forma insincera, visando a um interesse particular e efêmero. A vida é governada por uma ética torta, costurada por convenções ridículas e rasas. Machado, possivelmente, se revela ainda mais pessimista do que Eça em relação à natureza humana. O português, a seu turno, desnudou, de modo mais contundente e ácido, a sociedade de seu tempo.

Em 1882, ano seguinte ao da publicação de *Memórias póstumas*, Friedrich Nietzsche, em *A gaia ciência*, alerta: "Deus está morto. Deus permanece morto. E nós o matamos." Como tudo em Nietzsche, há um sem-fim de possíveis interpretações para essa afirmação. Uma delas é a de que a sociedade havia abandonado os valores morais, representados, na imagem do filósofo alemão, pela religião. Eça e Machado já haviam, pouco antes, chegado a essa conclusão. Suas obras refletem esse vácuo moral.

A geração seguinte à de Eça e de Machado enfrentou a primeira grande guerra. Mais uma geração e eclode a Segunda Guerra Mundial. Nesses dois conflitos internacionais, a insuficiência de respeito a valores morais básicos trouxe consequências nefastas, que marcaram de forma indelével a história da humanidade. De certa forma, Eça e Machado foram também profetas não plenamente compreendidos, que já haviam identificado a patologia da civilização.

Qual o valor de obras literárias nas quais seus protagonistas atuam de forma imoral ou amoral? Shakespeare, em *Ricardo III*, séculos antes, deixara claro qual o destino infame dos governantes que se movimentam exclusivamente em busca do poder. Nas três obras realistas antes mencionadas, *O crime do padre Amaro*, *O primo Basílio* e *Memórias póstumas de Brás Cubas*, não há final feliz. A morte, a solidão, a falta de perspectiva marcam o destino das personagens. Apenas a virtude moral permite uma vida feliz. Eis a poderosa lição delas, que se mantém válida.

Eça de Queirós e Machado de Assis são monumentos da língua portuguesa. Apesar de divertida a discussão, não há como reconhecer a superioridade de um em relação ao outro: ambos são gênios sublimes, que, vivendo na mesma época, tornaram-se poderosos luminares da literatura, influenciando, de forma marcante, a produção artística dos países lusófonos. Seus livros não apenas transmitem conhecimento, mas geram conhecimento.

Embora haja espaço para questionar se a boa literatura deva satisfazer nosso senso moral, a leitura dos clássicos de Eça e de Machado expõe que, quando se trata da vida, da nossa vida, esse debate não tem pertinência: a nossa existência apenas ganha sentido se estamos apoiados em bons valores.

RETRATO DE EÇA

CULPA

No mundo do direito, afere-se, com frequência, a culpa. Nos tribunais, comumente, a pergunta que busca uma resposta é: "Quem é o culpado?" Juridicamente, a culpa remete a um conceito técnico.

No direito das obrigações, ramo do direito civil, examinam-se as relações de crédito e débito estabelecidas entre as pessoas. Os alemães, sempre muito apurados e precisos nos conceitos técnicos, chamam de "*Schuld*" — literalmente "culpa" — a dívida. De forma metafórica, o devedor é o culpado. No direito, identifica-se o culpado — numa forma perigosamente reducionista — como o responsável por um ato ilegal. Por esse motivo, fica ele obrigado a responder por sua conduta, seja cumprindo uma pena, seja indenizando o lesado.

No âmbito legal, portanto, a culpa parte de um reconhecimento externo, que acarreta uma responsabilidade. Entende-se que o infrator agiu mal.

Contudo, a ideia de encontrar o culpado, assim como o "sentimento de culpa", não são, nem de longe, questões afetas apenas a advogados e juízes. Convivemos todos nós, desde o nosso nascimento, com a questão da culpa.

Como se chega a esse conceito de culpa? Qual a origem dessa ideia?

Como todas as coisas importantes, a ideia parte, primeiro, de um sentimento interno, que ganha força na medida de seu compartilhamento por mais pessoas, até se tornar um senso comum — ou, ao menos, de um grupo considerável de membros da comunidade.

O filósofo alemão Karl Jaspers escreveu um pequeno livro chamado *A questão da culpa*, fruto de suas reflexões de como o povo alemão se sentia após a Segunda Guerra Mundial. "A culpa, antes de ser uma coisa imposta pelos outros a nós, é uma questão de nós para nós mesmos", pondera Jaspers no livro. Lançado em 1946, *A questão da culpa* colocou a mão numa ferida ulcerada, ainda aberta.

Jaspers fora expulso da Universidade de Heidelberg, em 1937, por ser casado com uma judia. Reintegrou-se apenas com a queda do nazismo. Quando lança seu livro, a Segunda Guerra havia acabado muito recentemente. O julgamento de Nuremberg, no qual os principais líderes nazistas foram levados ao tribunal por suas atrocidades, tornou público o horror do holocausto. Como a Alemanha, berço de gênios da música, da filosofia, da literatura e do direito, fora capaz de produzir semelhante barbárie?

Corajosamente, Jaspers registra: "Nós, alemães, sem exceção, temos a obrigação de termos clareza na questão de nossa culpa e de tirarmos as devidas conclusões. Nossa dignidade nos obriga a isso." Segundo o filósofo, a reflexão, embora dolorosa, era fundamental para que o povo alemão conseguisse "viver de forma confiável". Para Jaspers, quem não fizesse uma autoanálise não compreenderia sua culpa e, então, tenderia a acusar o acusador — ou a um terceiro. O revide, portanto, seria, quase sempre, um sinal de falta de compreensão. Ao refletir, identificamos nossas responsabilidades. Em seguida, somos julgados por nós mesmos. A culpa moral promoveria um discernimento, pelo qual se passaria por uma penitência, chegando-se a uma renovação.

Mas como se forma o nosso próprio juízo? Quais as suas fontes? Uma criança nascida e criada entre piratas saqueadores, sem jamais conhecer outra vida, terá os mesmos valores que uma outra, oriunda de uma família de puritanos, isolada em sua comunidade ultraconservadora?

Na busca pela origem do conceito de culpa, cumpre, para começar, responder a uma pergunta básica: o que é certo e o que é errado?

Esses conceitos — do que é certo e do que é errado — caminham em paralelo aos valores da sociedade. Reconhece-se como certo tratar as pessoas com cordialidade e educação e, de outro lado, é errado — para usar um exemplo extremo — matar alguém.

Já houve um período na história — há muito tempo! — em que matar outra pessoa não era uma conduta tão reprovável. Também, no passado, vigorou que as pessoas não precisavam tratar as outras — notadamente aquelas pertencentes a grupos minoritários ou menos favorecidos — com cortesia.

Logo se vê que a distinção do certo para o errado parte de convenções sociais. Diante dessa natureza, esses conceitos são alterados no tempo, de acordo com os valores vigentes na sociedade.

A humanidade, na sua jornada, vai incorporando valores, tais como, por exemplo, o repúdio a qualquer forma de discriminação, a liberdade de manifestação, o respeito à dignidade das pessoas, às diferenças. A sociedade pode ser permissiva com a corrupção, ou abominá-la. Por vezes, dá-se um passo atrás, com episódios de preconceitos, discriminações e até genocídios.

Como são formados esses valores? De onde vêm os valores que orientam uma sociedade a distinguir o certo do errado? Os valores são, em primeiro lugar, transmitidos de geração a geração, com ensinamentos passados pelos ascendentes aos seus descendentes. Da mesma forma, os valores são transferidos por qualquer meio capaz de conter uma informação. Historicamente, os livros serviram, e ainda servem, como os mais potentes difusores de valores sociais e de cultura.

Gerações leram a Bíblia. A partir dessa leitura, colheram um maná de ensinamentos e conceitos valorativos. Os Evangelhos trouxeram uma verdadeira revolução aos valores em muitas sociedades, numa grande alteração ética: passou-se a valorizar os pobres e a olhar com compaixão para os marginalizados. O amor se torna o modelo de comportamento, pregando-se agir com afeto até mesmo com os inimigos.

Os leitores de Shakespeare, por via das muitas reflexões feitas a partir do acesso à sua obra, reforçaram uma série de valores que animam e constroem nossa sociedade, como o repúdio à tirania e o culto à liberdade de expressão. A literatura oferece os mais variados exemplos de temas éticos e morais, germinando e fermentando esses ideais.

Com base nesse denso caldo cultural, as pessoas podem identificar o certo e o errado. Separam o justo e o injusto, o bom e o ruim, o rude e o elegante, o belo e o feio. Estabelecem, internamente, uma noção de justiça. Forma-se, assim, o conceito de culpa, que permite apontar um comportamento condenável. Culpado, portanto, seguindo um entendimento dominante na sociedade, é aquele que agiu mal.

Esses valores vigentes numa sociedade em determinado momento histórico têm origem numa apreciação interna, elaborada intimamente, nas nossas reflexões. Apenas depois, com o passar do tempo, a ideia ganha a força do entendimento comum e sua aceitação.

Enquanto o direito cuida da culpa externa, aquela reconhecida nos tribunais, nossas consciências lidam, antes disso, com o sentimento interno de culpa. É um primeiro julgamento — e o mais profundo deles. Sentimos culpa quando, na nossa avaliação interna, violamos os nossos valores.

A literatura serve como esteio dessa identificação dos bons valores, que nos auxiliam na escolha das nossas condutas.

O comediante Groucho Marx, numa famosa tirada, registrou: "Estes são os meus princípios. Se você não gosta deles, eu tenho outros." Evidentemente, trata-se de um chiste. Uma pessoa saudável não pensa assim. Não se transige com princípios. Sem tornar precisos os nossos valores, perdemos o rumo. A existência deixa de ter sentido, porque, sem uma ética, não se atinge nada verdadeiramente importante.

O psicopata padece de uma patologia conhecida: não consegue compreender sua culpa. Não tem empatia, não se importa com os demais. Ele, por sua doença, não compreende que, ao agir sem considerar que existem outras pessoas, viola um valor social relevante. Em função disso, não sente qualquer remorso por um ato que o resto da sociedade considera condenável, vil, nocivo. Não sente nada do mal que comete. Moralmente anestesiado, sem conexão de sentimentos, o psicopata jamais conhecerá a verdadeira felicidade.

Sentir culpa, portanto, é um atributo das pessoas saudáveis, porque, evidentemente, erramos. Ao reconhecer nossos erros, sentimos arrependimento. O autojulgamento faz parte do processo de amadurecimento — e os seres humanos felizes só param de amadurecer com a morte.

Por vezes, o conceito de culpa jurídica, de violação de um preceito legal, colide com o sentimento que carregamos de justiça. Um drama registrado em grandes capítulos da literatura, como arquetipicamente mostrado em *Antígona*.

Na Bíblia, a rigor, logo no Gênesis, o primeiro de seus livros — provavelmente registrado no século VI a. C., mas cuja origem remonta alguns séculos antes —, já somos contaminados pela ideia da nossa culpa. Afinal, somos, como conta esse livro sagrado, responsáveis pelo pecado original.

Adão — o primeiro homem, cujo nome, "adamah", significa "terra" e, por extensão, "barro", em hebreu — e sua mulher, Eva, desfrutavam de uma vida sossegada, de abundância sem esforço. Viviam em paz no Jardim do Éden, o paraíso terrestre. Preferiram, contudo, violar a regra imposta pelo Criador. Segundo o Gênesis, o comando divino era bem claro: "Não comam do fruto da árvore que está no meio do jardim, nem toquem nele; do contrário vocês morrerão." Fora isso, os primeiros seres humanos podiam fazer tudo.

Nossos primeiros ancestrais optaram por comer desse fruto — o fruto do conhecimento. Segundo a Bíblia, fomos aliciados pela serpente, que disse a Eva: "Deus sabe que, no dia em que dele comerem, seus olhos se abrirão, e vocês, como Deus, serão conhecedores do bem e do mal."

O Homem preferiu decidir seu destino. Rebelou-se.

(Interessante notar que, ao ser descoberto, o homem coloca a culpa na mulher e esta, por sua vez, diz que a culpada é a serpente... Ninguém assume a culpa pela desobediência.)

Quando o Criador percebe que sua ordem foi violada, Ele, irado, amaldiçoa a mulher e o homem:

> À mulher, ele declarou:
> "Multiplicarei grandemente
> o seu sofrimento na gravidez;
> com sofrimento você dará à luz filhos.
> Seu desejo será para o seu marido,
> e ele a dominará."

> E ao homem declarou:
> "Visto que você deu ouvidos à sua mulher
> e comeu do fruto da árvore
> da qual ordenei a você
> que não comesse,
> maldita é a terra por sua causa;
> com sofrimento, você
> se alimentará dela
> todos os dias da sua vida.

> Ela lhe dará espinhos e ervas daninhas,
> e você terá de se alimentar
> das plantas do campo.
>
> Com o suor do seu rosto
> você comerá o seu pão,
> até que volte à terra,
> visto que dela foi tirado;
> porque você é pó,
> e ao pó voltará."

Somos expulsos do paraíso, do Jardim do Éden. Encontramo-nos obrigados a lutar para suprir nossas necessidades. Perdemos a inocência. Afinal, violamos a determinação do Criador. Eis a nossa culpa: o pecado original. Uma culpa incutida na mente do homem ocidental, que reconhece sua imperfeição. A perfeição deixa de existir no momento em que se viola a regra divina.

Com o advento do cristianismo, a nossa "culpa" ganha uma outra dimensão, como se vê no Evangelho de João (3:17-18): "Pois Deus enviou o seu Filho ao mundo, não para condenar o mundo, mas para que este fosse salvo por meio dele. Quem nele crê não é condenado, mas quem não crê já está condenado, por não crer no nome do Filho Unigênito de Deus."

A culpa passa a ser daqueles que não creem. Os separados. A origem da palavra "diabo" dá essa dimensão. *Dia-bolos*, em grego, significa aquele que separa. O diabo nos afasta, no plano moral e espiritual, de Deus. Estar alijado dessa comunhão nos condena.

Na Idade Média, numa literatura dominada pela Igreja, os pecadores estavam condenados a queimar no inferno. Um inferno que se acreditava concretamente real. A culpa naquela época estava em toda parte.

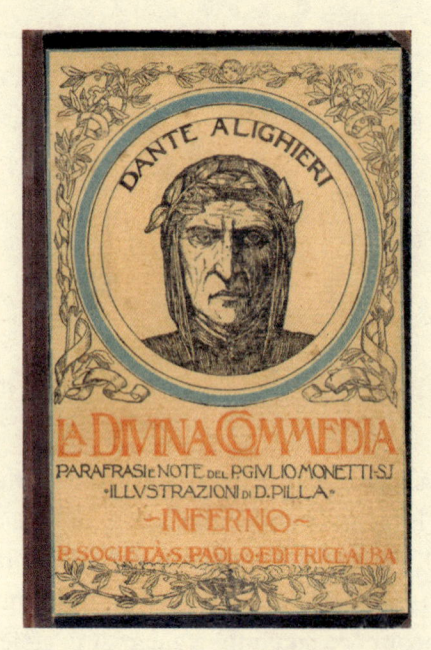

EDIÇÃO ITALIANA DE *A DIVINA COMÉDIA* PUBLICADA EM 1930

Dante Alighieri, em *A divina comédia,* obra do início do século XIV, apresenta a geografia do inferno, elencando variado arsenal de pecados. À medida que o mal cometido em vida piora, a alma do falecido desce nos círculos infernais, recebendo tormentos e sanções mais severas e aproximando-se do demônio.

A obra monumental de Dante, na verdade, não é exatamente uma "comédia" tal como entendemos o termo hoje. Na Idade Média, quando o texto foi composto, comédia significava, em contraposição à tragédia, uma narrativa mais leve, com um final feliz.

Dante, no seu longo poema, começa perdido numa selva — uma clara imagem de uma vida pecaminosa —, quando é guiado pelo poeta romano Virgílio pelo inferno. Ao fim, num terceiro livro, publicado apenas depois da morte de Dante por seus filhos, o poeta vai ao paraíso, na companhia de Beatriz, uma paixão idealizada.

No nono círculo, o mais profundo das trevas, o próprio Lúcifer tortura os maiores traidores do cristianismo: Judas, Brutus e Cássio. Essas três figuras históricas estão lá pela enormidade de suas culpas.

Judas Iscariotes foi o discípulo que delatou Jesus aos romanos, em troca de trinta moedas de prata. Logo após trair Jesus, Judas, segundo conta o Evangelho de Mateus (27: 3-5), sentiu profundo remorso, que o levou ao suicídio:

> Quando Judas, que o havia traído, viu que Jesus fora condenado, foi tomado de remorso e devolveu aos chefes dos sacerdotes e aos líderes religiosos as trinta moedas de prata. E disse: "Pequei, pois traí sangue inocente." E eles retrucaram: "Que nos importa? A responsabilidade é sua."
>
> Então Judas jogou o dinheiro dentro do templo e, saindo, foi e enforcou-se.

A culpa o condenou.

Brutus e Cássio, por sua vez, foram os traidores de Júlio César, que se tornaria o primeiro imperador romano morto numa conspiração. Para o homem medieval, o Império Romano fora o caminho para o triunfo do cristianismo. Isso porque o Império Romano, no tempo do imperador Constantino, adotou oficialmente a religião cristã. Como Júlio César foi diretamente responsável pelo processo de transição da república para o império, os líderes da conspiração que o assassinaram eram considerados, pelo homem medieval, grandes pecadores. Isso justificou que Dante, na sua *Divina comédia*, colocasse Brutus e Cássio ao lado de Judas, no mais terrível local do inferno.

Praticamente trezentos anos separam *A divina comédia* da peça *Júlio César*, de Shakespeare. Em 1599, o homem renascentista já não via Júlio César sem alguma crítica, pois o Império Romano tinha iniciado um período de tirania, mormente se comparado com a república.

Em *Júlio César*, o dramaturgo inglês examina o sentimento de culpa que recai sobre Brutus por ter participado do complô para matar César. Brutus era muito próximo a César e sinceramente o idolatrava. No entanto, acaba convencido de que ele representa um risco para Roma. Caso não fosse apeado do poder, César se tornaria um ditador. Era o "ovo da serpente" — termo inaugurado por Shakespeare nessa peça. Diante disso, Brutus concorda em participar do grupo que assassina Júlio César.

Embora o título da obra de Shakespeare seja *Júlio César*, este morre na primeira cena do terceiro ato. A maior parte da peça se desenvolve sem ele, mas narra sobretudo a aflição psicológica de Brutus, que amava César, mas se incluiu na conspiração para matá-lo porque acreditava que, dessa forma, protegia a liberdade de Roma, evitando que o tirano assumisse o poder.

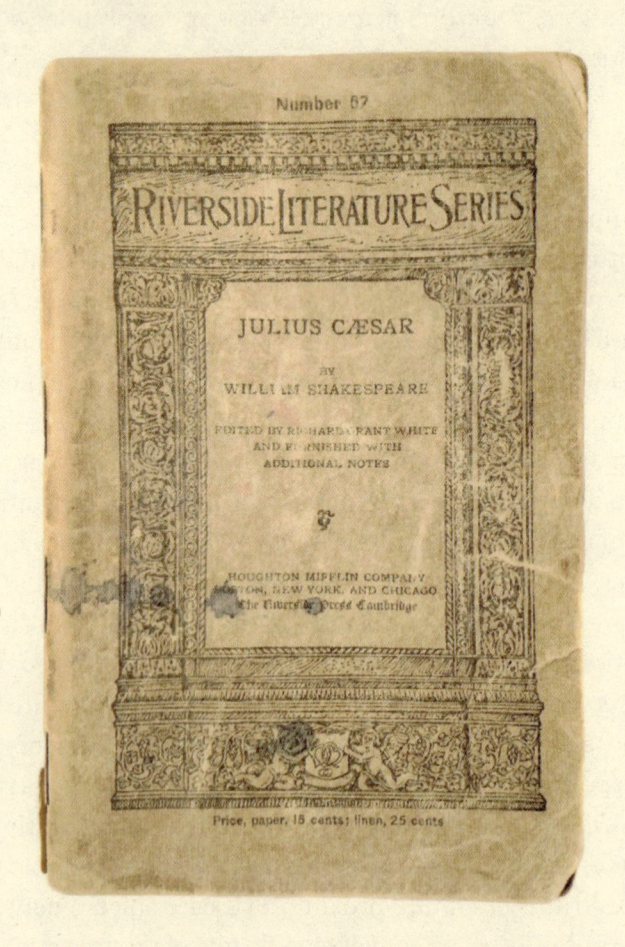

JÚLIO CÉSAR, DE WILLIAM SHAKESPEARE

Na cena final da peça, Brutus se atira em cima da própria espada dizendo: "Aplaca-te agora, César! Ao matar-te não tive nem metade da boa vontade que sinto agora!"[54]

Ao se matar, Brutus prestou contas à sua consciência. Ele claramente conseguiu distinguir o que era certo e o que era errado. A rigor, a peça poderia chamar-se *Brutus*, pois ele é o principal personagem da trama trágica.

Ainda no mundo shakespeariano, possivelmente o maior exemplo dessa imprecisão acerca de princípios e valores — e do resultante sentimento de culpa — se encontra em *Macbeth*.

Enquanto *Júlio César* foi feita por Shakespeare em 1599, quando o dramaturgo ainda aprimorava seu estilo e seus recursos na dramaturgia, *Macbeth*, de 1606, foi obra de um artista mais maduro. Nela, de forma extraordinária, Shakespeare examina a culpa.

Macbeth é um valoroso guerreiro escocês. Um herói. Entretanto, instigado por sua mulher, Lady Macbeth, vê a oportunidade de matar seu rei, quando o hospeda em seu castelo. Culpando terceiros pelo assassinato e com o trono vago, reclamaria para si o reino. Embora relutante, porque sabe que cometerá um triplo crime — matará, ao mesmo tempo, seu soberano, seu parente (pois era aparentado do rei) e seu hóspede —, Macbeth, com a ajuda da mulher, comete o regicídio.

O plano funciona. Macbeth toma a coroa. Entretanto, ele e a mulher não conseguem conviver com o crime que cometeram. A consciência deles os condena. Macbeth vê os fantasmas das pessoas que assassinou, enquanto Lady Macbeth não encontra meios de lavar o sangue que tem nas mãos. Evidentemente, tanto os fantasmas como o sangue estão apenas nas mentes de ambos. Atormentados, enlouquecem torturados pela culpa. Nenhum acontecimento externo impede que os planos do casal Macbeth se concretizem. Os planos não se materializam porque a culpa — um elemento interno e psicológico — os paralisa.

---

54 "Caesar, now be still. I killed not thee with half so good a will." (Júlio César, Ato V, Cena 5).

Honoré de Balzac escreveu uma obra monumental, denominada, numa demonstração de falta de modéstia, *A comédia humana*, pois fazia uma clara alusão à magna obra *A divina comédia*, escrita por Dante séculos antes.

Balzac conta diversas histórias — mais de cem, muitas delas sem conclusão — relacionadas à burguesia parisiense de sua época, meados do século XIX. Centenas de personagens se cruzam nas novelas. É um retrato fiel dos costumes e da natureza humana.

Entre os romances que compõem a obra encontra-se a *História da grandeza e da decadência de César Birotteau*. Birotteau, o protagonista, é um perfumista de sucesso, defensor da monarquia. Um perfeito pequeno burguês. Ingênuo e cheio de aspirações, ele se mete a dar festas, a fazer caras melhorias em sua casa. Coloca seus recursos em investimentos que escapam de sua área de *expertise*, como a especulação imobiliária. Acaba falindo. Balzac chega, em sua obra, às minúcias de apresentar o balanço de reabilitação do perfumista. O homem se vê forçado a se desfazer de seus bens, inclusive da sua loja.

César Birotteau se sente fracassado. Culpado por seus erros, originados por sua ânsia de grandeza. Embora muitos tentem avisá-lo que não precisa levar de forma tão severa a insolvência — sugerem, até mesmo, que deixe de pagar alguns dos credores, para manter uma vida menos miserável —, César passa a viver de forma paupérrima, sujeitando sua família a privações. Assim procede, ao fim, por remorso, como uma forma de autopunição. O sentimento de culpa o domina.

Correndo os riscos inerentes às reduções, pode-se dizer que Homero iconicamente representa a Antiguidade. Dante fica com a Idade Média, enquanto Shakespeare com a Renascença. E se Goethe responde pelo romantismo, cabe a Dostoiévski personificar o modernismo.

EDIÇÃO RUSSA DE *CRIME E CASTIGO*

Aos 23 anos, o russo Dostoiévski abandonou a carreira militar para se dedicar à literatura. É a mesma idade que ele dá a Raskólnikov, um de seus mais marcantes personagens.

Em 1866, Dostoiévski publica *Crime e castigo*. Nele, narra a história de Rodion Românovitch Raskólnikov, um jovem pobre, forçado a largar a faculdade de direito por falta de recursos. O protagonista vive angustiado, sem maiores perspectivas. Raskólnikov é explorado pela proprietária do imóvel em que vive, uma velha agiota, a quem decide matar, por considerá-la uma pessoa desprezível, um "piolho" da sociedade.

Raskólnikov constrói um elaborado raciocínio a fim de justificar sua conduta. No momento em que comete o crime, assassinando sua senhoria, surge a irmã da proprietária do imóvel, outra senhora. O jovem acaba por matar também essa irmã.

A passagem do assassinato é fortíssima. O jovem mata a anciã com uma violenta machadada na têmpora. A vítima cai imediatamente, mas nem assim larga o documento de "penhor" que segurava nas mãos.

Apesar da desculpa mental elaborada para justificar seu ato, o livro narra como a consciência de Raskólnikov procura o castigo. Um arrependimento sincero, construído pelo sofrimento do inferno íntimo. Não importa o quanto tentemos explicar nossos atos com sofisticadas teses: o certo seguirá sendo o certo, mesmo que todos atuem de outra forma.

Raskólnikov, ao fim, se entrega às autoridades. Recebe a pena de oito anos de prisão na Sibéria. O livro finda com a perspectiva de o protagonista deixar a cadeia.

"Mas aqui já começa outra história, a história da renovação gradual de um homem, a história de seu paulatino renascimento, da passagem progressiva de um mundo a outro, do conhecimento de uma realidade nova, até então totalmente desconhecida. Isso poderia ser o tema de um novo relato — mas este está concluído." E assim termina a clássica obra.

Tamanha foi a repercussão do livro que, logo após a sua publicação, se verificou um fenômeno social denominado "efeito Raskólnikov" na juventude. Um grande desgosto e um surto de suicídios. Somos reféns da nossa consciência.

Desde a Bíblia até *Crime e castigo*, a culpa vem sendo tema da literatura. Como vemos nesses relatos, a culpa não é de Adão, Macbeth ou de Raskólnikov. A culpa é nossa.

PAZ

Os gregos tinham Homero, com a *Ilíada* e a *Odisseia*. Essas obras ofereceram as bases éticas para o povo. Um esteio moral. Roma conquistou os gregos, mas, como se sabe, foi conquistada culturalmente.

Os romanos se maravilharam com a civilização helena e passaram a adotar os gregos como padrão. No século I a. C., o imperador Augusto encomendou ao poeta Virgílio que produzisse um poema seguindo os moldes de Homero, mas para contar a fundação de Roma. Havia um fim político de colocar a história dos romanos como um desígnio divino, sendo eles destinados a vencer e dominar.

O talentoso Virgílio elabora a *Eneida*, um longo poema, no qual conta a história de Eneias, um troiano, que escapa da derrocada de sua cidade, na famosa guerra com os gregos, para chegar até o Lácio.

Virgílio escapa de Troia carregando seu pai, Anquises, nas costas e com seu filho, Ascânio, pelas mãos. Nos primeiros livros do poema, Virgílio conta o caminho de Eneias até a península itálica, com suas muitas desventuras, com destaque para o seu *affair* amoroso com Dido, a rainha de Cartago, e sua ida ao inferno. Nos últimos livros, Eneias enfrenta os povos que habitavam a região onde se fundará Roma.

A *Eneida* se tornou a grande referência ética para os romanos. Mais tarde, Dante, na sua *Divina comédia*, elege Virgílio como guia no inferno. Camões, por sua vez, adota a *Eneida* como padrão para fazer *Os lusíadas*.

O herói Eneias se distingue pelo seu profundo senso de responsabilidade. Na sua trajetória, ele, por diversas vezes, sente o desejo de se desviar de seu caminho. Contudo, resiste. Eneias, por exemplo, se apaixona por Dido, rainha de Cartago, mas é informado pelos deuses que seu destino é outro e, portanto, deve abandonar seu amor e seguir sua jornada. Eneias cumpre seus deveres. Como se disse, carrega seu pai nas costas. Assim, contudo, ele sobrevive.

Como herói, Eneias se distingue de Aquiles e Heitor porque sobrevive. Estes, valentes e fortes, tombaram cedo. Eneias é resiliente.

No Livro XI, narra-se um momento da guerra entre os troianos, liderados por Eneias, e os latinos, o povo que habitava o local onde seria fundada Roma. Na cidade latina de Laurento, as mulheres e órfãos reclamam dos conflitos.

> Míseras mães, desoladas esposas, irmãs sem consolo,
> órfãos pequenos, privados do amparo mui cedo da vida,
> amaldiçoavam a guerra lutuosa

Aceitam escutar o experiente Diomedes, que lutara, ao lado dos gregos, na guerra de Troia. Diomedes, com "semblante aprazível", depois de narrar os infortúnios dos heróis que se enfrentaram em Troia — ele próprio não conseguiu retornar para sua casa —, adverte da guerra "ignota e de más consequências" que os latinos enfrentam. Ao fim, o velho e experiente guerreiro aconselha: "Fazei logo as pazes. Custe o que for, pois de jeito nenhum cruzaremos as armas."[55]

A experiência de quem já foi para a guerra e viu suas nefastas consequências fala pela paz, pela conciliação. Essa lição, entre outras, se colhe na *Eneida*.

Assim também o advogado vivido sabe que o litígio é um recurso, nunca a solução.

---

55   No original: "Coeant in foedera dextrae, qua datur; ast armis concurrant arma cauete."

A literatura como escola de controle da linguagem

Com razão, o escritor, semiólogo e crítico literário Roland Barthes diz que aos homens comuns, aqueles não dotados de superpoderes, resta apenas trapacear com a língua. Expressando-se de forma persuasiva, o ser humano é escutado, ganha voz. O nome dessa trapaça é literatura.[56]

O advogado, para se fazer ouvir, deve valer-se dessa salutar trapaça.

Isso, por certo, não quer dizer que ele deva mentir ou omitir a verdade. Essa conduta não costuma dar bons frutos. A estratégia — a "boa" trapaça — consiste em contar bem seu caso, apresentando suas razões de forma agradável e convincente.

---

56 Roland Barthes, *Aula*, São Paulo, Cultrix, 1980, p. 10.

Não parece possível desempenhar essa tarefa expressando-se mal, de forma reticente e cambaleante.

Colocar-se de forma oportuna e pertinente, adotar as palavras corretas, expressar-se claramente; nada disso é fácil. No começo dos anos setenta, o jornalista e professor universitário norte-americano William Zinsser lançou *Como escrever bem*, que, desde então, serve de leitura obrigatória para jornalistas e outros profissionais. Numa passagem do livro, Zinsser deixa claro:

> Escrever é um trabalho árduo. Uma frase clara não é acidental. Poucas frases surgem prontas logo de cara, ou mesmo depois de duas ou três vezes. Lembre-se disso nos momentos de desespero. Se você acha difícil escrever, é porque é mesmo difícil.[57]

A língua é um código, cheio de regras e malícias. Quem quiser se expressar bem deve tratar de dominar essas normas e manhas.

Não à toa, as palavras *texto* e *tecido* dividem a mesma origem etimológica. Ambos oferecem a ideia de entrelaçamento: o texto de palavras e o tecido de fios. Ambos, a partir de sua elaboração, escondem (ou revelam) algo. São obras e, como tal, para sua plena compreensão, devem ser apreciadas não apenas pelo seu resultado, mas também pela forma como foram construídas.

"A primeira coisa a fazer é matar todos os advogados"[58], diz-se na Segunda Parte de *Henrique VI*, peça de Shakespeare. A frase, conhecidíssima, é repetida. Dita assim, parece ser uma manifestação dura contrária aos causídicos. Contudo, antes, ela serve de bom exemplo de que a compreensão correta demanda o conhecimento do contexto.

A peça se passa num momento de rebelião e incerteza política na Inglaterra. Um grupo de revoltosos deseja tomar o poder.

---

57 William Zinsser, *Como escrever bem*, São Paulo, Fósforo, 2021, p. 23.
58 "The first thing we do, let's kill all the lawyers." (Henrique IV, Parte II, Ato IV, Cena 2).

A manifestação, que pede, como primeira providência, matar os advogados, sai da boca de Dick, o açougueiro, um dos revoltosos. O desejo dos revolucionários era o de romper com o *establishment*. A mais efetiva forma de acabar com a ordem estabelecida era matar os advogados, exatamente aqueles que conheciam as leis e, logo, poderiam manter a ordem.

Analisada por esse prisma, isto é, compreendendo-se a frase inserida na situação, Shakespeare enalteceu a atividade dos advogados, pois serviriam de alicerce para a estabilidade social.

Tanto na literatura como no mundo jurídico, o primeiro passo para entender a mensagem, de forma mais precisa, parte da sua apreciação dentro do seu conjunto. Retirar uma declaração de seu contexto costuma distorcer completamente o seu sentido. O bom intérprete sempre busca encontrar as circunstâncias do que lê.

O vencedor do Nobel de economia, Daniel Kahneman, explica, em *Rápido e devagar*, que o ser humano se vale de dois sistemas diferentes para chegar às suas conclusões. O primeiro sistema opera de forma imediata, com poucos esforços mentais. No segundo, somos submetidos a uma escolha que demanda concentração e trabalho mental aprofundado.

Responder a uma pergunta simples, como qual o resultado de 1 + 1, reconhecer que alguém canta uma canção muito fora do tom, dirigir o carro por uma rua larga e vazia são atividades que executamos sem maior reflexão. Já fazer uma conta complexa (172 x 343, por exemplo), estacionar o carro numa vaga apertada ou destrinchar um argumento complexo demandam uma atenção especial.

Ambos os sistemas de pensamento e raciocínio, largamente utilizados, se complementam. Por vezes, valer-se de alta indagação para temas simples pode ser letal (e certamente desnecessário). De outro lado, tomar uma decisão rápida para um assunto que merece reflexão tende a produzir resultados catastróficos. Trocando em miúdos, quem demora muito para frear o carro, quando uma pessoa surge na sua frente na estrada, pode atropelar o transeunte. A reflexão detida, naquele momento — para cogitar, por exemplo, se essa pessoa deveria cruzar a rodovia fora da faixa —, tem tudo para acarretar consequências catastróficas. Em situações de emergência, não há espaço para grandes elucubrações. Por outro lado, questões como a escolha da profissão que se vai seguir na vida não podem ser decididas sem altas ponderações.

O livro de Kahneman fala de lógica e bom senso. Duas ferramentas essenciais para compreender como formamos a nossa opinião e para aprimorar nosso poder de convencimento.

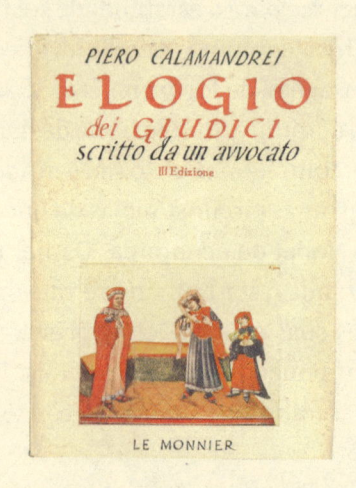

TERCEIRA EDIÇÃO ITALIANA DO LIVRO DE PIERO CALAMANDREI

Piero Calamandrei foi um brilhante jurista florentino. Em 1935, ele publica *Eles, os juízes, vistos por nós, os advogados — Elogio dei giudici scritto da un avvocato*, no original — no qual oferece pequenos textos — pérolas de sabedoria — sobre a vida forense. Em alguns deles, Calamandrei cuida da forma como o advogado deve colocar-se perante o julgador:

> O aforismo *jura novit curia* não é apenas uma regra processual, que significa que o juiz deve achar oficiosamente a norma que se aplica ao facto, sem esperar que as partes a sugiram. É também uma regra de boa educação para uso do

pretório: adverte o advogado, apaixonado pela sua causa que não deve dar-se ares de ensinar o direito aos juízes — esse direito em que eles sabem. Seria talvez grande jurista, mas certamente péssimo psicólogo (e, por conseguinte, advogado medíocre) aquele que, falando aos juízes como se estivesse a dar aula, os indispusesse com o arsenal da sua ciência ou os fatigasse com velhas argúcias doutrinais.

Conta ainda:

O advogado que se queixa de não ser compreendido pelo juiz não se queixa do juiz, mas de si mesmo. O juiz não tem o dever de compreender: é o advogado quem tem a obrigação de se fazer compreender. Dos dois, o que está sentado à espera é o juiz; o que está de pé, o que deve mexer-se e aproximar-se, mesmo espiritualmente, é o advogado.

E, entre outras, esta também:

O que quer dizer "grande advogado"? Quer dizer advogado útil aos juízes, para os ajudar a decidir de acordo com a justiça e útil ao cliente, para o ajudar a fazer valer suas razões.

Útil é o advogado que fala apenas o estritamente necessário, que escreve clara e concisamente, que não estorva o pretório com a grandeza da sua personalidade, que não aborrece aos juízes com a sua prolixidade nem os põe desconfiados com as suas subtilezas — isto é: exactamente o contrário do que certo público entende por "grande advogado".

Ao dominar a linguagem, os profissionais de direito serão mais precisos e, assim, atingirão, com maior probabilidade, seus propósitos.

O controle da forma de se comunicar não responde a uma ciência exata. Veja-se que, ao contrário do conceito matemático de que a ordem dos fatores não altera o produto, na linguagem, diferentemente, essa ordem pode fazer toda a diferença: "eles casaram e tiveram filhos" é diferente de "eles tiveram filhos e se casaram". Não basta ao emissor da mensagem saber fazer contas, ele deve ter sensibilidade.

Ao ler, familiarizam-se com as diversas ferramentas de que se dispõem para transmitir sua mensagem. A literatura, portanto, é uma escola.

METÁFORA

"Meu único punhal será minha palavra."[59] Assim, Hamlet diz ao seu amigo Polônio como pretende se defender. As palavras, claro, podem por vezes ter mais contundência do que um sabre. E, nesse jogo de força, as metáforas, figuras de linguagem que explicam coisas ou situações de forma não literal, valendo-se de comparações implícitas, têm poder ainda maior.

Não por outro motivo, grandes líderes, para garantir a potência de sua mensagem, se valem comumente de metáforas e símbolos em seus discursos. Assim fez Jesus Cristo, que oferecia suas poderosas lições por meio de parábolas. Jorge Luis Borges comentou que a histó-

---

59   "I will speak daggers to her." (Hamlet, Ato III, Cena 2)

ria do mundo não é outra coisa que não a história de alguma metáfora e Goethe disse que todas as coisas são metáforas.

Numa das mais conhecidas passagens do Evangelho de Mateus, Jesus conta a seguinte parábola:

> O Reino dos céus é semelhante ao homem que semeia boa semente no seu campo; mas, dormindo os homens, veio o seu inimigo, e semeou o joio no meio do trigo, e retirou-se. E, quando a erva cresceu e frutificou, apareceu também o joio. E os servos do pai de família, indo ter com ele, disseram-lhe: Senhor, não semeaste tu no teu campo boa semente? Por que tem, então, joio? E ele lhes disse: Um inimigo é quem fez isso. E os servos lhe disseram: Queres, pois, que vamos arrancá-lo? Porém ele lhes disse: Não; para que, ao colher o joio, não arranqueis também o trigo com ele. Deixai crescer ambos juntos até a ceifa; e, por ocasião da ceifa, direi aos ceifeiros: colhei primeiro o joio e atai-o em molhos para o queimar; mas o trigo, ajuntai-o no meu celeiro.

Quando Jesus, segundo o Evangelho de Mateus, manda separar o joio do trigo, ele não pede aos seus fiéis que, literalmente, sigam para o campo a fim de separar os cereais. Trata-se de uma mensagem simbólica. O trigo, mais maleável, tem várias utilidades — a partir dele faz-se, por exemplo, o pão, a cerveja, a farinha. O joio, por sua vez, embora parecido com o trigo, é uma erva daninha, que cresce ao lado de outras plantas, mas não tem grande serventia. Na parábola, quando Jesus manda separar o joio do trigo se refere à necessidade de identificar a natureza das coisas, para melhor compreendê-las.

A metáfora é uma figura de linguagem, um recurso, uma ferramenta, por meio da qual se adotam conceitos ou coisas por algo diferente, mas que admitem comparação. Quando alguém diz: "a voz dele é doce", vale-se de uma metáfora, porque embora apenas o paladar possa sentir a doçura, o sentido da mensagem é transferido com perfeição. Associa-se "doce" ao senso comum de algo bom, positivo. Logo, a voz elogiada é agradável. A mensagem seria diametralmente oposta se se afirmasse que "a voz dele é amarga". A origem grega da palavra "metáfora" significa exatamente "transposição de sentido". Eis por que se diz que a poesia consiste na forma de a palavra ser compreendida além da palavra — ou, como definiu o romântico William Wordsworth, "a poesia é o derramar espontâneo dos sentimentos poderosos".

O símbolo muitas vezes funciona como metáfora. A balança, por exemplo, representa a justiça. A palavra "direito" surge a partir de uma metáfora: direito é o "direto", reto, aquilo que não se desvia, sendo esse desvio exatamente o irregular, o ilegal.

Oliver Wendell Holmes, Jr., um dos mais renomados juízes da história da Suprema Corte norte-americana, definiu o direito como "a profecia do que os tribunais farão". Essa apreciação pragmática faz dos juristas videntes, que anteveem o resultado de um veredicto. Uma imagem que carrega a ideia do direito como um fenômeno protegido pela estabilidade. Outro juiz da Suprema Corte norte-americana, Benjamin Cardozo, para explicar os limites do julgador, disse que "o Direito é descoberto, não criado". Com isso, ele, também por meio de uma metáfora, transmite a ideia de que haveria arbitrariedade se o julgador inventasse novas regras para decidir o caso, em vez de extraí-las do ordenamento jurídico. Norberto Bobbio, jurista e filósofo italiano, registra: "Um ordenamento não nasce num deserto." Com essa bela figura de linguagem, ensina que se deve apreciar o fenômeno jurídico sempre inserido num contexto. Rudolf von Jhering, grande jurista alemão, lembra que o direito é uma necessidade social, que surge espontaneamente. Para ressaltar o papel do jurista, vale-se de uma linda imagem: "Assim como o jardineiro não cria a flor, a reflexão e a intenção, também, não puderam criar o direito; mas, sim, cuidar dele, regá-lo e aperfeiçoá-lo desde a sua origem."

A mitologia grega, por sua vez, não pode sequer ser compreendida sem o reconhecimento das metáforas nela inseridas.

A profusão de símbolos no texto clássico grego certamente se relaciona a um traço marcante encontrado em Homero, considerado o primeiro grande poeta da literatura ocidental. O Homem, em Homero, tinha uma constante preocupação: como seria ele considerado no futuro? Qual seria a opinião da posteridade a seu respeito? Em grande parte, a vida dos heróis homéricos gravitava ao redor dessa inquietação. Por conta disso, seus atos deveriam ter um significado que extrapolasse o ordinário, a trivialidade, mas que ecoassem na posteridade. Fazia-se necessário encontrar uma interpretação que oferecesse um sentido para os fatos narrados, que poderiam, para as gerações vindouras, expressar algo maior.

Quando os guerreiros helenos são convocados para a guerra de Troia, Aquiles, príncipe, semideus e o mais temido de todos os combatentes, reluta. Intimamente, ele não deseja ir para a batalha. A mãe de Aquiles, a deusa Tétis, explica ao filho: se ele ficar, terá uma vida longa, cercada de amor pelos filhos e netos, mas será, contudo, esquecido em algumas gerações. Se partir para a guerra, experimentará uma curta vida terrena, pois rapidamente encontrará a morte. Contudo, toda a eternidade lembrará seus feitos e seu nome será cultuado enquanto os homens habitarem a Terra. Tétis desejava que o filho ficasse, mas Aquiles optou pela fama, na esperança de vencer o tempo.

A imagem, forte e evidente, fala dos sacrifícios feitos por quem deseja se sobressair — no limite, antecipando a chegada da morte.

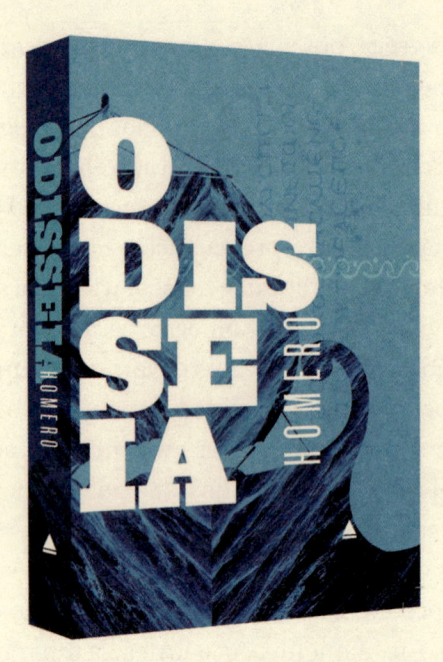

A *ODISSEIA*, UM DOS TEXTOS FUNDADORES DA CIVILIZAÇÃO OCIDENTAL

No canto IV da *Odisseia*, Homero conta da luta entre o herói grego Menelau e Proteu, uma divindade marinha, filho de Poseidon. Menelau, na volta da guerra de Troia, fica preso na Ilha de Paros, porque teria ofendido algum deus. Ele quer voltar para casa. Idotea, filha de Proteu, diz a Menelau que seu pai poderia informar qual deus foi ultrajado para que, reparando a falta, o grego pudesse voltar ao seu caminho. Para isso, Menelau teria de agarrar Proteu, para que este lhe desse as respostas. Ocorre que Proteu, pela sua natureza, conseguia metamorfosear-se, assumindo as mais variadas formas. Por isso, não era fácil segurá-lo. Sempre seguindo as orientações de Idotea, Menelau, disfarçado numa pele de foca, segue Proteu quando este sai do mar e o agarra. Proteu, como esperado, se transforma: leão, dragão, pantera, javali, água e, até, numa árvore. Menelau é persistente. Não larga a divindade. Depois de muita luta, Proteu se cansa. Retoma a sua forma primitiva. Apenas então Menelau consegue obter as respostas de que precisa.

Os mitos gregos vêm carregados de simbolismo. No caso dessa passagem, uma possível interpretação é a de que as respostas apenas chegam quando o problema é reduzido à sua essência básica. Homero não diz diretamente o que pretende expressar. O intérprete chega à conclusão. Pelo fato de essa resposta ser encontrada pelo próprio intérprete, feita por meio de seu raciocínio, a lição se revela mais potente.

Proteu pode servir como uma imagem do jurista buscando cumprir seu fim. Afinal, a situação concreta, a que o jurista é submetido, pode apresentar e adquirir feições variadas. Ao jurista, resta a resiliência. Com vigor, deve buscar "agarrar" os fatos e suas repercussões jurídicas, até conseguir capturar sua essência. Para isso, tal como no mito, o jurista deve conhecer a história do desafio que enfrenta (da mesma forma que Idotea contou para Menelau sobre seu pai). Apenas por meio dessa luta, o jurista, tal como o herói grego, consegue voltar para casa.

Tratando-se do uso da metáfora, vale a ressalva: o uso exagerado de imagens pode criar efeito oposto, resultando numa linguagem afetada, artificial, barroca, de todo indesejada. A imagem deve adequar-se perfeitamente à hipótese sob pena de soar artificial, como uma demonstração de falsa erudição.

AMBIGUIDADE

"Tenho de ser cruel, apenas para ser gentil" ("*I must be cruel, only to be kind*"), diz Hamlet para sua mãe. Há uma contradição na declaração do príncipe dinamarquês, mas ela é apenas aparente. Observe-se, ainda, a frase que Goethe coloca na boca de Mefistófeles: "Sou uma parte dessa força que embora deseje o mal, no entanto, origina o bem." Ou, ainda, "Falar muito de si mesmo pode ser um modo de se esconder", registrou Nietzsche em *Além do bem e do mal*. Ambiguidades. Essa forma de se expressar permite mais de uma leitura. Abre-se espaço para o humor, para a poesia, para sutilezas.

RETRATO DE KANT, POR JOHANN GOTTLIEB BECKER

Immanuel Kant, o filósofo prussiano, cujos trabalhos, no século XVIII, tiveram larga influência no desenvolvimento da ciência jurídica, enfrentou problemas com seu rei, Frederico Guilherme II. Isso porque suas opiniões sobre religião causaram grande comoção, na medida em que criticavam o cristianismo. A censura abateu-se sobre Kant, que se viu forçado a se manifestar. O filósofo esclareceu o seguinte: "Na condição de súdito fiel de Vossa Majestade, renunciarei a quaisquer palestras públicas ou comentários escritos sobre religião." Kant, contudo, tinha ciência de que aquele rei não teria vida longa. Tempos depois daquela declaração, o filósofo esclareceu que suas palavras foram cuidadosamente calibradas, a fim de que sua liberdade não fosse para sempre tolhida, mas valeriam apenas enquanto vivesse o rei. A renúncia estava condicionada ao período em que Kant fosse súdito do rei Frederico Guilherme II. Kant não mentiu, mas a imprecisão de sua declaração permitia que sua renúncia fosse momentânea.

Um grande exemplo de ambiguidade na literatura é o discurso de Marco Antônio, personagem da peça *Júlio César*, de Shakespeare. Na obra de que falamos há pouco, membros do senado romano assassinam Júlio César. Marco Antônio não participa do golpe. O povo, que adorava Júlio César, não entende perfeitamente o ocorrido. Os conspiradores alegam que Júlio César devia morrer porque aspirava a se tornar um tirano. Marco Antônio pede para falar no funeral de César. Os conspiradores, agora no poder, permitem que ele fale, desde que se comprometa a não enaltecer o falecido. Marco Antônio não tem opção senão a de se sujeitar à restrição. Eis o seu discurso:

> Amigos, romanos, compatriotas, prestai-me atenção! Estou aqui para sepultar César, não para glorificá-lo. O mal que fazem os homens perdura depois deles! Frequentemente, o bem que fizeram é sepultado com os próprios ossos! Que assim seja com César! O nobre Brutus vos disse que César era ambicioso. Se assim foi, era uma grave falta e César a pagou gravemente. Aqui, com a permissão de Brutus e dos demais (pois Brutus é um homem honrado, como todos os demais são homens honrados), venho falar nos funerais de César. Era meu amigo, leal e justo comigo; mas Brutus diz que era ambicioso; e Brutus é um homem honrado. Trouxe muitos cativos para Roma, cujos resgates encheram os cofres do Estado. César, nesse particular, parecia ambicioso? Quando os pobres deixavam ouvir suas vozes lastimosas, César derramava lágrimas. A ambição deveria ter um coração mais duro! Entretanto, Brutus disse que ele era ambi-

> cioso e Brutus é um homem honrado. Todos vós o vistes nas Lupercais: três vezes eu lhe apresentei uma coroa real e, três vezes, ele a recusou. Isso era ambição? Entretanto, Brutus disse que ele era ambicioso, e, sem dúvida alguma, Brutus é um homem honrado. Não falo para desaprovar o que Brutus disse, mas aqui estou para falar sobre aquilo que conheço! Todos vós já o amastes, não sem motivo. Que razão, então, vos detém agora, para pranteá-lo? Oh! Inteligência, fugiste para os irracionais, pois os homens perderam o juízo!... Desculpai-me! Meu coração está ali com César, e preciso esperar até que ele para mim volte![60]

"Brutus é um homem honrado", repete Marco Antônio. Fica evidente que ele quer dizer justo o oposto, o que fica evidenciado no contexto de sua fala. Percebe-se como se pode expressar algo em sentido diferente daquilo que se fala. A linguagem permite que se diga uma coisa, porém o sentido seja outro.

Eis a famosa máxima de Talleyrand, a quintessência do diplomata habilidoso, para quem "as palavras servem apenas para encobrir os pensamentos".

---

60 "Friends, Romans, countrymen, lend me your ears;/ I come to bury Caesar, not to praise him./ The evil that men do lives after them;/ The good is oft interred with their bones;/ So let it be with Caesar. The noble Brutus / Hath told you Caesar was ambitious: / If it were so, it was a grievous fault, / And grievously hath Caesar answer'd it. / Here, under leave of Brutus and the rest- / For Brutus is an honourable man; / So are they all, all honourable men- / Come I to speak in Caesar's funeral. / He was my friend, faithful and just to me: / But Brutus says he was ambitious; / And Brutus is an honourable man. / He hath brought many captives home to Rome / Whose ransoms did the general coffers fill: / Did this in Caesar seem ambitious? / When that the poor have cried, Caesar hath wept: / Ambition should be made of sterner stuff: / Yet Brutus says he was ambitious; / And Brutus is an honourable man. / You all did see that on the Lupercal / I thrice presented him a kingly crown, / Which he did thrice refuse: was this ambition? / Yet Brutus says he was ambitious; / And, sure, he is an honourable man. / I speak not to disprove what Brutus spoke, / But here I am to speak what I do know. / You all did love him once, not without cause: / What cause withholds you then, to mourn for him? / O judgment! thou art fled to brutish beasts, / And men have lost their reason. Bear with me; / My heart is in the coffin there with Caesar, / And I must pause till it come back to me." (Ato III, Cena 2).

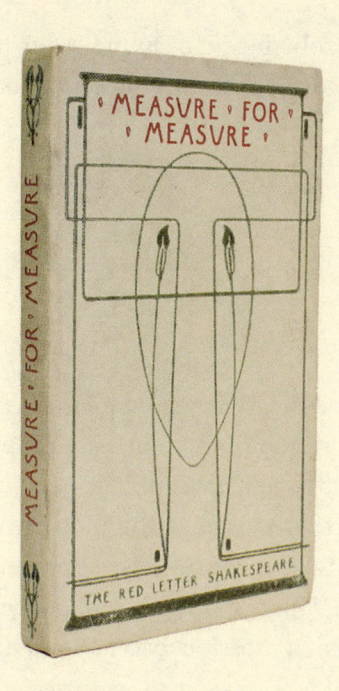

MEDIDA POR MEDIDA NO INÍCIO DO SÉCULO XX

    Colhe-se, também em Shakespeare, outro potente exemplo de ambiguidade, a partir do uso da reticência. Em *Medida por medida*, uma comédia amarga, de 1604, o bardo de Stratford conta a história de uma bela noviça, Isabela. Não fica claro, ao longo da peça, se Isabela é ingênua ou sonsa. Seu irmão, Cláudio, é condenado à morte e, como última esperança, pede a ela que suplique por sua vida a Ângelo, o responsável pela sentença. Embora Ângelo fosse supostamente puritano, oferece à Isabela libertar seu irmão em troca de uma noite de amor com ela. A trama se desenvolve. Ao fim, Ângelo e seu falso rigor fica exposto. O Duque aparece para restabelecer a ordem. No fim da peça — exatamente nas suas últimas palavras —, o Duque diz que se casará com Isabela. Contudo, a peça termina nesse ponto, sem que Isabela indique sua concordância. Esse silêncio guarda um significado. A ambiguidade promovida pela reticência permite ao intérprete compreender que Isabela não estava feliz com aquela imposição, embora não pudesse desobedecer ao Duque. Aqui, também, transfere-se sutilmente a mensagem, sem que nada seja dito.

IRONIA

Sócrates, como educador, seguia técnica consistente em incutir dúvidas no interlocutor, a fim de que este refletisse sobre as colocações que fazia. Sócrates buscava ensinar pela incerteza. Quando dialogava, não era assertivo, mas questionador, provocador. Dessa forma, fazia com que seu interlocutor refletisse e ele próprio chegasse às respostas. Comumente, valia-se da *eironeia*, palavra grega que significa "dissimulação". Afinal, a interlocução não era direta. Incitando dúvidas, a verdade emergia.

Na ironia, as palavras têm um sentido contrário ao que expressa a literalidade.

Quando o ex-presidente norte-americano Ronald Reagan alfinetou: "Hoje, pela legislação americana, eu posso me livrar com mais facilidade da minha mulher do que da minha empregada", havia, claro, uma ironia. Naturalmente, tratava-se de um exagero, mas, com graça, Reagan dava bem o seu recado, censurando a legislação trabalhista.

Ambrose Bierce foi um jornalista e escritor americano que se tornou conhecido por lançar, em 1906, um pequeno livro chamado *O dicionário do diabo*. Bierce listou uma série de definições debochadas, como as seguintes:

> **Advogado** subst. masc.
> Um especialista em desvios da lei.
> **Criminoso** subst. masc.

> Alguém com mais iniciativa do que discrição, que aproveitou uma oportunidade e infelizmente se apaixonou por ela.
>
> **Legal** adj.
> De acordo com o juiz em exercício.

Com graça, Bierce oferecia sua crítica, que talvez não ganhasse tanta projeção se fosse apresentada de forma direta. A ironia mostra, assim, sua força.

Plutarco nasceu no primeiro século depois de Cristo na Beócia, nas cercanias de Delfos, na Grécia. Além de sacerdote no famoso templo de Apolo, em Delfos, Plutarco atuou por anos como juiz. Ao longo de sua vida, ele foi um prolífico escritor, notabilizando-se, principalmente, como biógrafo. No breve ensaio *Como tirar proveito de seus inimigos,* Plutarco esbanja ironia na sua dedicatória: "À administração política, fonte fecunda de inimizades e ódios".

Evidentemente, não é positivo colher inimizades ou ódios. Logo, não faz qualquer sentido dedicar uma obra a alguém que lhe forneça esses reveses. Ao dedicar o trabalho à administração política, Plutarco, de forma sarcástica, externa as mazelas da vida pública, fonte desses malefícios.

John Falstaff foi, durante a vida de Shakespeare, seu personagem mais popular. Falstaff apareceu nas duas partes de *Henrique IV* e em *As alegres comadres de Windsor*. Diz-se que Shakespeare teria composto esta última peça em quinze dias, para atender a um pedido da própria rainha Elizabeth I, que queria ver Falstaff apaixonado. Falstaff era um gaiato, fanfarrão, desordeiro, apaixonado pela farra. Tinha por grandes amigos dois juízes: Shallow e Silence — ou seja, o "Raso" e o "Silêncio".

Fica nítido o escárnio de Shakespeare com o judiciário de seu tempo, cujos juízes, sem compostura, confraternizavam e bebiam na companhia de pimpões como Falstaff. Suas condutas eram marcadas pelo "silêncio", quando nada decidiam, ou pela falta de fundamentação, pois prolatavam veredictos "rasos".

Shakespeare valia-se, em muitas de suas peças, da figura do "bobo". Essa personagem tinha a "licença de falar verdades inconvenientes".[61] O bobo não se confundia com o palhaço. Este era divertido involuntariamente — na maior parte das vezes, porque dizia *tonterías* sem nexo —, já o bobo tirava sua graça de caso pensado. Suas tiradas decorriam de sua perspicácia, de seus comentários sardônicos, de seus jogos de palavras argutos, de sua filosofia farsesca. Acima de tudo, o bobo se comunicava pela ironia. O bobo era inteligente e sofisticado, o palhaço não tinha nada disso.

Pode haver ironia numa história sem sentido, um *nonsense*. Eis uma anedota antiga, contada na época áurea dos filósofos gregos, no século V a. C.: um escolástico — isto é, um estudioso membro da academia — encontra um conhecido e diz: "Haviam-me dito que estavas morto!" O homem devolve: "Agora vês que estou vivo!" O escolástico, então, pondera: "Mas quem me disse que havias morrido tem mais credibilidade do que você!"

Era, evidentemente, um chiste com os estudiosos, que se agarravam às suas teses, mesmo quando as mais sólidas evidências estavam do outro lado.

CONCISÃO

Com razão, criticam-se os profissionais do direito por gostarem de falar. Os discursos e arrazoados longos, prolixos, são, em regra, enfadonhos. Minam a força da mensagem. Rui Barbosa teve sua participação na Conferência de Paz em Haia, em 1907, duramente criticada

---

[61] Ver posfácio de Rodrigo Lacerda, in Willian Shakespeare, *Rei Lear*, São Paulo, Editora 34, 2022, p. 427.

por representantes de outros países, por conta da extensão de seus pronunciamentos. Não se questionava o brilho e a inteligência de Rui, mas suas prolixas intervenções acabaram por dificultar que alguns dos relevantes temas que suscitou fossem mais bem apreciados.[62]

Num mundo tão ocupado, o bom profissional deve preocupar-se em conter sua manifestação. Identificar o momento de parar, quando já se disse o suficiente, é sinal de sabedoria. Na atualidade, deve-se cultuar a máxima da poesia neoclássica: *inutilia truncat*, ou seja, cortem-se as coisas inúteis, seguindo a recomendação de Gertrudes, personagem de Shakespeare em *Hamlet*, que interrompe uma explanação de Polônio, cheia de apostos, para solicitar: *"more matter, with less art"*[63] — algo como, "pare de me enrolar e vamos ao ponto!".

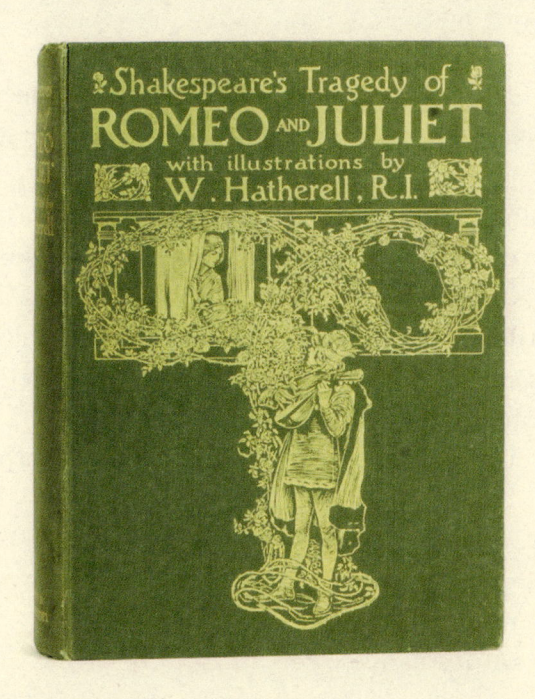

ROMEU E JULIETA ESTÁ ENTRE AS OBRAS MAIS POPULARES DO BARDO

---

62 Ver Carlos Henrique Cardim, *A raiz das coisas. Rui Barbosa: o Brasil no mundo*, Rio de Janeiro, Civilização Brasileira, 2023.
63 *Hamlet* (Ato II, Cena 2).

Ainda em Shakespeare, cite-se excelente exemplo de concisão colhido em *Romeu e Julieta*. Isso porque a peça começa com um prólogo, com um ator subindo ao palco para falar à plateia oito, apenas oito, frases. Com elas, conta-se tudo o que vai acontecer no resto da peça:

> Duas famílias, iguais em dignidade,
> Na linda Verona, onde se passa esta cena,
> Levadas por antigos rancores, desencadeiam novos distúrbios,
> Nos quais o sangue civil tinge mãos cidadãs.
>
> Da entranha fatal desses dois inimigos, ganharam vida,
> Sob adversa estrela, dois amantes,
> Cuja desventura e lastimoso fim enterraram,
> Com a morte, a constante sanha de seus pais.[64]

Faz-se um resumo da trama. Tamanha a qualidade dessa síntese que o espectador fica cativo, interessado em saber como será o desenrolar de todos esses fatos.

Na vida do advogado, premida pelo tempo de que dispõe para expor suas razões, apresentar as questões de forma objetiva e sucinta pode fazer a diferença entre ganhar ou perder a causa.

Eis um outro exemplo de precisa brevidade shakespeariana:

> Bernardo: Quem vem lá?
> Francisco: Não, você responde. Alto e se descubra.
> Bernardo: Viva o rei!

---

[64] "Two households, both alike in dignity, / In fair Verona, where we lay our scene, / From ancient grudge break to new mutiny, / Where civil blood makes civil hands unclean. / From forth the fatal loins of these two foes / A pair of star-cross'd lovers take their life; / Whose misadventured piteous overthrows/ Do with their death bury their parents' strife." (Romeu e Julieta, Prólogo).

Francisco: Bernardo?
Bernardo: Eu.⁶⁵

São cinco linhas. Frases curtas. Duas delas têm apenas uma palavra. A peça inicia com uma pergunta: "Quem vem lá?" (ou "Quem está aí?". Para muitos, trata-se de uma provocação à plateia).

Essas cinco frases explicam tudo. Dois soldados se encontram. Um quer saber quem é o outro. É noite (o breu não permite enxergar) e está frio ("se descubra"). Claro, é a gélida Dinamarca (lembre-se que no teatro elisabetano não havia cenários e as falas tinham de explicar aos espectadores o local onde se desenvolvia a cena).

Quando um exclama seu apoio ao rei, o outro percebe que ambos estão do mesmo lado. Mas se há um lado, deve haver outro contrário. Fica claro, assim, que os tempos são sombrios.

As cinco breves frases (duas delas formadas apenas por duas palavras) oferecem um monte de informações. Fazem com que o ouvinte tenha que raciocinar e, assim, participar da peça. A plateia está magnetizada, em grande medida pela forma direta com que se expôs a história.

A busca desenfreada e irrefletida pela concisão não pode, contudo, comprometer a adequada transferência de informação.

Conta-se a história do juiz do interior, cansado de uma longa audiência. O magistrado quer terminar a assentada o quanto antes. Sentou-se à sua frente a última testemunha: um matuto, chucro e simplório. Impaciente, o juiz diz ao matuto que deveria se limitar a responder as perguntas com um "sim" ou um "não". Nada mais do que isso.

— Mas, doutô — ponderou o homem simples —, tem vez que não dá...
— Como não?! — redarguiu o magistrado. — É sim ou não. Vamos ser objetivos!
— Doutô, não dá...

---

65 "Bernardo: Who's there? / Francisco: Nay, answer me: stand, and unfold yourself. / Bernardo: Long live the king! / Francisco: Bernardo? / Bernardo: He." (Ato I, Cena 1).

— Claro que dá! Eu vou te mostrar. Pois me faça uma pergunta que eu não consiga responder com um sim ou não.

O matuto olha de lado, fecha levemente um de seus olhos e alfineta:

— É verdade que a mulher do sinhô parou de dormir com o delegado?

Obviamente, o juiz não poderia sair com um sim, confirmando que a sua mulher, antes, dormia com o delegado, nem, tampouco, com um não, significando que ela ainda praticava a infidelidade. O matuto havia ganhado a discussão. Porém, muito mais do que isso, ele demonstrou o risco de uma comunicação limitada, extremamente sucinta.

Não se pode prestigiar a concisão a ponto de se perder a mensagem.

SEDUÇÃO

Há muito, muito tempo, havia um rico reino, no qual o rei, cercado de paz, vivia com sua linda filha, uma menina adorada pelos súditos. Ao lado do maravilhoso castelo do rei, encontrava-se uma floresta frondosa. No verão, a princesa brincava entre as árvores e o lago da floresta. Numa manhã ensolarada, a princesa ganhou de seu pai uma magnífica bola dourada e correu para o bosque com seu novo brinquedo. Por descuido, a bola dourada caiu no lago, desaparecendo nas suas águas turvas. A pequena princesa ficou desconsolada, caindo em pranto. Apareceu, então, um sapo, que, muito cortês, se dirigiu à princesa: "Não chore, fique calma", disse o sapo. "Eu posso ajudar", assegurou. A princesa arregalou os olhos e, surpresa, assentiu com a cabeça. O sapo, direto, indagou: "Mas o que ganharei em troca se te devolver a bola dourada?" A princesa rapidamente retrucou: "O que quiser, senhor sapo, minhas roupas, minhas joias, minha coroa..." O sapo, uma vez mais, foi bem objetivo: "Não quero suas roupas, joias ou sua coroa. Quero sua companhia. Se eu trouxer de volta a bola dourada, quero que me leve com você para seu palácio e me deixe sempre por perto, quando comer, quando brincar, quando dormir." A princesa, sem titubear, aceitou a oferta. O sapo então mergulhou no lago e em pouco tempo voltou com a bola dourada na boca. A princesa ficou exultante de felicidade. Pegou sua bola, virou-se e saiu correndo em direção ao seu castelo. O sapo pulou atrás da princesa, suplicou para que ela andasse mais devagar e o aguardasse, mas a menina fingiu nem o ouvir, deixando-o para trás.

Joseph Campbell, grande estudioso de mitologias, oferece a narrativa acima como exemplo de um bom começo de história. O enredo cativa quem lê ou escuta a exposição. O que vai acontecer com a princesa que desprezou o sapo? O anfíbio era mágico? Irá reagir? Vingar-se? Queremos saber o que vai suceder, queremos conhecer seu final. Uma boa história nos captura.

A *Odisseia* conta as desventuras de Ulisses, ou Odisseu, que deseja retornar de Troia, após a famosa guerra, para sua casa, na ilha de Ítaca. Depois já de muito tempo navegando e tendo passado por diversas aventuras, o barco de Ulisses naufraga numa outra ilha, chamada Feácia, já perto da cidade do herói. O episódio ocorre no Canto VI do épico poema.

Ulisses está nu, caído na beira da praia, com o corpo coberto de algas marinhas e o cabelo coberto pela "espuma empastada do mar infecundo". Naquele momento, a princesa local, Nausícaa, com seu séquito, passava por perto. Ao virem o homem caído no mar, totalmente desnudo, as servas saem correndo. Nausícaa, contudo, vai ao encontro de Ulisses, que ela desconhece por completo quem seja.

Ulisses, naquele momento, nada tem para provar quem ele é. Sem roupas, sem qualquer bem de valor, Ulisses, para se proteger, tem apenas sua voz.

O herói começa por enaltecer Nausícaa, dizendo, entre outros galanteios, que, pela sua beleza, não sabe se ela é deusa ou humana. São linhas e linhas de elogios. Em seguida, Ulisses conta seu drama, pedindo ajuda à princesa, já que não conhece ninguém na ilha.

Há um contraste grande entre a aparência de Ulisses, despido e com o corpo marcado pelo sol e pela guerra —, com as suas nobres e bem colocadas palavras. Seu discurso demonstra sua nobreza, superando a impressão causada pelo seu aspecto. Nausícaa acaba por sucumbir. Dá roupas a Ulisses e o leva para a casa de seu pai.

O discurso melífluo, que cativou a princesa, salvou Ulisses.

O profissional do direito vive dessa sedução. O advogado precisa demonstrar a correção de seus argumentos. O juiz, ao dar sua decisão, procura evidenciar que julgou corretamente. Até o legislador quer fazer uma lei que pareça, à sociedade, adequada e pertinente.

O advogado quer convencer. Mais do que isso, convencer faz parte de seu trabalho. Esse dever de ofício, porém, não raro se consolida num cacoete. Por vício profissional ou defeito do temperamento, o advogado busca demonstrar a supremacia de sua alegação. Na maior parte das vezes, o advogado ganha a vida argumentando, persuadindo alguém da correção de suas ponderações.

Por outro lado, ninguém deve ser advogado o tempo todo. A vida não é um tribunal perene. Manter-se, constantemente, com o objetivo de convencer seu interlocutor torna o ser humano uma companhia indesejável. Nas suas relações com amigos e familiares, melhor que o advogado deixe de lado suas estratégias de argumentação e sua eloquência, desarme seu espírito, permitindo-se escutar e ceder. O mesmo se diz ao juiz: se ele seguir julgando, mesmo quando estiver fora do tribunal, torna-se uma pessoa de trato difícil, autoritário. A toga tem seu local e sua hora.

Se o causídico não percebe essa "armadilha" da profissão, perde a oportunidade de aprender, distancia-se do próximo, torna-se escravo do seu argumento (quando, por todas as razões, os argumentos servem para nos ajudar, não o contrário). Para nos tornarmos pessoas mais agradáveis, a autocrítica revela-se fundamental. Ao ler, somos levados a pensar em nossas condutas, nossa forma de agir e de expressar nossas opiniões.

Equivoca-se quem acha que o papel do julgador não é também o de persuadir. O bom julgador, ao proferir a sua decisão, deve convencer as partes em litígio de que a solução apresentada representa justiça e correção. Na prática, essa fundamentação dirige-se mais para a parte que sucumbiu. Afinal, quem recebe um julgamento contrário aos seus interesses quer compreender o motivo. Se a decisão for cuidadosa, bem-feita, a parte derrotada, embora vencida, tende a compreender os motivos, concordando ou não com eles. A verdadeira paz social não se dá apenas com a solução material do litígio, mas com uma solução que as partes respeitem intimamente — ainda que isso não se dê imediatamente após conhecer a sentença, mas, tempos depois, afastada a emoção. Assim, o julgador deve ter presente seu propósito de convencer os litigantes de que a sua decisão foi a mais acertada.

A língua funciona como um pujante meio de sedução. Convém dominar esse sistema de representação constituído principalmente por palavras, a fim de aprimorar a persuasão.

Em toda sedução, contudo, há riscos. Em *O mercador de Veneza*, Shakespeare adverte para o perigo de se apaixonar pelas palavras:

> As mais brilhantes aparências podem encobrir as mais vulgares realidades. O mundo vive sempre enganado pelos ornamentos. Em justiça, qual é a causa impura e corrupta a que uma voz persuasiva não possa, apresentando-a com habilidade, dissimular o odioso aspecto? Em religião, qual o erro detestável que não possa, santificado por uma fronte austera e apoiado em textos adequados, esconder grosseria debaixo de belos

ornamentos? O mais simples dos vícios sempre se apresenta sob os aspectos da virtude.[66]

Jacob Burckhardt, historiador alemão apaixonado pelos gregos clássicos e pela Renascença, ponderou que "todo talento deve ser revelado através do confronto" — uma frase que caberia a Nietzsche, de quem Burckhardt era amigo.

Todos somos submetidos a confrontos. Fazem parte da vida. O domínio da palavra fatalmente terá um papel importante na forma como deixaremos esses inevitáveis conflitos: cobertos de louros ou ensanguentados, amargando derrotas. A capacidade de seduzir e convencer, por vezes, vai permitir que escapemos do embate, sem que isso seja uma demonstração de fraqueza ou covardia.

Em 1864, quatro anos após a morte de Arthur Schopenhauer, seu editor lança as anotações do filósofo intituladas *Eristische Dialektik* [*Dialética erística*]. Indica-se um numeroso rol de estratégias de disputa verbal. Em português, recebeu uma provocativa tradução: *Como vencer um debate sem precisar ter razão*.

FAMOSO RETRATO DE SCHOPENHAUER

---

66   "So may the outward shows be least themselves: / The world is still deceived with ornament. / In law, what plea so tainted and corrupt, / But, being seasoned with a gracious voice, / Obscures the show of evil? In religion, / What damned error, but some sober brow / Will bless it and approve it with a text, / Hiding the grossness with fair ornament? / There is no vice so simple but assumes / Some mark of virtue on his outward parts:" (Ato III, Cena 2).

Pelo que se sabe, o alemão Schopenhauer foi uma pessoa amargurada. Há registros de seu mau humor — que se tornou folclórico. Seu pai, acredita-se, suicidou-se quando o filósofo tinha 16 anos. Deixou-lhe uma fortuna suficiente para que não precisasse trabalhar. Poderia dedicar-se ao que quisesse. Goethe, amigo da mãe de Schopenhauer, registrou, após um encontro com o jovem filósofo, que o considerou "um rapaz estranho e interessante". Schopenhauer nunca se casou, apesar de terem-lhe recusado algumas propostas. Teve alguns *poodles*. Inicialmente um autor fracassado, experimentou a fama apenas no final da vida. Morreu em 1860, seguro de que a existência humana era uma espécie de equívoco.

Em *Como vencer um debate sem precisar ter razão,* Schopenhauer reuniu 38 estratagemas de argumentação persuasiva, denunciando sua fragilidade e lamentando seu uso. São técnicas que vão do desvio do tema, passando pela ironia, pela manipulação semântica e pela falsa proclamação de vitória. O objetivo da obra consiste em identificar a discussão objetiva, séria e construtiva, para distingui-la dos ardis, das artimanhas, dos subterfúgios.

O último estratagema enunciado por Schopenhauer chega a ser curioso — e não menos preocupante.

> Quando percebemos que o adversário é superior e que não ficaremos com a razão, devemos nos tornar ofensivos, insultantes, indelicados. O uso das ofensas pessoais consiste em sair do objeto da discussão (já que a partida está perdida) e passar ao contendor, atacando, de uma maneira ou de outra, a sua pessoa.

Isso é feito, diz o filósofo, de forma "insolente, maldosa, ultrajante, grosseira". Ao expor o tema dessa forma, Schopenhauer deixa claro que as ofensas pessoais, endereçadas à parte que debate, é a estratégia que resta a quem não tem razão e aos menos preparados para discutir em bom nível.

Como disse Da Vinci, *"dove si grida non è vera scienza"* — onde se grita não há verdadeira ciência. Dito de outra forma, os talentosos não agridem, eles seduzem.

O que os advogados e os juízes fazem com as palavras

Com muita frequência veem-se expositores, normalmente quando agradecem algo ou tentam enaltecer alguém, dizendo: "não tenho palavras..." ou "faltam-me palavras...". Até Roberto Carlos, para expressar como era grande o seu amor, disse que "com palavras não sei dizer". Sem jamais menosprezar os sentimentos de alguém, a verdade é que as palavras existem, estão aí. Pode-se, até mesmo, inventá-las. Na maior parte das vezes, o expositor sincero deveria confessar em seu discurso: "Devem existir palavras e meios de agradecer, de expor o que sinto, mas eu, lamentavelmente, não tenho esse domínio da linguagem."

O advogado não pode subir à tribuna e dizer: "Não tenho palavras para expressar como meu cliente tem razão em seu pleito." Tampouco cabe ao juiz decidir registrando que "faltam-me palavras para julgar procedente esse pedido". Não há essa opção, nem mesmo como uma metáfora.

Ao profissional de direito, esse controle da forma de se expressar, o conhecimento e uso adequado do vocábulo, faz parte de sua atividade. Ou melhor, as palavras são o instrumento básico de seu ofício.

Cristóvão Colombo, quando partiu em sua famosa expedição pelo Atlântico, levou consigo um intérprete, a fim de se comunicar com o império do grande khan. Era um judeu convertido ao cristianismo que falava árabe. Como se sabe, Colombo aportou na América. As primeiras palavras ditas por um europeu a um americano foram em árabe. Logo, perceberam que o intérprete não valia de nada. Os nativos falavam outra língua. Na realidade, se tivessem chegado à China, como imaginava Colombo, o árabe tampouco teria alguma valia. A história da civilização seria outra se o intérprete de Colombo soubesse a língua dos nativos.

O filósofo Giorgio Agamben chama a atenção para um fato: embora as pessoas divirjam sobre os mais variados assuntos — podendo-se dizer até que discordam a respeito de tudo —, não há, na história, uma comunidade ou grupo social que tenha decidido renunciar à linguagem.

Evidentemente, muito se discute acerca dos limites do uso da linguagem, de como ela pode (se é que deve) ser censurada ou amplificada. Porém, numa coisa todos concordamos: precisamos da linguagem — afinal, mesmo o silêncio é uma forma de linguagem.

As palavras "comunicação" e "comunidade" se relacionam à palavra "comum". Comunidade significa o grupo de pessoas que compartilham algo em comum. Comunicação apenas ocorre se existir uma ligação entre os interlocutores. A mensagem, para ser plenamente compreendida, deve encontrar empatia, estabelecendo um elo, exatamente porque demonstra que emitente e receptor têm algo que os une. Temos de concordar com Paulo — possivelmente o maior gênio da comunicação da história —, quando, nas suas cartas aos Coríntios, diz: "Mas, se eu ignorar o sentido da linguagem, serei bárbaro para aquele a quem falo, e o que fala será bárbaro para mim."

Orgulho e vergonha expressam bem esse sentimento de identidade comum. Se uma pessoa conhecida, com a qual temos algum vínculo, realiza uma proeza ou comete uma gafe, somos tomados de orgulho ou vergonha. Imagine-se que um colega de turma no colégio ganha o prêmio Nobel da paz ou publica um texto racista. Sentiremos orgulho no primeiro caso e vergonha no segundo. Se fosse um total desconhecido, nascido em outro país e jamais tivéssemos ouvido falar dele até que realizasse o ato (no exemplo, um louvável e o outro desprezível), não sentiríamos orgulho ou vergonha, mas apenas louvaríamos ou condenaríamos a conduta. Para experimentar orgulho ou vergonha, deve haver um sentimento de proximidade, uma conexão. Como sou brasileiro, se um conterrâneo se destacar positivamente, ficarei tomado de orgulho, a demonstrar que, no meu sentir, pertenço à comunidade da minha nação. Como corolário, consigo, creio, comunicar-me melhor com os demais brasileiros, precisamente pela existência dessas identidades.

Se quem deseja comunicar não atenta para essa sintonia e deixa de encontrar, na sua mensagem, algo que compartilhe com o destinatário, é bem provável que a mensagem se perca.

Isso não quer dizer que pessoas de culturas e origens distintas não possam se comunicar. Claro que podem. Contudo, elas se encontrarão nos temas universais, nas naturezas simples que nos reúnem como espécie. Tolstói, pensando nisso, recomendou que, se alguém quisesse ser universal, deveria começar por contar de sua aldeia.

É extraordinário que, no Brasil, país com dimensões continentais, exista uma língua claramente dominante. Poderia ser diferente, dificultando a comunicação dentro do território. A Nigéria, com população semelhante à nossa, tem mais de quinhentos idiomas. Na Papua Nova-Guiné, uma ilha com menos de dez milhões de habitantes, falam-se mais de oitocentos.[67] A língua comum muito nos auxilia, mas não é suficiente para garantir a perfeita comunicação. A verdadeira comunicação necessita mais do que apenas a identidade linguística.

Se um juiz brasileiro examinar um caso ocorrido em Angola, onde também se fala português, terá, para que sua decisão seja plenamente compreendida entre as partes angolanas, de se esforçar para compreender a cultura daquele país.

O advogado brasileiro que tentar, por exemplo, convencer um juiz norte-americano da inocência de seu cliente, terá maior chance de êxito — mesmo admitindo-se que domine a língua inglesa — se buscar, em suas manifestações, entender como pensa o magistrado daquele país, isto é, onde se localiza sua sensibilidade.

Há um velho brocardo segundo o qual "o que não está nos autos não está no mundo", para evitar um julgamento que tome por base fatos não discutidos pelas partes. Nos nossos dias, pode-se acrescentar: "O que está nos autos, está no mundo." Isso porque o processo judicial deixou de ser um ambiente visitado apenas pelos profissionais de direito. Temas jurídicos dominam as capas dos jornais e as conversas do dia a dia. A sociedade quer entender as discussões. As partes, seus assessores, a imprensa, o mercado financeiro, as "donas de casa", os ocupados e os desocupados, pessoas com as mais variadas atividades, justificadamente, desejam compreender os temas jurídicos em debate, que guardam maiores ou menores repercussões no âmbito social.

Com a necessidade de se comunicar com a sociedade, a linguagem se apresenta como um desafio ao jurista contemporâneo. A forma de se comunicar passa a ser a chave para que o direito se sintonize

---

67   Ver Caetano W. Galindo, *Latim em pó*, São Paulo, Companhia das Letras, 2022.

e se faça útil. Se não compreender esse fenômeno, o jurista ficará condenado à autofagia — será como o intérprete de Colombo.

Há quem defenda a existência de um antagonismo irreconciliável entre a linguagem técnica e a linguagem literária. Será? Estariam os profissionais de direito condenados ao "juridiquês"? Para garantir a perfeita comunicação nos autos de um processo judicial, será necessário valer-se dos "data vênias" e expressões do tipo? Será preciso repetir os "insignes", "cultos", "dignos", "respeitáveis", "excelências", "eminentes", ...? Pode-se escapar do "legalês"?

A linguagem técnico-científica e a literária guardam distinções. Para começar, a linguagem jurídica é técnica e, nessa condição, deve buscar ser clara.

Quando o cientista explica a composição de determinada fórmula química, seu texto será possivelmente incompreensível para os leigos na matéria, em decorrência do emprego de termos técnicos. Imagine a pessoa que procura um médico e, depois do exame, o doutor lhe oferece o seguinte diagnóstico: "Você tem um troço na barriga." Possivelmente, o paciente se despedirá do médico para nunca mais consultá-lo. Caso, entretanto, o médico, após analisar o doente diga: "após a biópsia duodenal, diagnosticamos um abscesso subfrênico no abdome", o paciente, ao menos, terá a impressão de que houve uma apreciação técnica de seu mal. Certamente, a linguagem utilizada pelo segundo médico é mais precisa.

O mesmo se dá, comumente, em documentos jurídicos, que se valem de denominações próprias dessa ciência. O uso da linguagem técnica guarda forte importância e cumpre uma função. Dá-se a ela o nome de "jargão".

A discussão jurídica, comumente, gravita ao redor de temas científicos, que demandam precisão linguística, para adequado exame do fenômeno. As leis, por sua vez, devem ser claras e objetivas, a fim de facilitar a interpretação de seu alcance.[68]

Por meio da linguagem técnica, busca-se objetividade, a exatidão possível, o que se concretiza com a indicação rigorosamente certeira do fenômeno. Pietro Pierlingieri notou que "toda ciência que se propõe a conhecer e comunicar deve necessariamente usar uma linguagem constituída de conceitos rigorosamente ordenados [...].

---

68   Em 25 de fevereiro de 1998, foi publicada, no Brasil, a Lei Complementar n.º 95, com o propósito de estabelecer critérios para a redação das leis, que devem ser observados pelo legislador:
"Art. 11. As disposições normativas serão redigidas com clareza, precisão e ordem lógica, observadas, para esse propósito, as seguintes normas:
I – para a obtenção de clareza:
a) usar as palavras e as expressões em seu sentido comum, salvo quando a norma versar sobre assunto técnico, hipótese em que se empregará a nomenclatura própria da área em que se esteja legislando;
b) usar frases curtas e concisas;
c) construir as orações na ordem direta, evitando preciosismo, neologismo e adjetivações dispensáveis;
d) buscar a uniformidade do tempo verbal em todo o texto das normas legais, dando preferência ao tempo presente ou ao futuro simples do presente;
e) usar os recursos de pontuação de forma judiciosa, evitando os abusos de caráter estilístico;
II – para a obtenção de precisão:
a) articular a linguagem, técnica ou comum, de modo a ensejar perfeita compreensão do objetivo da lei e a permitir que seu texto evidencie com clareza o conteúdo e o alcance que o legislador pretende dar à norma;
b) expressar a ideia, quando repetida no texto, por meio das mesmas palavras, evitando o emprego de sinonímia com propósito meramente estilístico;
c) evitar o emprego de expressão ou palavra que confira duplo sentido ao texto;
d) escolher termos que tenham o mesmo sentido e significado na maior parte do território nacional, evitando o uso de expressões locais ou regionais;
e) usar apenas siglas consagradas pelo uso, observado o princípio de que a primeira referência no texto seja acompanhada de explicitação de seu significado;
f) grafar por extenso quaisquer referências a números e percentuais, exceto data, número de lei e nos casos em que houver prejuízo para a compreensão do texto;
g) indicar, expressamente, o dispositivo objeto de remissão, em vez de usar as expressões 'anterior', 'seguinte' ou equivalentes;
III – para a obtenção de ordem lógica:
a) reunir sob as categorias de agregação — subseção, seção, capítulo, título e livro — apenas as disposições relacionadas com o objeto da lei;
b) restringir o conteúdo de cada artigo da lei a um único assunto ou princípio;
c) expressar por meio dos parágrafos os aspectos complementares à norma enunciada no caput do artigo e as exceções à regra por este estabelecida;
d) promover as discriminações e enumerações por meio dos incisos, alíneas e itens."

A tal necessidade não foge a ciência jurídica. Não é, portanto, praticável um direito que não use conceitos".[69]

A tensão dos diferentes destinatários. Eis um drama comum ao profissional do direito. O advogado, quando elabora a sua peça, busca, ao mesmo tempo, agradar ao juiz e ao seu cliente. Nem sempre esse desejo é conciliável de forma harmônica. Muitas vezes, para atingir esse duplo resultado, faz-se necessário grande talento. Ao juiz, o advogado deve ser técnico e atingir o ponto que sensibilize o julgador. Ao cliente, a manifestação entregue ao juiz deve extravasar alguns temas por vezes irrelevantes à análise técnica, mas importantes à parte. O advogado nem sempre consegue agradar a todos.

Também o julgador sofre a tensão de haver mais de um destinatário de suas decisões. Ele deve satisfações não apenas à parte, mas também a toda a sociedade. Quando se manifesta, dirige sua ordem para cuidar do caso concreto a ele submetido, mas também a toda a coletividade.

Essa capacidade de se comunicar para destinatários diferentes requer especial inteligência.

No mundo jurídico, os fatos devem ser narrados com acuidade, buscando-se a comunicação direta. A preocupação primeira dos profissionais da área legal consiste em fazer seu argumento translúcido. Acima de tudo, o texto deve ser um documento de fácil interpretação, eventualmente até repetitivo e redundante, tudo para evitar eventual discussão acerca de sua abrangência.

A linguagem literária, por seu lado, procura abrir possibilidades, jogar com a mente e a criatividade do leitor, a ponto de perturbá-la. Não se busca, necessariamente, explicar. O objetivo é o de despertar sentimentos. Fernando Pessoa, por exemplo, na contramão do cacoete jurídico, zombou das pessoas que têm "mania [...] de julgar que as coisas se provam".

Os propósitos da linguagem técnica e da literária não se confundem. A linguagem literária comumente remete o leitor, para o fim de

---

69 Pietro Perlingieri, *Perfis do direito civil*, Rio de Janeiro, Renovar, 1997, p. 59.

compreender o texto, à necessidade de uma interpretação extrínseca, ou seja, vale-se de elementos que não se encontram no documento. Já a linguagem técnico-científica, na medida do possível, almeja ser autoexplicativa, contendo, em si mesma, os elementos necessários para a sua compreensão.

Infelizmente, a linguagem técnica por vezes contamina uma boa narrativa. A vencedora de Nobel de literatura Olga Tokarczuk examina esse infeliz fenômeno:

> Não há doença pior do que aquela que faz a pessoa perder sua linguagem individual e assumir por completo a linguagem coletiva. É um mal de que sofrem funcionários públicos, políticos, acadêmicos e também padres. E a única espécie de terapia disponível é a literatura. O contato íntimo com as linguagens de pessoas criativas funciona como vacina contra a visão do mundo criada provisoriamente e tratada de modo instrumental. Esse é um poderoso argumento em favor da leitura de literatura (também clássica), porque a literatura mostra que antigamente as linguagens coletivas funcionavam de forma diferente e levavam, em consequência, à criação de outras visões do mundo. Por isso, vale a pena ler para perceber essas outras visões e se assegurar de que o nosso mundo é um de vários mundos possíveis e com certeza não nos foi dado de uma vez por todas.[70]

Com razão, a escritora polonesa aponta a literatura como a única terapia para vencer o contágio da linguagem técnica.

---

70 Olga Tokarczuk, *Escrever é muito perigoso*, São Paulo, Todavia, 2023, p. 83.

No mundo contemporâneo, o profissional de direito deve buscar, sem perder a precisão, adotar uma linguagem que harmonize a técnica com o prazer decorrente da leitura de um bom texto, que observe a cadência e o estilo.

Quem dominar essas formas de expressão, técnica e literária, terá mais ferramentas para expor suas ideias ou para fazer prevalecer seus argumentos.

O advogado escuta a história de seu cliente. Ou melhor, a versão de seu cliente, que, como sói ocorrer, vem carregada de emoções e reticências. Necessário filtrá-la, decantá-la. Muitas vezes, o cliente omite, até por vergonha, determinados fatos (certa vez, recebi de um experiente advogado a seguinte lição: todo cliente mente. O problema é quando mente muito...).

A partir do relato feito por quem procura sua ajuda, o advogado escolhe a melhor narrativa para apresentar sua causa — o que deve fazer, por razões éticas, sem alterar a verdade. Como ele quer convencer, vale-se de recursos da retórica. Se quer seduzir, fundamental que escreva de forma escorreita, lógica.

Os profissionais de direito, de certa forma, são escritores. E o são por necessidade. Num modelo jurídico como o adotado no Brasil, no qual a maior parte da atividade profissional se dá pela elaboração de documentos — cartas, notificações, petições, memorandos —, o domínio da escrita se apresenta como a primeira e mais importante das ferramentas de trabalho. O advogado que não domina a escrita tem sua atuação comprometida, como o engenheiro que não sabe fazer cálculos, o salva-vidas com medo de mar ou o médico que não pode ver sangue.

FERNANDO PESSOA

    Um dos papéis do escritor é dar novas roupas às palavras, segundo (mais ou menos assim) definiu Shakespeare. Veja a prova disso no conhecido poema "Autopsicografia", de Fernando Pessoa:

> O poeta é um fingidor
> Finge tão completamente
> Que chega a fingir que é dor
> A dor que deveras sente.
>
> E os que leem o que escreve,
> Na dor lida sentem bem,
> Não as duas que ele teve,
> Mas só a que eles não têm.
>
> E assim nas calhas de roda
> Gira, a entreter a razão,
> Esse comboio de corda
> Que se chama coração.

Provavelmente, Pessoa se inspirou numa passagem de *Como gostais,* peça de Shakespeare — o genial português era aficionado pelo bardo.[71] Na obra, o bobo Touchstone (antes, vimos que o "bobo" shakespeariano nada tinha de tonto, mas gozava de espirituosidade em abundância) conversa com Audrey, uma camponesa por quem ele se interessa amorosamente:

> Touchstone: [...] Para dizer a verdade, gostaria que os deuses a houvessem feito mais poética.
> Audrey: Não compreendo o que seja "poética". É uma coisa conveniente em palavra ou obra? Será qualquer coisa verdadeira?
> Touchstone: Certamente que não, pois a mais verdadeira das poesias é a mais fingida. Os amantes são dados à poesia e os que juram em poesia seu amor na verdade fingem.
> Audrey: Você gostaria que os deuses me tivessem feito mais poética?
> Touchstone: Gostaria muito, pois você me diz ser honesta. Se fosse poeta, teria esperanças de que fingisse.[72]

Pessoa, a partir de uma tirada de Shakespeare, dá novas cores a uma ideia: a de que o poeta é um fingidor. Ele a interpreta e elabora. Não é muito diferente do trabalho do advogado, cuja arte consiste em relatar os fatos e interpretar a norma de modo a favorecer a causa que defende. O advogado é um fingidor / Finge tão completamente...

---

71 Quem levanta a tese é Richard Zenith, em *Pessoa: uma biografia,* São Paulo, Companhia das Letras, 2022, p. 839.
72 "Touchstone: [...] Truly, I would the gods had made thee poetical.
Audrey: I do not know what 'poetical' is: is it honest in deed and word? Is it a true thing?
Touchstone: No, truly; for the truest poetry is the most feigning; and lovers are given to poetry, and what they swear in poetry may be said as lovers they do feign.
Audrey: Do you wish then that the gods had made me poetical?
Touchstone: I do, truly; for thou swearest to me thou art honest: now, if thou wert a poet, I might have some hope thou didst feign." (Como gostais, Ato III, Cena 3).

Não raro, para dar ênfase a algum conceito, os juristas se valem da literatura. Comumente, denomina-se de cláusula leonina uma estipulação contratual abusiva, na qual uma das partes tirou vantagem da outra, aproveitando-se de sua posição de força negocial.

Essa designação surgiu a partir de uma antiga fábula do grego Esopo. Eis uma tradução do original:

> O leão, o asno e a raposa tinham caçado juntos e feito uma boa provisão. O leão deu ordem para dividi-la e o asno assim o fez. Dividiu tudo em três partes iguais e pediu ao leão para escolher a sua. Furioso, o leão saltou em cima do asno e o devorou. Depois, pediu à raposa para fazer a divisão. Ela juntou tudo e deixou só alguns pedaços para si.
> — Agora é a sua vez — disse para o leão.
> Este lhe perguntou quem lhe ensinara dividir assim.
> — O triste destino do asno — respondeu a raposa.
> A infelicidade de uns é a fonte de sabedoria para outros.[73]

A história, com o tempo, ganhou novas versões. Numa delas, o leão e outros animais convencionam caçar juntos, mas, no momento de dividir a parte de cada um no que conseguiram capturar, o leão, então, reparte a presa em três e diz: "Eu sou o Rei Leão. Logo, por conta disso, tenho direito à primeira parte. A segunda parte também me pertence porque sou o mais forte e, por fim, a outra por eu ser o mais valente." Nenhum dos animais, claro, reclamou.

---

73   Esopo, *Fábulas*, Porto Alegre, L&PM, 1997, p. 175.

Valendo-se da eloquência dessa fábula, o jurista batizou, de forma precisa, uma patologia contratual. Fica fácil, pela referência literária, compreender o conceito.

O advogado constrói a narrativa a partir do relato que ouviu. Ele adequa essa narrativa para uma linguagem jurídica. O causídico, contudo, falha se seu cliente deixa de compreender seu arrazoado. As petições do advogado não podem se distanciar do entendimento de quem solicitou sua ajuda. Embora seja necessário recorrer a termos técnicos, a peça jurídica deve ser capaz de transmitir a mensagem, atingindo também os "leigos". Também a sentença do juiz falha quando o jurisdicionado não a alcança. A linguagem empregada pelo profissional desvia-se de seu propósito quando se torna um dialeto secreto.

Se o legislador redige uma lei clara, a chance de ela ser respeitada aumenta. Uma norma mal escrita e confusa fatalmente terá mais dificuldade em ser aplicada. Um advogado que apresente sua causa de forma escorreita, linear, valendo-se do vocabulário adequado, certamente terá mais chances de êxito se comparado ao causídico que se colocou de modo impreciso ou se perdeu em áridos termos técnicos. O julgador que ofereceu seu veredicto em bom estilo, externando claramente sua decisão, poderá ser criticado, positiva ou negativamente, de modo mais construtivo.

Somos forçados a reconhecer que um dos grandes poderes do universo jurídico decorre da linguagem.

Em contrapartida, a linguagem exageradamente rebuscada, espumada, emplumada de firulas, travada pelas mesuras, normalmente não indica erudição — como creem alguns, equivocadamente. Isso poderia ter algum sentido no passado. A língua é e está viva. Hoje, mesmo a linguagem técnica não admite desvios prolixos, mas, antes, exige objetividade. Segundo o vencedor do prêmio Nobel de literatura Isaac Bashevis Singer, "quando a literatura se torna demasiadamente intelectual, quando ignora emoções, torna-se estéril, tola, vazia". O mesmo ocorre com uma peça jurídica: se ela se enfronha demasiadamente em termos e expressões técnicas, afastando-se dos aspectos humanos, distancia-se de sua finalidade.[74]

Os profissionais de direito deveriam fazer mesmo o juramento de Manuel Bandeira, no *Itinerário de Pasárgada*: "Aproveito a ocasião para jurar que jamais fiz um poema ou verso ininteligível para me fingir de profundo sob a especiosa capa do hermetismo. Só não fui claro quando não pude..."

Linguagem é poder. Pode servir para o bem ou para o mal. Por meio dela, pode-se fazer justiça ou injustiça. Isso porque há inúmeras formas de se narrar os mesmos fatos, permitindo as mais distantes interpretações. Quem conta a história escolhe o caminho que vai trilhar.

A experiência revela ao profissional de direito que a comunicação serve de espada e escudo. Assenhorando-se dessa ferramenta, ele persegue seu propósito. Em grande parte, a experiência ensina a arte do uso da palavra. Segundo o Eclesiastes: "Aprende o teu ofício e envelhece nele."

A palavra é insubstituível. Muitas vezes, diz-se que uma imagem vale mais do que mil palavras. Mas, como advertia ironicamente Millôr Fernandes, tente dizer isso apenas com imagens... As palavras seguem como a forma mais precisa de se expressar. Dominar a linguagem não representa apenas uma vantagem, mas se trata da base para desenvolver qualquer pensamento, para construir a mais simples estratégia de defesa ou de ataque.

Foi perguntado a um velho advogado se, numa discussão jurídica, na qual cada uma das partes expõe os fatos de uma maneira, uma delas deveria, necessariamente, estar mentindo. Afinal, numa lógica cartesiana, ambas não poderiam, ao mesmo tempo, falar a verdade.

---

74 George Orwell, num ensaio sobre a língua inglesa (*A literatura, os escritores e o Leviatã*, Rio de Janeiro, Nova Fronteira, 2021, p. 94), ofereceu seis valiosas regras para a boa redação: "(I) Nunca use uma metáfora, analogia ou qualquer figura de linguagem que você esteja acostumado a ver impressa.
(II) Nunca use uma palavra comprida onde uma curta possa servir.
(III) Sempre que for possível cortar uma palavra, corte-a.
(IV) Nunca use a voz passiva onde puder usar a ativa.
(V) Nunca use uma frase estrangeira, uma palavra científica ou um jargão, se puder se lembrar de um equivalente em seu idioma do dia a dia.
(VI) Quebre qualquer uma dessas regras se estiver prestes a dizer alguma barbaridade."

O causídico experiente, então, conta que chamaram três excelentes pintores para reproduzir o quadro da Mona Lisa de Leonardo da Vinci. O resultado dos trabalhos não foi o mesmo, embora todos registrassem a mesma imagem. Guardam alguma semelhança entre si, mas não são uma reprodução perfeita da própria Mona Lisa, tomada por base das obras. Na exposição dos casos, ocorre exatamente isso: cada advogado apresenta a causa de uma forma, não havendo, necessariamente, uma falsidade em nenhuma das narrativas. Os mesmos fatos são apresentados com um viés, um tempero, um matiz. Os *Vedas*, clássicos da literatura sânscrita, registraram: "A verdade é uma, mas os sábios falam dela por muitos nomes."

O advogado que melhor persuadir, seja pelos seus argumentos jurídicos ou pela clareza de sua narrativa, terá mais chances de convencer o julgador.

Para dominar a habilidade de se expressar da forma mais conveniente, primeiro, deve-se dominar o idioma, começando por conhecer as palavras e a força que delas emana. Usar a palavra certa pode fazer toda a diferença.

Por vezes não percebemos a mística força da palavra: um som ou alguns signos escritos são capazes de fazer com que as pessoas se emocionem, riam ou chorem, pensem, tomem-se de raiva ou se apaixonem. A linguagem serve como arma.

Ainda bem que existe o vocábulo "cabelo". Melhor assim. Não fosse isso, teríamos de, ao se referir a ele por meio de uma construção de outras palavras: seriam "os pelos que saem da cabeça". Ao dizer "cabelo" já se indicou, de forma direta e precisa, o que se quis expressar. A palavra certa tem seu poder.

Certa vez, disseram-me que a palavra "saudade" era uma exclusividade do português. Nenhuma outra língua, segundo me foi dito, expressava esse sentimento de forma direta, num só vocábulo. O francês, o italiano e o inglês, por exemplo, precisavam, para registrar esse fenômeno, unir um grupo de palavras. Duvidei dessa afirmação. A saudade era um sentimento tão forte que, supus, seria natural que todas as línguas do mundo tivessem um termo específico para ela.

Mais tarde, conheci a palavra "banzo", que significa a nostalgia dos negros oriundos da África, trazidos à força pelo mercado de escravizados, em relação à sua terra natal. Era uma saudade triste.

Para a maior parte das pessoas que vivem neste planeta, neve é uma palavra sem variantes. Contudo, para os inuítes, que habitam área perto do Polo Norte, e para os sâmis (antigos lapões), que vivem na região ártica da Noruega, Suécia e Finlândia, há diversas formas de identificar os tipos diferentes de neve, cada qual com um nome específico. A necessidade cria os nomes.

Os gregos antigos tinham a palavra *"póthos"* para indicar uma obsessão inalcançável. Essa *póthos* acarretava altíssima frustração, pois o desejo jamais se concretizaria. Havia *póthos*, por exemplo, no luto, pois já não se encontraria mais em vida com quem faleceu. Até onde sei, não existe na língua portuguesa um vocábulo próprio para designar essa obsessão inatingível. Se houvesse, teríamos um meio mais potente de expressar esse sentimento.

Como diz o Evangelho, "uma palavra tua bastará para me curar". Evidentemente, não será qualquer palavra. Para usar a palavra certa, é necessário conhecê-la. Mais ainda, é preciso que ela exista.

Como as palavras podem ser traiçoeiras, os profissionais de direito não podem deixar de as questionar. Um respeito que duvida. Uma reverência suspeitosa.

A Royal Society, instituição inglesa destinada à promoção do conhecimento, foi fundada em Londres em 1660. Desde sua criação, ela serve de palco aos mais relevantes debates científicos. Basta dizer que Isaac Newton — presidente da instituição entre 1703 a 1727 —, por meio dela, apresentou ao mundo suas revolucionárias ideias acerca da mecânica.

O lema da Royal Society é *Nullius in verba*, isto é, "não acredite apenas nas palavras de alguém". Na época em que esse *motto* foi criado, referia-se especialmente às palavras do filósofo grego Aristóteles, pois os fundadores daquela instituição acreditavam que se deveria questionar Aristóteles, ou seja, duvidar da ciência clássica, a fim de se progredir. O que era dito merecia ser refletido e comprovado. Nada deveria ser aceito *a priori*.

Esse tipo de atitude é muito útil ao profissional de direito. A verdade não deve ser revelada, como uma dádiva, mas conquistada. Sem nenhuma dúvida, sem questionamentos, a palavra não tem o mesmo vigor.

Ademais, numa sociedade pluralista — cuidadosa em respeitar a pluralidade —, o papel do intérprete ganha nova importância, ascende. Admitem-se diferentes leituras, a partir de percepções e lugares distintos.

O ITALIANO NORBERTO BOBBIO

Norberto Bobbio nasceu em Turim, no norte da Itália, em 1909. Faleceu na mesma cidade em 2004. Viveu quase cem anos. Coincidentemente, acompanhou o século XX. Bobbio não apenas viveu nesse século, mas, por sua obra como jurista e filósofo, foi um de seus protagonistas.

Ele assistiu às duas guerras mundiais, a ascensão do nazismo na Alemanha e do fascismo na sua Itália, o triunfo e a derrocada do comunismo na Rússia, a construção e a queda do Muro de Berlim, o holocausto, a bomba atômica, a guerra fria, a destruição das torres gêmeas. Em seu país natal, testemunhou o fim da monarquia, o longo período da ditadura de Mussolini — o Duce esteve à frente da Itália de

1922 a 1943 —, e o fenômeno do populismo midiático, com Berlusconi no início dos anos 1990. Reagiu a todos esses eventos.

Em 1993, depois de muitas décadas de magistério, decidiu compilar suas aulas para alunos que iniciavam o curso jurídico, formulando uma *Teoria geral de direito*. Norberto Bobbio, então, oferece uma lição ao jurista (ou a quem quer que se interesse pelo fenômeno jurídico). Deve-se, ao mesmo tempo, prestigiar a clareza na forma de se expressar e compreender as mudanças a que o direito e a sociedade se encontram sujeitos:

> Por fim, gostaria de lembrar que estas páginas nasceram de aulas ministradas a estudantes universitários do primeiro ou do segundo ano, de uma forma de discurso que requer uma exposição simples e clara, mas que às vezes não consegue se furtar às armadilhas da simplificação; e sobretudo que desde então se passaram mais de trinta anos, e que também a teoria do direito trilhou o seu caminho — um caminho que se afasta cada vez mais do positivismo de estrita observância —, e o que à época parecia novo agora se mostra velho. Velho e novo se sucedem. Mas o velho nunca é definitivamente novo. Em minha longa vida obtive continuamente confirmação da verdade da expressão horaciana: "Multa renascentur..."

Bobbio faz uma alusão ao poeta romano Horácio, que viveu no primeiro século antes de Cristo. Na obra de Horácio *Arte poética*, datada de 18 a. C., encontra-se a passagem referida pelo jurista: "Muitas palavras que já morreram hão de renascer e cairão em desuso outras que estão em voga, se assim quiser o uso, que detém o arbítrio, o direito e a norma de falar."

O poeta latino criticava os romanos de sua época, sugerindo que se examinassem os modelos gregos clássicos com sensibilidade, para que estes fossem, apenas quando pertinente, adotados como padrão. Em contrapartida, o "velho", segundo Horácio, não poderia ser desprezado. No já referido *Arte poética*, ele concita os "meninos romanos" a estudar a produção dos gregos, sem, contudo, abstrair a importância de respirar o novo.

Horácio — e Bobbio valendo-se do poeta — dá uma lição de humildade. O uso comum, a vida prática, expressando os valores da sociedade, sempre prevalece. Aí se encontra a verdadeira soberania. O velho e o novo se sucedem, sem que nada seja definitivo. Cabe a nós esta vigília: manter-nos constantemente atentos às mudanças, seja na linguagem, seja nos valores. Afinal, estar vivo é mudar — e a verdadeira mudança reconhece o que passou e sabe que nada, ou quase nada, se mantém para sempre.

Permitam-me uma provocação: o que vence a guerra? A arma ou a ideia? A força bruta ou o poder invisível dos conceitos? A forma ou a substância?

Evidentemente, as batalhas são, em regra, ganhas pelos canhões e baionetas, assim como o golpe institucional costuma vingar pela violência física. Contudo, como mostra a história, esses triunfos são efêmeros. Hannah Arendt já havia diagnosticado: "Embora a violência seja capaz de destruir o poder, jamais poderá substituí-lo."[75]

As verdadeiras vitórias alimentam-se de conceitos, que se impregnam na consciência da coletividade. Esses ideais, apoiados em valores, ganham adeptos, devotos fiéis. Tornam-se grandes vetores, bandeiras, direcionando os caminhos. Quando alguém acredita que defende algo maior, sua conduta ganha um fim. Nenhuma bala se mostra capaz de derrotar essas crenças.

O cristianismo propunha um conceito simples: o amor universal. Antes dele, eram uns contra outros. Eles e nós. O cristianismo pro-

---

75 Hannah Arendt, *A condição humana*, 11ª ed., Rio de Janeiro, Forense Universitária, 2010, p. 52.

moveu uma pequena revolução, ao professar o amor até mesmo aos inimigos, aos diferentes. Num primeiro momento, os cristãos foram proscritos, torturados, apedrejados e crucificados. Porém a ideia se revelou resiliente. Foi o bastante. O cristianismo prosperou.

Homens públicos logo compreenderam a importância de conquistar corações e mentes. O poder político ganha força e tração se alinhado com uma ideia. Getúlio Vargas ostentava a denominação de "o pai dos pobres". Essa fama certamente contribuiu para que ele se tornasse o presidente brasileiro que por mais tempo ocupou o cargo.

Em *Júlio César*, a peça essencialmente política de Shakespeare — por isso mesmo, recebeu uma tradução para o português do jornalista e político Carlos Lacerda —, alguns políticos romanos desejam eliminar o general que dá nome à obra. César é adorado pelo povo, o que desagrada a muitos dos senadores. Na verdade, trata-se de uma briga pelo poder. Porém os conspiradores buscam dar um verniz ao movimento: defendem que César representa uma ameaça à liberdade, pois ambiciona se tornar o ditador de Roma. Com esse argumento, conseguem atrair Brutus, filho adotivo de Júlio César, para seu lado. No senado, assassinam César e assumem o poder. Em seguida, Brutus explica ao atordoado povo, que idolatrava César e não compreende o acontecido, os motivos pelos quais César deveria morrer. Brutus começa por esclarecer que amava César, e todos sabiam disso. Contudo, Brutus ressalva que amava mais ainda a liberdade de Roma e de seus habitantes. Feita a ponderação, optou pelo maior valor e, assim, matou aquele que pretendia usurpar a liberdade.

Shakespeare não explicita se a narrativa dos conspiradores tinha base real. Não se sabe se Júlio César de fato seria um ditador. O dramaturgo poderia ter dado um solilóquio a Júlio César, a fim de que ele explicasse à plateia seu real interesse. Shakespeare preferiu não esclarecer. Isso não era importante. O que, do ponto de vista político, fez diferença foi o poder da história contada pelos conspiradores, que se mostrou adequada e suficiente para, naquele momento, atingir seu propósito. A liberdade serviu — dentro da narrativa construída — como valor digno de defesa.

Na trama shakespeariana, contudo, fica evidente que não adianta matar Júlio César se o que ele significa permanece vivo. O fantasma do general persegue os conspiradores. A ideia mais forte, ao fim, prevalece. A narrativa política pode ter falhas, mas isso não quer dizer que ela não possa vencer, ainda que momentaneamente.

Há mais de dois mil e quinhentos anos, o grego Ésquilo denunciou que "na guerra, a primeira vítima é a verdade". O dramaturgo grego tinha toda razão (Winston Churchill, dono de notória ironia, registrou que "em tempos de guerra, a verdade é tão preciosa que deveria ser protegida por uma barreira de mentiras"). Nas disputas, se a ética não se apresenta, as palavras servem para iludir. A lamentável disseminação das *fake news* reverbera a lição de Ésquilo. Ao intérprete, cabe refletir sobre as informações que recebe, encontrando o que existe de concreto na batalha das narrativas. Ao menos no tempo, a verdade costuma prevalecer.

Para o profissional de direito, é fundamental que a forma de sua escrita encontre valores dignos de defesa. Se a manifestação não apresenta um fundamento digno, uma boa causa, será como o corpo morto, sem alma.

O apego à forma não pode relegar o conteúdo à condição de coadjuvante. Sem substância, o resultado de qualquer atividade no mundo jurídico não costuma ter sucesso duradouro. Como ensina a experiência, a linguagem realça o conceito, mas dificilmente o substitui. A verdade acaba exposta diante do contraditório e da inteligência.

Os discursos escorreitos e as belas palavras podem encantar e entreter — são armas, como dizemos. Contudo, as guerras, na acepção mais profunda, se vencem com ideias.

ROBERT-JOSEPH POTHIER, POR SIMON-BERNARD LENOIR

Não sem razão, diz-se que, no caso da Revolução Francesa, a verdadeira revolução não se deu pelas mãos de Robespierre, mas pelas de Robert-Joseph Pothier. Os estudos desse genial jurista de Orleães, que sistematizou o direito civil, serviram de base para o Código Civil francês de 1804, estabelecendo novas bases para o mundo jurídico, organizando a sociedade. Conta-se que Napoleão, exilado na ilha de Santa Helena, onde viria a falecer, afirmou: "Minha verdadeira glória não é ter vencido quarenta batalhas; Waterloo apagará a lembrança de tantas glórias. Aquilo que nada apagará, e que viverá eternamente, é o meu Código Civil."

Há, portanto, um sem-fim de possibilidades do que os advogados e os juízes fazem com as palavras. Essas possibilidades se multiplicam à medida que esses profissionais desenvolvem mais recursos de vocabulário, de estilo, de retórica. Ganham força, quando vestem ideias vigorosas. A narrativa, comumente, domina os fatos, assumindo o protagonismo. Como, então, defender que a literatura esteja apartada do direito?

Com tantas alternativas, tantos caminhos abertos pela palavra, fica a esperança de que com ela se faça a escolha correta e que, nos tribunais, a palavra seja a encarnação da justiça.

O profissional de direito como leitor da alma humana

Conta-se que o filósofo Zenão, que viveu no século IV a. C., teria consultado um oráculo, formulando uma "simples" pergunta: o que deveria fazer para aproveitar a vida? O oráculo respondeu: "Para aproveitar melhor a vida, você deve conversar com os mortos." Na época, Zenão se ocupava do comércio.

Anos depois, visitando uma livraria, ouviu um livreiro mencionar os ensinamentos de Sócrates, que havia morrido quase cem anos antes. As palavras de Sócrates tocaram fundo em Zenão, que, encontrando sua vocação, passou a se dedicar à filosofia. Cumpria-se, assim, o vaticínio.

O conselho dado a Zenão pelo oráculo serve para todos nós. Conversar com os mortos, valendo-se da experiência vivida por outros e conhecendo suas obras, nos oferece a sabedoria necessária para encontrar nossos caminhos e viver melhor.

Da literatura, recebemos essa enciclopédia de tipos humanos, a ponto de identificarmos fraquezas e anteciparmos movimentos. Somos apresentados a sentimentos e reações, que nos aproximam da nossa espécie e nos fazem conhecê-la melhor. Esse mapa só se encontra nos livros.

Pela literatura, desenvolvemos a empatia necessária para aceitar o próximo. No lindo romance *A insustentável leveza do ser*, de Milan Kundera, o amor entre os protagonistas apenas acontece por causa do amor às letras. Tomas é um neurocirurgião que vive em Praga, enquanto Teresa trabalha num bar no interior da Tchecoslováquia. Por uma série de acasos, Tomas entra no bar de Teresa. Nunca se haviam visto antes. Tomas chama a atenção de Teresa porque tem um livro aberto sobre sua mesa. Para Teresa, "o livro era o sinal de reconhecimento de uma fraternidade secreta". O livro simbolizava o ato de resistência contra um mundo de grosseria. Quando vai pela primeira vez ao encontro de Tomas, Teresa carrega apenas um livro, *Anna Karenina*, de Tolstói. O livro humanizou a relação.

Não se pode falar de literatura ou de direito sem falar da vida. Literatura e direito se encontram nos fatos corriqueiros — como casamentos, testamentos, doações — e, de forma nem sempre aparente, nos sentimentos, nobres ou vis, que motivam os atos humanos.

ISAAC BASHEVIS, O AUTOR DE *NO TRIBUNAL DE MEU PAI*

No tribunal de meu pai é o título de um livro de Isaac Bashevis Singer. Nele, Singer relata histórias de seu pai, rabino em um Beth Din — uma espécie de tribunal religioso —, em Varsóvia, cujo propósito era o de solucionar eventuais conflitos na comunidade. Singer vivia entre gente humilde, pobre. O então menino ouvia os problemas prosaicos submetidos ao seu pai, pois as pessoas vinham à sua casa trazer os temas em busca de um apaziguamento.

Numa passagem do livro, Singer fala dos *Lamed-Vov* — os 36 santos ocultos do judaísmo. Eram os alfaiates, sapateiros, pequenos comerciantes, dos quais "depende a existência continuada do mundo". O pai de Singer "falava da pobreza deles, de sua humildade, da ignorância que aparentavam a fim de que ninguém reconhecesse sua verdadeira grandeza".

A beleza dessa imagem reside no reconhecimento da importância de todo ser humano, por mais humilde que seja sua ocupação ou origem.

O olhar do profissional do direito deve sempre buscar esses santos ocultos, que, como explicou o rabino, estão em toda parte.

Singer conta que seu pai, sábio rabino, ao examinar uma determinada situação, ponderou: "Não se julga um homem em sua hora de dor." Esse ensinamento de tolerância guarda profundo valor. Nos momentos de aflição e agonia, muitos agem de forma impensada ou equivocada. Na medida do possível, ao julgar as pessoas — e compreender suas condutas —, deve-se ter presente a circunstância, pois apenas assim se chega mais perto da análise justa.

Goethe, explicando como se sentiu depois que leu Shakespeare pela primeira vez, disse: "Reconheci e senti vividamente que a minha existência se prolongava em eternidade." Goethe percebeu a ligação existente entre os seres humanos.

O sofrimento dos oprimidos, a vaidade doentia, a lente dos apaixonados, os sonhadores ingênuos e os sonhadores maliciosos, os ansiosos patológicos, os gênios incompreendidos, os sociopatas, os medíocres triunfantes, os invejosos, os frustrados, os vitimados, os covardes e os violentos, os incapazes de expressar seus sentimentos, os bajuladores... encontramos todos eles nos livros.

O profissional de direito cuida, em última análise, de pessoas. Embora possa haver questões técnicas e complexas, o profissional de direito, independentemente do lado que ele ocupe no balcão, como advogado ou julgador, se relaciona com seres humanos. Portanto, a empatia com o ser-humano consiste numa qualidade imprescindível a quem se dedica ao direito — até mesmo porque, não raro, todo o problema reside numa questão particular e pessoal.

Com esse propósito, o profissional de direito deve envidar seus esforços para, no limite do possível, entender a humanidade. Para esse fim, a literatura — um catálogo de humanidades — serve como melhor condutor. Embora por vezes sejamos obrigados a concordar com Mark Twain — para quem "a verdade é mais estranha que a ficção" —, quem lê, em regra, terá mais facilidade em se colocar no lugar do próximo e, assim, desempenhar melhor seu papel.

Segundo a máxima do filósofo espanhol Ortega y Gasset, hoje um clichê, "o homem é o homem e suas circunstâncias", ou seja, não se pode fazer uma apreciação de uma pessoa sem entender tudo o que a cerca. O escritor argentino Ernesto Sábato, em *O escritor e seus fantasmas*, anota, com razão, que não se pode compreender o escritor fora de sua história pessoal. Sábato registra, com humor: "É claro que Proust não poderia ter-se formado em uma tribo de esquimós."

O leitor desenvolve empatia e sensibilidade. São ferramentas essenciais ao bom cidadão e, logo, ao profissional jurídico. O direito deve ser aplicado com serenidade: tolerância em demasia e rigor excessivo costumam ter consequências desastrosas. Não se defende um direito flácido, edulcorado, miopemente parcimonioso. Parafraseando o controvertido revolucionário Che Guevara, o direito deve ser duro, mas sem perder sua ternura. Compete ao aplicador das regras jurídicas, quando analisar um tema, guardar este cuidado: estamos, direta ou indiretamente, sempre tratando de pessoas.

No delicioso ensaio anteriormente citado, *Eles, os juízes, por nós, os advogados*, o italiano Piero Calamandrei reflete que o direito apenas existe porque vivemos num estágio pouco civilizado da humanidade. Num momento futuro, vaticina o jurista, quando o egoísmo for domado e as pessoas se movimentarem apenas com base em relações afetivas, não haverá mais litígios, mas apenas amor. O direito tornar-se-á desnecessário.

Até para chegar a esse maravilhoso mundo, regido apenas pelo amor, temos de desenvolver e estimular os bons valores, cuja fonte e origem está nos romances, nos contos, nas poesias, nos livros de história, nas biografias, isto é, nos livros.

NOTA DO AUTOR

A única coisa que vale no mundo é a educação. Tudo mais são bens pequenos e não merecem ser buscados com grande empenho. Os títulos nobiliárquicos são um bem dos antepassados. A riqueza é uma dádiva da sorte, que a tira e a dá. A glória é instável. A beleza é efêmera, vítima da doença e da velhice. A instrução é a única das nossas coisas que é imortal e divina. Porque só a inteligência rejuvenesce com o passar dos anos, e o tempo, que tudo arrebata, dá sabedoria à velhice. Nem sequer a guerra, que tudo varre a arrasa, como uma torrente, pode tirar de ti o que sabes.

(Epitáfio de um túmulo grego do século II)

Já há muito se percebeu o proveito de estudar a relação entre direito e literatura. Como professor universitário, observei que, nas aulas, qualquer paralelo feito a partir do tema jurídico com alguma passagem literária garante a atenção dos alunos. Já havia estudado o fenômeno jurídico nas peças de Shakespeare, na dramaturgia grega e nas artes plásticas. Com o tempo, dediquei-me a pesquisar o feliz encontro desses dois ramos do saber. Acumulei reflexões. O projeto de estruturar uma obra sobre direito e literatura começou antes que eu me desse conta.

Durante muitos anos, centrei meus estudos da teoria do direito na discussão acerca do ponto central do mundo jurídico: político ou lógico. Já há algum tempo, acredito que, além desses temas, a linguagem exerce um papel igualmente fundamental. Aqui, aprendi a concordar com Paulo, nas suas cartas aos Coríntios (1, 14:11), quando diz: "Mas, se eu ignorar o sentido da linguagem, serei bárbaro para aquele a quem falo, e o que fala será bárbaro para mim." O fenômeno do direito pode ser compreendido como uma narrativa. Eis mais um motivo para se dedicar a essa rica fusão do direito e da literatura.

No meio do projeto de estudo que culminou neste livro, acabei por me desviar para outro trabalho — *A caixa de palavras: por que você deve ler (e o que ler)* —, já lançado. As duas obras, de certa forma, se complementam. Ambas apresentam a literatura como meio de amadurecimento individual e social.

Como sempre acontece, socorro-me de fiéis amigos para ler os originais. É uma dívida impagável, que tenho por credores Paulo César de Barros Melo, Luiz Bernardo Rocha Gomide, Luiz Eduardo de Castro Neves, André Gustavo Andrade, Patricia Klien Vega e Natália Mizrahi Lamas.

Sou um leitor compulsivo — vítima dessa loucura mansa. Desde cedo, fiz dos livros amigos inseparáveis. Comumente, descubro vantagens desse hábito. Queria, nesta breve nota, registrar uma. Sou advogado no sentido mais comum. Defendo meus clientes nos tribunais. Uma profissão linda, mas dura. Embora acredite nas instituições e tenha convicção de que pelo direito e guiado por ele devem-se solucionar os conflitos sociais, com frequência, fico frustrado. Vejo injustiças, mazelas, golpes baixos. Essa convivência com tantas coisas nocivas é perigosa. Nietzsche, como antes referido, disse: "Aquele que luta com monstros deve acautelar-se para não se tornar também um monstro. Quando se olha muito tempo para um abismo, o abismo olha para você." Evidentemente, não quero me tornar um monstro. O antídoto, creio, é a literatura. Nela, encontramos o oxigênio, a pureza, os bons valores, o material para reflexão e assepsia contra as maldades. Por meio dela, conservamos a integridade. Seguimos combatendo os monstros, sem virar um deles.

Março de 2023.

OBRAS CONSULTADAS

Mortimer J. ADLER e Charles VAN DOREN, *Como ler livros*, São Paulo, É Realizações Editora, 2010.
Giorgio AGAMBEN, *O que é filosofia?*, São Paulo, Boitempo, 2022.
AGOSTINHO, *Cidade de Deus*, 14ª ed., São Paulo, Vozes, 2014.
Jean D'ALEMBERT e Denis DIDEROT, *Encyclopédie*, Tome XII, Lausanne, Chez Sociétés Typographiques, 1772.
Dante ALIGHIERI, *A divina comédia*, 4ª ed., Belo Horizonte, Itatiaia, 1994.
André Gustavo Corrêa de ANDRADE, *"1984"*, in José Roberto de Castro Neves (coord.), *O que os grandes livros ensinam sobre Justiça*, Rio de Janeiro, Nova Fronteira, 2019.
Hannah ARENDT, *A condição humana*, 11ª ed., Rio de Janeiro, Forense Universitária, 2011.
_____ *Sobre a revolução*, São Paulo, Companhia das Letras, 2011.
ARISTÓTELES, *Poetics*, Ann Arbor, The University of Michigan Press, 1970.
_____, *Ética a Nicômacos*, 3ª ed., Brasília, Ed. UnB, 1999.
Tullio ASCARELLI, *Antígona e Pórcia*, Civilistica.com, v. 5, n. 2, 2016.
José Osterno Campos de ARAÚJO, *Direito penal na literatura*, 2ª ed., Curitiba, Juruá, 2022.
Manuel BANDEIRA, *Itinerário de Pasárgada*, 4ª ed., Rio de Janeiro, Nova Fronteira, 1984.
Rui BARBOSA, *Oração aos moços*, 5ª ed., Rio de Janeiro, Edições Casa de Rui Barbosa, 1999.
_____ *Trabalhos jurídicos*, Rio de Janeiro, Casa de Rui Barbosa, 1961.
_____ *O processo do capitão Dreyfus*, São Paulo, Giordano, 1994.
Elton BARKER *et al*, *Homer*, London, Oneworld, 2012.
Roland BARTHES, *Mitologias*, 5ª ed., São Paulo, Difel, 1982.
_____ *Aula*, São Paulo, Cultrix, 1980.
_____ *O prazer do texto*, São Paulo, Perspectiva, 2015.
Zygmunt BAUMAN, *Legisladores e intérpretes*, Rio de Janeiro, Zahar, 2010.
Zygmunt BAUMAN e Peter Haffner, *Estranho familiar*, Rio de Janeiro, Zahar, 2021.
Zygmunt BAUMAN e Ricardo Mazzeo, *O elogio da literatura*, Rio de Janeiro, Zahar, 2020.
Cesare BECCARIA, *Dos delitos e das penas*, São Paulo, Hemus, 1974.
BÍBLIA, Novo Testamento, traduzido do grego por Frederico Lourenço, São Paulo, Companhia das Letras, 2017.
_____ Novo Testamento, volume II: Apóstolos, Epístolas e Apocalipse, traduzido do grego por Frederico Lourenço, São Paulo, Companhia das Letras, 2018.
Ambrose BIERCE, *O dicionário do diabo*, São Paulo, Carambaia, 2022.

Marc BLOCH, *Apologia da história*, Rio de Janeiro, Zahar, 2001.
Harold BLOOM, *Como e por que ler*, Rio de Janeiro, Objetiva, 2001.
_____ *Gênio: os 100 autores mais criativos da história da literatura*, Rio de Janeiro, Objetiva, 2003.
_____ *O cânone ocidental*, 2ª ed., Rio de Janeiro, Objetiva, 1995.
_____ *Onde encontrar a sabedoria*, Rio de Janeiro, Objetiva, 2005.
Norberto BOBBIO, *Teoria geral do direito*, São Paulo, Martins Fontes, 2010.
_____ *Da estrutura à função*, Barueri, Manole, 2007.
Alfredo BOSI, *Entre a literatura e a história*, 2ª ed., São Paulo, Editora 34, 2015.
Alain de BOTTON, *How Proust can change your life*, New York, First Vintage, 1997.
_____ *As consolações da filosofia*, Porto Alegre, L&PM, 2021.
Malcolm BRADBURY, *O mundo moderno: dez grandes escritores*, São Paulo, Companhia das Letras, 1989.
Richard BRADFORD, *Orwell: Um homem do nosso tempo*, São Paulo, Tordesilhas, 2020.
Sérgio BUARQUE DE HOLANDA, *Raízes do Brasil*, 26ª ed., São Paulo, Companhia das Letras, 1995.
Peter BURKE, *O polímata*, São Paulo, Unesp, 2020.
_____ *O que é história cultural?*, 2ª ed., Rio de Janeiro, Zahar, 2008.
_____ *Uma história social do conhecimento*, Rio de Janeiro, Zahar, 2003.
Jacob BURKHARDT, *Judgements on History and Historians*, New York, Routledge, 2007.
Piero CALAMANDREI, *Eles, os juízes, vistos por nós, os advogados*, 3ª ed., Lisboa, Livraria Clássica, 1960.
Italo CALVINO, *Por que ler os clássicos*, São Paulo, Companhia das Letras, 1993.
Joseph CAMPBELL, *The hero with a thousand faces*, New York, MJF Books, 1949.
Antonio CANDIDO, *Direito à literatura, in* Daniel Louzada (org.), *Livros para todos*, Rio de Janeiro, Nova Fronteira, 2021.
Carlos Henrique CARDIM, *A raiz das coisas. Rui Barbosa: o Brasil no mundo*, Rio de Janeiro, Civilização Brasileira, 2023.
Benjamin N. CARDOZO, *A natureza do processo judicial*, São Paulo, Martins Fontes, 2004.
_____ *Law and literature*, Yale Review, New Haven, Yale University Press, 1925.
Otto Maria CARPEAUX, *História da literatura ocidental*, v. IV, São Paulo, Leya, 2011.
Lewis CARROLL, *Alice no país das maravilhas*, Rio de Janeiro, Zahar, 2002.
Manuel Inácio CARVALHO DE MENDONÇA, *Contractos no direito civil brasileiro*, Tomo I, 2ª ed., Rio de Janeiro, Freitas Bastos, 1938.
Ruy CASTRO, *A vida por escrito*, São Paulo, Companhia das Letras, 2022.
CASTRO ALVES, *Os escravos*, São Paulo, Martins Fontes, 2001.
José Roberto de CASTRO NEVES, *Medida por medida: o direito em Shakespeare*, 6ª ed., Rio de Janeiro, Nova Fronteira, 2019.
José Roberto de CASTRO NEVES (org.), *A invenção do direito*, 2ª ed., Rio de Janeiro, Nova Fronteira, 2018.
_____ *Caixa de palavras*, Rio de Janeiro, Nova Fronteira, 2023.

_____ *Música e direito*, Rio de Janeiro (org.), Nova Fronteira, 2022.
_____ *O que os grandes livros ensinam sobre justiça*, Rio de Janeiro, Nova Fronteira, 2019.
_____ *Os advogados vão ao cinema*, Rio de Janeiro, Nova Fronteira, 2019.
_____ *Os grandes julgamentos da história*, Rio de Janeiro, Nova Fronteira, 2018.
Wagner CINELLI de Paula Freitas, *Metendo a colher: coletânea de artigos e outros textos sobre violência contra a mulher*, Rio de Janeiro, Gryphus, 2022.
Fábio Ulhoa COELHO, *Biografia não autorizada do direito*, São Paulo, Martins Fontes, 2021.
Linda COLLEY, *A letra da lei*, Rio de Janeiro, Zahar, 2022.
Michael COLLINS et al, *Books that Changed History*, London, DK, 2017.
Teresa COLOMER, *A formação do leitor literário*, São Paulo, Global, 2003.
Fabio Konder COMPARATO, *Ética: direito, moral e religião no mundo moderno*, São Paulo, Companhia das Letras, 2006.
André CHOURAQUI, *A Bíblia no princípio (Gênesis)*, Rio de Janeiro, Imago, 1995.
Carlos Nelson COUTINHO, *Literatura e humanismo*, Rio de Janeiro, Ed. Paz e Terra, 1967.
Morten H. CHRISTIANSEN e Nick CHATER, *O jogo da linguagem*, Rio de Janeiro, Zahar, 2023.
David CRYSTAL, *A little book of language*, New Haven, Yale University Press, 2010.
San Tiago DANTAS, *Palavras de um professor*, 2ª ed., Rio de Janeiro, Forense, 2001.
Denis DIDEROT, *Discurso sobre a poesia dramática*, São Paulo, Cosac & Naify, 2005.
DIGESTO, Metz, Chez Behmer et Lamort Imprimeus-Librairies, 1805.
Fiódor DOSTOIÉVSKI, *Crime e castigo*, 4ª ed., São Paulo, Editora 34, 2002.
Lélia Pereira DUARTE, *Ironia e humor na literatura*, Belo Horizonte: PUC Minas; São Paulo, Alameda, 2006.
Ronald DWORKIN, *Uma questão de princípio*, São Paulo, Martins Fontes, 2005.
_____ *O império do direito*, São Paulo, Martins Fontes, 2003.
Terry EAGLETON, *Como ler literatura*, Porto Alegre, L&PM, 2019.
_____ *Sobre o mal*, São Paulo, Unesp, 2022.
Umberto ECO, *Arte e beleza na estética medieval*, 2ª ed., Rio de Janeiro, Globo, 1989.
_____ *Cinco escritos morais*, Lisboa, Relógio d'Água, 2016.
_____ *Como se faz uma tese*, São Paulo, Perspectiva 2019.
_____ *Sobre a literatura*, Rio de Janeiro, Record, 2003.
ESOPO, *Fábulas*, Porto Alegre, L&PM, 1997.
ÉSQUILO, *Coéforas*, São Paulo, Editora Iluminuras, 2013.
_____ *Eumênides*, São Paulo, Editora Iluminuras, 2013.
_____ *The Oresteia*, London, Bloomsbury, 2014.
_____ *Tragédias*, São Paulo, Fapesp, 2009.
EURÍPEDES, *Duas tragédias gregas: Hécuba e Troianas*, São Paulo, Martins Fontes, 2004.
Tércio Sampaio FERRAZ JR., *Teoria da norma jurídica*, 4ª ed., Rio de Janeiro, Forense, 2000.

Marcelo Roberto FERRO, "Alfred Dreyfus", *in* José Roberto de CASTRO NEVES (org.), *Os grandes julgamentos da história*, Rio de Janeiro, Nova Fronteira, 2018.
Luc FERRY, *Aprender a viver*, Rio de Janeiro, Objetiva, 2010.
M. I. FINLEY, *The world of Odysseus*, London, The Folio Society, 2002.
Michel FOUCAULT, *A coragem das verdades*, São Paulo, Martins Fontes, 2014.
_____ *A verdade e as formas jurídicas*, Rio de Janeiro, Nau, 2001
Eric FRATTINI, *Manipulando a história*, Rio de Janeiro, Valentina, 2022.
Erich FROMM, *Escape from Freedom*, New York, Holt, 1965.
Lon FULLER, *O caso dos exploradores de cavernas*, Rio de Janeiro, Nova Fronteira, 2020.
_____ *The Morality of Law*, New Haven, Yale University Press, 1969.
Francesco GALGANO, *Il diritto e le altre arti: una sfida alla divisione fra le culture*, Bolonha, Editrice Compositori, 2009.
Caetano W. GALINDO, *Latim em pó*, São Paulo, Companhia das Letras, 2022.
Oded GALOR, *A jornada da humanidade*, Alfragide (PT), Lua de Papel (Leya), 2022.
Ives GANDRA MARTINS FILHO, *Ética e ficção: de Aristóteles a Tolkien*, Rio de Janeiro, GZ Editora, 2017.
Arnaldo Sampaio de Moraes GODOY, *Direito & literatura: ensaio de síntese teórica*, Porto Alegre, Livraria do Advogado, 2008.
Eros Roberto GRAU, *Por que tenho medo dos juízes: a interpretação/aplicação do direito e os princípios*, 10ª ed., Salvador: Juspodivm; São Paulo, Malheiros, 2021.
Jacob e Wilhelm GRIMM, *Grimm: Os 77 melhores contos*, Rio de Janeiro, Nova Fronteira, 2017.
Paolo GROSSI, *Mitologias jurídicas da modernidade*, Florianópolis, Fundação José Boiteux, 2007.
Ryan HOLIDAY, *A vida dos estoicos: a arte de viver, de Zenão a Marco Aurélio*, Rio de Janeiro, Intrínseca, 2021.
Michael HARRINGTON, *A revolução científica e a decadência contemporânea*, Rio de Janeiro, Civilização Brasileira, 1967.
Arnold HAUSER, *História social da literatura e da arte*, São Paulo, Editora Mestre Jou, 1972.
_____ *História social da arte e da literatura*, São Paulo, Martins Fontes, 1998.
Herman HESSE, *Para ler e pensar*, 5ª ed., Rio de Janeiro, Record, 1971.
HOMERO, *Ilíada*, Rio de Janeiro, Nova Fronteira, 2015.
_____ *Odisseia*, Rio de Janeiro, Nova Fronteira, 2015.
HORÁCIO, *A arte poética*, São Paulo, Martins Fontes, 1989.
Luiz Paulo HORTA, *A Bíblia: um diário de leitura*, Rio de Janeiro, Zahar, 2011.
Ben HUTCHINSON, *Comparative literature*, Oxford, Oxford University Press, 2018.
Karl JASPERS, *A questão da culpa*, São Paulo, Todavia, 2018.
Carl. G. JUNG, *O homem e seus símbolos*, Rio de Janeiro, Nova Fronteira, 1996.
Franz KAFKA, *O processo*, São Paulo, Companhia das Letras, 1997.
Daniel KAHNEMAN, *Rápido e devagar*, Rio de Janeiro, Objetiva, 2012.
_____ et al, *Noise – a flaw in human judgement*, London, Harper Collins, 2022.

Robert D. KAPLAN, *The tragic mind*, New Haven, Yale University Press, 2023.
André KARAM TRINDADE *et al.*, *Direito & literatura: Reflexões teóricas*, Porto Alegre, Livraria do Advogado, 2008.
_____ *Direito & literatura: Ensaios críticos*, Porto Alegre, Livraria do Advogado, 2008.
_____ *Direito & literatura*, Porto Alegre, Nuria Fabris Editora, 2010.
Hans KELSEN, *A justiça e o Direito Natural*, 2ª ed., Coimbra, Armênio Amado Editor, 1979.
Frank KERMODE, *O sentido de um fim*, São Paulo, Todavia, 2023.
Peter KÖELER *et al*, *O direito pelo avesso*, São Paulo, Martins Fontes, 2001.
Bruno Amaro LACERDA *et al*, *Imagens da justiça*, São Paulo, LTR, 2010.
Harper LEE, *O sol é para todos*, 15ª ed., Rio de Janeiro, José Olympio, 2016.
Edward H. LEVI, *Uma introdução ao raciocínio jurídico*, São Paulo, Martins Fontes, 2005.
C. S. LEWIS, *The Discarded Image*, Cambridge, Cambridge University Press, 1964.
Georg LUKÁCS, Ensaios sobre literatura, Rio de Janeiro, Civilização Brasileira, 1968.
Ana Maria MACHADO, *Como e por que ler os clássicos universais desde cedo*, Rio de Janeiro, Objetiva, 2002.
Joaquim Maria MACHADO DE ASSIS, *Dom Casmurro*, Porto Alegre, L&PM, 2012.
_____ *Memórias póstumas de Brás Cubas*, Rio de Janeiro, Garnier, 1988.
James MADISON *et al*, *Os artigos federalistas*, Rio de Janeiro, Nova Fronteira, 1993.
Alberto MANGUEL, *Uma história da literatura*, São Paulo, Companhia das Letras, 1997.
_____ *Encaixotando a minha biblioteca*, São Paulo, Companhia das Letras, 2021.
_____ *Ilíada e Odisseia de Homero*, Rio de Janeiro, Zahar, 2008.
Nicolau MAQUIAVEL, *O príncipe*, 14ª ed., Rio de Janeiro, Bertrand, 1990.
Antônio Cláudio MARIZ DE OLIVEIRA, *Crônicas absolvidas*, Ribeirão Preto, Migalhas, 2013.
Fritz MARTINI, *História da literatura alemã*, Lisboa, Editorial Estúdios Cor, 1960.
Judith MARTINS-COSTA, "A concha do marisco abandonada e o nomos", in Judith Martins Costa (coord.), *Narração e normatividade*, Rio de Janeiro, GZ Editora, 2013.
_____ (org.) *Narração e normatividade – ensaios de direito e literatura*; Rio de Janeiro, GZ, 2013.
Miguel MATOS, *Código de Machado de Assis*, São Paulo, Migalhas, 2021.
Herman MELVILLE, *Moby Dick*, London, Penguin, 1994.
_____ *Billy Budd*, New York, Digireds, 2017.
Antônio MENEZES CORDEIRO, "Ortografia e Direito", in *O direito*, vol. 151, nº 2, Lisboa, Universidade de Lisboa, 2019.
José Guilherme MERQUIOR, *O argumento liberal*, São Paulo, É Realizações Editora, 2019.
_____ *De Anchieta a Euclides*, 4ª ed., São Paulo, É Realizações Editora, 2014.
Erin MEYER, *The culture map*, New York, Public Affairs, 2015.
John MILTON, *Areopagítica*, Rio de Janeiro, Topbooks, 1999.

Michel de MONTAIGNE, *Os ensaios*, São Paulo, Martins Fontes, 2000.
José Bento MONTEIRO LOBATO, *Cidades mortas*, São Paulo, Melhoramentos, 1956.
Rosa MONTERO, *A louca da casa*, Rio de Janeiro, Ediouro, 2004.
MONTESQUIEU, *O espírito das leis*, São Paulo, Martins Fontes, 1993.
Pierre MOREAU (org.), *Grandes crimes*, São Paulo, Três Estrelas, 2017.
_____ (org.), *As letras da lei*, São Paulo, Casa da Palavra, 2013.
Nelson Camatta MOREIRA et al, *Direito e literatura – e os múltiplos horizontes de compreensão pela arte*, Ijuí, Editora Unijuí, 2015.
Clarence MORRIS, *Como pensam os advogados*, Rio de Janeiro, Forense, 1968.
Andreas NACHAMA et al, *The people's court 1934-1945: when nazi terror became law*, Berlin, Stiftung Topographie, 2018.
Vladimir NABOKOV, *Lições de literatura*, São Paulo, Fósforo, 2021.
Adauto NOVAIS et al, *Ética*, São Paulo, Companhia das Letras, 2007.
Martha C. NUSSBAUM, *A fragilidade da bondade: fortuna e ética na tragédia e na filosofia grega*, São Paulo, Martins Fontes, 2009.
_____ *Sem fins lucrativos*, São Paulo, Martins Fontes, 2019.
José ORTEGA Y GASSET, *A desumanização da arte & outros escritos*, Campinas, Vide Editorial, 2021.
_____ *A rebelião das massas*, São Paulo, Vide, 2015
George ORWELL, *1984,* New York, Signet, 1955.
_____ *A literatura, os escritores e o Leviatã*, Rio de Janeiro, Nova Fronteira, 2021.
François OST, *Contar a lei: as fontes do imaginário jurídico*, São Leopoldo, Unisinos, 2005.
Andréa PACHÁ, *A vida não é justa,* Rio de Janeiro, Agir, 2012.
_____ *Segredo de justiça,* Rio de Janeiro, Agir, 2014.
_____ *Os velhos são os outros,* Rio de Janeiro, Intrínseca, 2018.
PACÍFICO, *Frankenstein, de Mary Shelley, in José Roberto de Castro Neves (Org.), O livro que mudou minha vida*, Rio de Janeiro, Nova Fronteira, 2022.
Fernando PESSOA, *Poesias*, 15ª ed., Lisboa, Ática, 1995.
Andrew PETTEGREE et al, *The Library: a fragile history*, London, Profile Book, 2021.
Luciana Stegagno PICCHIO, *História da literatura brasileira*, Rio de Janeiro, Nova Aguilar, 1997.
Giovanni PICCO DELLA MIRANDOLA, *Discurso sobre a dignidade do homem*, 6ª ed., Lisboa, Edições 70, 2019.
Pietro PERLINGIERI, *Perfis do direito civil*, Rio de Janeiro, Renovar, 1997.
Homero PIRES, *Ruy Barbosa: escriptor e orador*, Bahia, Imprensa Oficial, 1922.
Antônio Sérgio PITOMBO, *Em busca do justo perdido,* São Paulo, Singular, 2021.
PLATÃO, *Fédon*, 3ª ed., Belém, Edufpa, 2011.
_____ *Apologia de Sócrates*, Porto Alegre, L&PM, 2013.
_____ *A república*, 2ª ed., São Paulo, Edipro, 2014.
PLUTARCO, *Como tirar proveito de seus inimigos*, São Paulo, Martins Fontes, 1997.
Karen Swallow PRIOR, *On Reading Well*, Michigan, Brazos, 2018.
Paolo PRODI, *Uma história da justiça*, Lisboa, Editorial Estampa, 2002.

Richard A. POSNER, *Law & Literature*, 3 ed., Cambridge, Harvard University Press, 2009.

_____ *Para além do direito*, São Paulo, Martins Fontes, 2009.

Martin PUCHNER, *The Written World*, New York, Random House, 2017.

_____ *Culture*, Nova York, Norton, 2023.

Gustav RADBRUCH, *Filosofia do Direito*, São Paulo, Saraiva, 1947.

Saulo RAMOS, *Código da vida*, São Paulo, Planeta, 2007.

Miguel REALE, *Verdade e conjectura*, Rio de Janeiro, Nova Fronteira, 1983.

_____ *Filosofia do Direito*, 19ª ed., Rio de Janeiro, Saraiva, 2000, p. 10.

Gregorio ROBLES, *Comunicación, lenguaje y derecho, algunas ideas básicas de la teoría comunicacional del derecho*, Madri, Real Academia de Ciencias Morales y Políticas, 2009.

_____ *Teoria Comunicacional do Direito: diálogo entre Brasil e Espanha*, São Paulo, Noeses, 2011.

Víctor Gabriel RODRÍGUEZ, *Argumentação jurídica*, São Paulo, Martins Fontes, 2005.

Roberto ROSAS, *Lembranças do mundo jurídico*, Rio de Janeiro, GZ, 2021.

Ernesto SÁBATO, *O escritor e seus fantasmas*, Rio de Janeiro, Francisco Alves, 1982.

Michael SANDEL, *A tirania do mérito: o que aconteceu com o bem comum?*, Rio de Janeiro, Civilização Brasileira, 2020.

_____ *Justiça*, Rio de Janeiro, Civilização Brasileira, 2011.

Mario SANSONE, *História da literatura italiana*, Lisboa, Editorial Estúdios Cor, 1956.

Arthur SCHOPENHAUER, *Como vencer um debate sem precisar ter razão*, Rio de Janeiro, Topbooks, 1997.

Germano SCHWARTZ, *A Constituição, a Literatura e o Direito*, Porto Alegre, Livraria do Advogado, 2006.

Amartya SEN, *A ideia de justiça*, São Paulo, Companhia das Letras, 2011.

Mônica SETTE LOPES, *Os juízes e a ética do cotidiano*, São Paulo, LTR, 2008.

William SHAKESPEARE, *Obras completas*, vol. I, Rio de Janeiro, Nova Aguilar, 1995.

_____ *Romeu e Julieta*, São Paulo, Edições Melhoramentos, sem data.

_____ *Romeu e Julieta,* Porto Alegre, L&PM, 2010.

_____ *Romeu e Julieta,* Rio de Janeiro, Ministério da Educação e Saúde, 1940.

_____ Shakespeare, Tome VII, *Les amants tragiques*, Paris, Pagnerre Libraire-Éditeur, 1860.

_____ *Romeu e Julieta,* Rio de Janeiro, Lacerda Editora, 2004.

_____ *Rei Lear*, São Paulo, Editora 34, 2022.

_____ *The Complete Works*, London, Collins, 1966.

Mary SHELLEY, *Frankenstein ou o Prometeu moderno*, 4ª ed., Rio de Janeiro, Nova Fronteira, 2020.

Percy Bysshe SHELLEY, *Complete Poetical Works*, New York, Random House, s/a.

Paulo SILAS FILHO, *O direito pela literatura*, Florianópolis, Empório do Direito, 2017.

Isaac Bashevis SINGER, *No tribunal de meu pai*, São Paulo, Companhia das Letras, 2008.

SÓFOCLES, *A trilogia tebana*, Rio de Janeiro, Zahar, 2011.
____ *Édipo Rei*, O Melhor do Teatro Grego, Rio de Janeiro, Zahar, 2013.
____ *Antígona*, Lisboa, Editorial Inquérito, 1984.
____ *Antígona*, 10ª ed., Lisboa, Calouste Gulbenkian, 2012.
____ *Édipo Rei*, 4ª Ed., Lisboa, Editorial Inquérito, 1984.
Baruch SPINOZA, *Ética*, São Paulo, Perspectiva, 2014.
Bram STOKER, *Drácula*, 5ª ed., Rio de Janeiro, Nova Fronteira, 2020.
Harriet Beecher STOWE, *A cabana do pai Tomás*, São Paulo, Manole, 2016.
Lenio STRECK, H*ermenêutica jurídica e(m) crise*, 11ª ed., Porto Alegre, Livraria do Advogado, 2021.
Adriana da Costa TELES, *Machado & Shakespeare*, São Paulo, Perspectiva, 2017.
Telford TAYLOR et al, *Três interpretações de justiça*, Rio de Janeiro, Forense Universitária, 1975.
Philippe Van TIEGHEN, *História da literatura francesa*, Lisboa, Estúdios Cor, 1956.
Olga TOKARCZUK, *Escrever é muito perigoso*, São Paulo, Todavia, 2023.
André Karam TRINDADE et al (org.), *Direito & literatura: ensaios críticos,* Porto Alegre, Livraria do Advogado Editora, 2008.
____ *Direito & literatura: reflexões teóricas,* Porto Alegre, Livraria do Advogado Editora, 2008.
____ *Direito & literatura: discurso, imaginário e normatividade*, Porto Alegre, Núria Fabris, 2010.
Irena VALLEJO, *O infinito em um junco*, Rio de Janeiro, Intrínseca, 2022.
Alda da Graça Marques VALVERDE et al, *Lições de argumentação jurídica*, 4ª ed., Rio de Janeiro, Forense, 2015.
Mario VARGAS LLOSA, *O chamado da tribo*, Rio de Janeiro, Objetiva, 2019.
____ *García Márquez: história de um deicídio*, Rio de Janeiro, Record, 2022.
Trajano VIEIRA, *Agamêmnon de Ésquilo*, São Paulo, Perspectiva, 2007.
Joseph VINING, *From Newton's Sleep*, New Jersey, Princeton University Press, 1995.
VIRGÍLIO, *Eneida*, 3ª ed., São Paulo, Editora 34, 2021.
Rudolf VON JHERING, *A luta pelo direito*, 12ª ed., Rio de Janeiro, Forense, 1992.
____ *Bromas y veras en la jurisprudencia*, Buenos Aires, Ediciones Jurídicas Europa-América, 1974.
____ *O espírito do direito romano*, v. IV, Rio de Janeiro, Alba, 1943.
James Boyd WHITE, *The Legal Imagination*, Chicago, The University of Chicago Press, 1985.
Ludwig WITTGENSTEIN, *Investigações filosóficas*, 9ª ed., Petrópolis, Vozes, 2014.
Richard ZENITH, *Pessoa: uma biografia*, São Paulo, Companhia das Letras, 2022.
William ZINSSER, *Como escrever bem*, São Paulo, Fósforo, 2021.
Émile ZOLA, *Acuso!*, Rio de Janeiro, Edições Atlanta, sem data.
Christiane ZSCHIRNT, *Livros*, São Paulo, Globo, 2006.

**OUTRAS OBRAS DO AUTOR PUBLICADAS
PELA NOVA FRONTEIRA**

A invenção do direito
Caixa de palavras
Como os advogados salvaram o mundo
O espelho infiel
Medida por medida: o direito em Shakespeare
Shakespeare e os Beatles: o caminho do gênio

**OBRAS ORGANIZADAS PELO AUTOR
E PUBLICADAS PELA NOVA FRONTEIRA**

O advogado do século XXI
Os advogados vão ao cinema
Brasileiros
Os grandes julgamentos da história
Música e direito
O mundo pós-pandemia
O que os grandes livros ensinam sobre justiça

DIREÇÃO EDITORIAL
Daniele Cajueiro

EDITOR RESPONSÁVEL
Hugo Langone

PRODUÇÃO EDITORIAL
Adriana Torres
Laiane Flores
Allex Machado

COPIDESQUE
Alvanisio Damasceno

REVISÃO
Jaciara Lima
Rita Godoy

CAPA, PROJETO GRÁFICO DE MIOLO E DIAGRAMAÇÃO
Sérgio Campante

Este livro foi impresso em 2023,
pela Coan, para a Nova Fronteira.